Hendrikus Berkhof

THEOLOGIE DES HEILIGEN GEISTES

2. Auflage 1988
und einem Nachwort von Uwe Gerber

NEUKIRCHENER VERLAG

NEUKIRCHENER STUDIENBÜCHER
Band 7

Die Originalausgabe erschien unter dem Titel »THE DOCTRINE OF THE HOLY SPIRIT« bei John Knox Press, Richmond, Virginia. Erweiterte deutsche Fassung. Die autorisierte Übersetzung aus dem Englischen besorgte Hans-Ulrich Kirchhoff.

CIP-Titelaufnahme der Deutschen Bibliothek

Berkhof, Hendrikus:
Theologie des Heiligen Geistes / Hendrikus Berkhof. Mit e. Nachtr. zur neueren Diskussion von Uwe Gerber. [Die autoris. Übers. aus d. Engl. besorgte Hans-Ulrich Kirchhoff]. – 2. Aufl.
– Neukirchen-Vluyn : Neukirchener Verl., 1988
(Neukirchener Studienbücher; Bd. 7)
Einheitssacht.: The doctrine of the holy spirit ⟨dt.⟩
ISBN 3-7887-1295-3
NE: GT

Neukirchener Verlag des Erziehungsvereins GmbH,
Neukirchen-Vluyn
Umschlag: Manfred Hartstang (unter Verwendung eines Linolschnittes von Ruth Braselmann)
Gesamtherstellung: Breklumer Druckerei Manfred Siegel KG
Printed in Germany – ISBN 3-7887-1295-3

INHALT

Vorwort zur deutschen Ausgabe VII
Ein zweites Vorwort nach zwanzig Jahren VIII
Geleitwort aus Anlaß des 100jährigen Verlagsjubiläums X

Einleitung
AUF DEM WEGE ZUR THEOLOGIE DES HEILIGEN GEISTES .. 9

Kapitel I
DER GEIST UND CHRISTUS 14

»Gott ist Geist« 15
Die zweifache Beziehung zwischen dem Geist und Christus 18
Der Geist als das Handeln des erhöhten Christus 23

Kapitel II
DER GEIST UND DIE SENDUNG 34

Der Vorrang der Sendung 34
Die Vernachlässigung der Mission durch die Theologie 36
Der christologisch-eschatologische Kontext 38
Die Durchführung der Sendungsaufgabe durch den Geist 40
Der Geist und das Wort 41
Geist, Sendung, Kirche 43
Geist, Sendung, persönliches Heil 45

Kapitel III
DER GEIST UND DIE KIRCHE 47

Der Geist, die Kirche, der Einzelne 47
Das zweifache Werk des Geistes in der Kirche 56
Der institutionelle Aspekt 57
Der Gemeinschaftsaspekt der Kirche 62
Die Wechselbeziehung zwischen den beiden Aspekten 66

Kapitel IV
DER GEIST UND DER EINZELNE 74

Wege und Wandlungen des Themas in der Geschichte 74
Der führende Begriff: Wiedergeburt 76
Wiedergeburt und menschliche Aktivität 78
Der Weg: Rechtfertigung und Heiligung 81
Der Weg: Sterben und Auferstehen mit Christus 85
Wiedergeburt und Erfahrung 90
Ein drittes Element in der Wiedergeburt? 96
Das Wesen der dritten Gabe 101
Die Vielfalt der Gnadengaben 103
Wahrheit und Unwahrheit in den Kirchen und den Sekten 105

Kapitel V
DER GEIST, DIE WELT UND DIE VOLLENDUNG 107

Der Geist in Schöpfung und Erhaltung 108
Geist Gottes und menschlicher Geist 111
Der Geist in der Geschichte Israels 114
Der Geist im Prozeß der Christianisierung 115
Der eschatologische Kontext des Geistes 120
1. Christus, der Geist und die Vollendung gehören zusammen . . . 121
2. Im Werk des Heiligen Geistes beginnt die Vollendung 121
3. Der Heilige Geist läßt uns sehnsüchtig nach der Vollendung ausschauen 123
4. Der Heilige Geist ist selbst der Inhalt der Vollendung 124

Kapitel VI
DER GEIST UND DER DREIEINIGE GOTT 126

Der Geist und das trinitarische Dogma 126
Der Geist: dritte Person in der Trinität? 128
Die Beziehung zwischen Gott, Christus und dem Geist 133

Uwe Gerber, Nachwort 141

Register 179

VORWORT ZUR DEUTSCHEN AUSGABE

Übersetzen heißt mehr, als eine andere Sprache verwenden. Den Heiligen Geist in Amerika oder in Deutschland zur Sprache zu bringen, das ist bei weitem nicht dasselbe. Und doch sollen Buch und Beitrag zur Sache dieselben bleiben. Pastor Hans-Ulrich Kirchhoff, als theologischer Referent der Evangelischen Jugend Deutschlands an Thema wie Interpretationsversuch speziell interessiert, hat sich in sehr kundiger und sorgfältiger Weise dieser fast unmöglichen, jedenfalls spannenden Aufgabe gestellt. Auf seinen Vorschlag habe ich da und dort den Gedankengang auf die deutsche Lage hin zugespitzt.

Das evangelische Deutschland kennt sowohl eine breite theologische als auch eine breite erbauliche Literatur. Beide Gattungen stehen dort in ansehnlicher Blüte. Sie finden verschiedene Arten von Lesern. Beide Lesergruppen könnten mit ihren Erwartungen an mein Buch enttäuscht werden; es ist ja weder ein theologisches Fachbuch noch eine Erbauungsschrift. In den Niederlanden üben wir uns mit Bedacht in einer dritten Art von Literatur, welche theologische Forschung treibt und dabei auch notwendige neue Wege wagt, diese zugleich aber einer breiten Schicht von gebildeten Laien und interessierten Gemeindegliedern zugänglich macht. Mag sein, daß diese theologische »Literaturgattung« manchen deutschen Lesern zu einfach bzw. zu schwierig erscheint. Der Verleger und der Übersetzer sind überzeugt, daß es auch in Deutschland zahlreiche und wachsende Gruppen gibt, die nach einer solchen Behandlung theologischer Fragen ausschauen. Der Verfasser hofft, all denen einen Dienst zu erweisen, die auch über den Kreis der Fachwissenschaft hinaus Partner in der Frage nach der Wahrheit der biblischen Botschaft und der Wirklichkeit des Heiligen Geistes sein möchten.

Leiden, Ostern 1968 H. Berkhof

Ein zweites Vorwort nach zwanzig Jahren

Mit Überraschung und Dankbarkeit vernahm ich, daß die deutsche Ausgabe meiner *Theologie des Heiligen Geistes* nach einem Interim von zwanzig Jahren neu aufgelegt wird, noch dazu aus Anlaß des hundertjährigen Jubiläums, das der Neukirchener Verlag feiert. Für Autoren in meinem Fachgebiet ist es nicht eben alltäglich, daß ein Buch von so lange her noch als eine Bereicherung empfunden wird.

Dennoch – oder richtiger: Gerade darum sah ich mich nicht imstande, der Bitte des Verlags nachzukommen, das Buch im Blick auf die heutige Lage im deutschen Sprachgebiet zu ergänzen. Für mich stand das Thema damals in einem bestimmten biographisch-theologischen Rahmen. Als Anhänger Karl Barths strebte ich in den fünfziger und sechziger Jahren eine Fortführung und Ergänzung seiner theologischen Grundgedanken an. Die hohe »Vertikalität« des »Wortes Gottes« wollte ich mit den unsere Kultur damals bewegenden Fragen stärker in Verbindung gebracht sehen, als es durch Barth selber seinerzeit geschah. Dies versuchte ich in meinen Büchern *Christus und die Mächte* (1953), *Der Sinn der Geschichte – Christus* (1958), *Der Mensch unterwegs* (1960), *Die Katholizität der Kirche* (1962) und in der kleinen Eschatologie *Begründete Erwartung* (1967). Ein weiteres, damit zusammenhängendes Problem war für mich das m. E. bei Barth unausgeglichene Verhältnis von Christus und dem Heiligen Geist (oft als »die christologische Engführung« angedeutet). Die Einladung, in Princeton die »Warfield-Vorlesungen« des Jahres 1964 zu halten, betrachtete ich als Ansporn, mich dieser schwierigen und umfassenden Frage zu stellen. Der Neukirchener Verlag veröffentlichte die von Hans-Ulrich Kirchhoff übertragene, etwas erweiterte deutsche Ausgabe unter dem Titel *Theologie des Heiligen Geistes* (1968).

Im Jahr 1969 begann ich dann mit einem Vorhaben, das mir schon viele

Jahre vorgeschwebt hatte, nämlich mit der Ausarbeitung einer vollständigen Dogmatik. Sie erschien 1973 auf niederländisch unter dem Titel *Christelijk Geloof* (5., umgearbeitete Auflage 1985) und im Jahr 1979 englisch unter dem Titel *Christian Faith* (2., umgearbeitete Auflage 1986). Rückblickend entdeckte ich, daß, biographisch gesehen, alle die oben erwähnten Bücher Bausteine für das letzte, weit umfangreichere Werk gewesen waren. Kein Stein jedoch konnte anders als in neuer Gestalt und oft nur indirekt erkennbar verwendet werden. Wie es sich mit dem hier vorliegenden Buch verhält, darüber berichtet Uwe Gerber in seinem Nachwort.

Das Buch hat in verschiedenen Übersetzungen unterschiedliche (wie man heute sagt:) Rezeptionen erlebt. In den Vereinigten Staaten hat es wohl seinen stärksten Einfluß ausgeübt in den Spannungen zwischen den »middle-road-churches«, den Kirchen des mittleren Weges, und den charismatischen Bewegungen (vgl. Kap. IV, 2. Hälfte). Dem Nachwort von Uwe Gerber entnehme ich, daß in Deutschland eher die innergöttliche (»immanente«) Trinität der wichtigste Aspekt und Bezugspunkt in Fragen der Lehre vom Heiligen Geist ist. Das würde ungefähr dem altbekannten, etwas grob bezeichneten Unterschied entsprechen: Amerika liebt es mehr praktisch, Deutschland mehr spekulativ.

Der Leser wird sich nun denken können, warum ich diese vor 24 Jahren für amerikanische Studenten gehaltenen Vorlesungen nicht selber in die heutige deutsche Situation verpflanzen kann. Dankbar bin ich, daß das Buch noch immer in zwei so verschiedenen Welten seinen Beitrag zu leisten vermag. Doch weiß ich auch, daß das ohne den theologischen Brükkenbau von Uwe Gerber kaum möglich wäre, insbesondere, weil meine Auffassung über die immanente Trinität (Kap. VI) sich inzwischen stark gewandelt hat und andere Aufgaben mich daran hindern, mich in die neue deutsche Literatur zum Thema genügend einzuarbeiten. So bin ich Uwe Gerber für seinen Beitrag zur ökumenisch-theologischen »Komplementarität« sehr dankbar.

Leiden, am 13. Juni 1988 H. Berkhof

Geleitwort aus Anlaß des 100jährigen Verlagsjubiläums

Am 28. Mai 1888 unter dem Namen »Buchhandlung des Erziehungsvereins« mit allen Verlagsrechten und -risiken gegründet, kann der Neukirchener Verlag in diesem Jahr auf hundert Jahre Verlagsarbeit zurückblikken. Wie könnte das anders geschehen als in großer Dankbarkeit! Das alte Verlagssignet – das altkirchliche Christussymbol des Pelikans in Verbindung mit der Umschrift »Vivimus ex uno« –, das von altersher bis zum heutigen Tage das besondere Merkzeichen des Erziehungsvereins ist, erinnert uns an die Treue des einen und einzigen Herrn, der durch die Höhen und durch die gewiß nicht zu verschweigenden Tiefen einer bewegten und dennoch erstaunlich kontinuierlichen Verlagsgeschichte geführt hat. In diesem Zeichen sind wir aber auch mit all denen dankbar verbunden, die vor uns für den unverwechselbaren Auftrag des Neukirchener Verlags an Kirche und Theologie gelebt und gearbeitet haben.

Zu ihnen gehören natürlich die vielen meist langjährigen Verlagsmitarbeiter, deren Namen nicht aufgezählt werden können. Zu ihnen gehören aber auch Herausgeber und Autoren wie z. B. diejenigen aus der Gründerzeit des »Biblischen Kommentars Altes Testament«. Daß diese Kette von Herausgebern und Autoren, die dem Neukirchener Verlag nahestehen und sein Programm mit dem Schwerpunkt »Biblische Theologie« entscheidend geprägt haben und prägen, bis heute nicht abgerissen ist, dafür sind wir besonders dankbar.

Die unveränderte, aber um einen längeren Nachtrag von Uwe Gerber, Darmstadt, erweiterte Neuauflage der 1968 erstmals erschienenen »Theologie des Heiligen Geistes« von Hendrikus Berkhof möge ein Zeichen dieses besonderen Dankes sein. Sie ist aber mehr als das. Sie ist um der Sache willen notwendig. Nicht nur, weil wir immer wieder nach diesem längst vergriffenen Titel gefragt werden, sondern vor allem, weil das

neue in und außerhalb der Kirche aufgebrochene Fragen nach dem Wesen und Wirken des Heiligen Geistes dringend jener theologischen Reflexion und Inspiration bedarf, die Berkhofs Buch bis heute unverzichtbar sein läßt. Wir wünschen und erhoffen uns in der tiefgreifenden Krise unserer Gegenwart eine Erneuerung von Kirche und Theologie. Aber: »Wir können die notwendige Erneuerung nicht erwarten, ohne zuerst der Notwendigkeit des Heiligen Geistes gewahr zu werden; und wir können diese Notwendigkeit nicht einsehen, ohne Wesen, Verheißung, Werke und Gnadengabe des Geistes zu erkennen« (Hendrikus Berkhof).
So grüßen wir mit dieser Neu- und Sonderauflage alle uns verbundenen Autoren und Kollegen, Freunde und Partner und nicht zuletzt alle unsere Leser als solche, die für unser aller Zukunft und eben auch für die Zukunft des Neukirchener Verlags nichts dringender benötigen als die Antwort auf das Gebet: Veni, creator spiritus!

Neukirchen-Vluyn, im August 1988

Der Erziehungsverein
Neukirchen-Vluyn
und der Neukirchener Verlag
des Erziehungsvereins GmbH

Die Gnade des Heiligen Geistes ist wahrhaftig notwendig, wenn wir vom Heiligen Geist handeln wollen; nicht damit unser Reden ihm gerecht wird — denn das ist unmöglich —, sondern damit wir sagen, was die göttlichen Schriften enthalten, und ohne Gefahr durch unser Thema gelangen.

Cyrillus von Jerusalem
Catecheses XVI, 1

EINLEITUNG

AUF DEM WEGE ZUR THEOLOGIE DES HEILIGEN GEISTES

Dieses Buch geht auf Vorlesungen zurück, die ich im Jahre 1964 vor dem Princeton Theological Seminary zu halten hatte. Der Fakultät dieses weltberühmten Zentrums theologischer Arbeit danke ich für ihr Vertrauen und für ihre Bereitschaft, mich über das Werk des Heiligen Geistes reden zu hören. Dieses Thema löst mehr als jedes andere in dem Theologen, der darüber nachzudenken wagt, das Gefühl einer tiefen Verlegenheit aus. Wir spüren, daß wir es mit Dingen zu tun haben, die unser Verstehen weit übersteigen. Sollten wir uns da nicht in einem Akt der Anbetung und Dankbarkeit auf die Worte beschränken: »Dank sei Gott für seine unaussprechliche Gabe!« (2 Kor 9, 15)? Können wir uns über das Unaussprechliche äußern?

Diese Frage stellte ich mir selbst während der Vorbereitung, und wiederholt schrak ich vor der unternommenen Aufgabe zurück, sogar so sehr, daß ich kurz davor war, der Fakultät ein anderes Thema vorzuschlagen. Aber nein — ich konnte das Thema nicht lassen, weil es selbst mich nicht losließ. Das Gefühl der Verlegenheit blieb; aber es wurde mehr und mehr von der Überzeugung begleitet, daß die Theologie über Gottes unaussprechliche Gabe wirklich nicht schweigen darf. Alle Taten Gottes sind unaussprechlich. Wir können sie alle entehren, indem wir in unehrerbietiger Weise über sie sprechen. Aber alle Taten Gottes wollen bezeugt werden, trotz, nein: gerade wegen ihrer Unaussprechlichkeit. Gott will, daß wir ihn mit allen unseren Sinnen und allen unseren Kräften lieben. Wahre Theologie ist ein Akt der Liebe. In diesem Akt können wir von keiner einzigen der großen unaussprechlichen Taten Gottes schweigen.

Nun gibt es aber noch einen besonderen Grund, vom Werk des Heiligen Geistes nicht zu schweigen. Manche Christen, die ohne Scheu über Schöpfung, Menschwerdung, Versöhnung, über Christus, die Kirche und sogar über die Zukunft reden, vermeiden es doch, über das Werk des Heiligen Geistes zu sprechen. Nach ihrer Überzeugung ist dieses Werk ein so verborgenes, persönliches, den Einzelnen angehendes Werk, daß jeder Versuch, es in theologischer Begrifflichkeit zu formulieren, einem Akt der Respektlosigkeit gleichkommt. Oft bedienen sich die gleichen Leute, wenn sie sich zur Realität des Heiligen Geistes äußern, der Begriffe persönlicher Erfahrung, wobei sie diese als etwas weit von Theologie Entferntes betrachten. Das Ergebnis ist eine geistliche Unterernährung der Theologie und, in Folge davon, der Predigt, der Lehre und des kirchlichen Lebens, wohingegen gerade die religiösen Gruppen, die anti-theologische Ressentiments hegen, den Heiligen Geist für ihre privaten Gefühle in Anspruch nehmen.

Vielleicht ist dies eine Übertreibung im Blick auf die angelsächsische Welt. Jedenfalls haben wir eine viel reichere Literatur über das Werk des Heiligen Geistes in englischer Sprache als in den Sprachen des europäischen Kontinents. Gern bekunde ich meinen Dank für das, was ich dieser Literatur verdanke. Jedoch selbst hier ist die meiste Literatur über den Heiligen Geist erbaulicher oder halbtheologischer Art. Hinzu kommt, daß manche neue Einsichten aus dem Bereich der biblischen Theologie, die sich auf den Heiligen Geist beziehen, ihren Weg noch nicht in die systematische Theologie gefunden haben, geschweige denn auf die Kanzel und in das kirchliche Leben. Wir werden die vereinten Anstrengungen vieler Theologen brauchen, um diese gegenwärtig noch empfindliche Lücke der kirchlichen Lehre auszufüllen.

Es kann kein Zweifel sein: die Pneumatologie ist ein vernachlässigtes Feld der systematischen Theologie. Dafür gibt es tiefliegende Gründe. Einer der tiefsten Gründe liegt in der Natur des Geistes selbst: ». . . der Geist . . . wird euch in alle Wahrheit leiten; denn er redet nicht aus eigener Autorität . . .« (Joh 16, 13). Der Geist lenkt unsere Aufmerksamkeit ständig von sich selbst fort auf Jesus Christus hin. Einerseits verbirgt er sich in Christus, andererseits verbirgt er sich mit seinen Werken im Leben der Kirche und im Leben der Einzelnen. Das hat zur Folge, daß der Geist in den meisten Bekenntnissen und in den meisten dogmatischen Handbüchern kaum erwähnt wird. Auf eine oft ziemlich spekulative Weise wird er im Zusammenhang mit der Trinität behandelt. In den klassischen Glaubensbekenntnissen wird er nach vielen Sätzen über Christus mit nur einem Satz erwähnt. Die folgenden Sätze über die Kirche, die Vergebung der Sünden usf. lassen sich als eine Beschreibung der Wirkungen des Geistes verstehen; aber der Geist selbst wird in ihnen nicht mehr ausdrücklich genannt. Die Lehrbücher schenken der Beziehung des Geistes zu Kirche, Rechtfertigung und Heiligung usf. nur geringe oder gar keine Beachtung.

Für die Vernachlässigung des Geistes sind auch historische Gründe anzuführen. Enthusiasten aller Zeiten — Montanisten, Wiedertäufer, Quäker, Anhänger der Pfingstbewegung und vieler anderer Bewegungen, die die Gegenwart des Geistes betonten — haben die offiziellen Kirchen entmutigt; denn diese mußten fürchten, daß das Band zwischen dem Geist und dem geschichtlichen Christus, dem Geist und dem Buchstaben der Schrift oder dem Geist und dem institutionellen kirchlichen Leben gelöst würde.

Diese Situation fand unter anderen Namen ihre Fortsetzung in der Kontroverse des 19. Jahrhunderts zwischen Liberalismus und Orthodoxie. In ihr stellte der Liberalismus einen neuen Spiritualismus dar, der von der Orthodoxie verworfen wurde, weil der liberale »Geist« eine bloße Ausweitung, Überhöhung des menschlichen Geistes zu sein schien ohne den notwendigen christologischen Horizont. Aus diesem Grunde legte die orthodoxe Erneuerung nach dem Ersten Weltkrieg eine neue Betonung auf die Christologie, freilich weitgehend auf Kosten des Interesses am Wirken des Geistes hier und jetzt.

So leben wir mit einer unglücklichen und unfruchtbaren Alternative, deren böse Konsequenzen sich unweigerlich bemerkbar machen. Auf der einen Seite sehen wir die etablierten großen Kirchen — ohne den Willen, auf die bewegende Aktion des Heiligen Geistes zu achten; mitten in ihnen ist der Glaube in Gefahr, eine intellektuelle, traditions- und institutionsgebundene Angelegenheit zu werden. Auf der anderen Seite sehen wir die rapide zunehmenden Pfingstbewegungen, bei denen die Realität des Geistes oft in gefühlsgeladenen individualistischen und extravaganten Erscheinungen gesucht wird. Beide Teile leben in ihren Einseitigkeiten von den Mängeln und Irrtümern der anderen, die ihnen einen Vorwand liefern, ihre eigenen Schwächen und Irrtümer nicht zu sehen — aber auch nicht die biblische Wahrheit, die die anderen vertreten.

Es gibt weitere Gründe dafür, unser theologisches Interesse auf die Lehre vom Heiligen Geist zu konzentrieren. In der ökumenischen Diskussion werden wir unablässig mit pneumatologischen Fragen konfrontiert. Im Blick auf die römisch-katholische Kirche scheinen viele alte Streitpunkte an Bedeutung zu verlieren. Die verbleibenden Probleme zielen meiner Ansicht nach alle auf das Wesen der Gegenwart Christi hier und jetzt, das heißt auf das Werk und die Wirkweise des Heiligen Geistes. Die bevorstehende Begegnung mit der orthodoxen Ostkirche, die den Ausgang des Geistes vom Sohn verwirft (das *filioque),* wird uns gleichermaßen zu neuen und klaren pneumatologischen Einsichten nötigen.

Dasselbe läßt sich von der sogenannten hermeneutischen Frage behaupten, welche gegenwärtig besonders die europäische Theologie tief bewegt. Sie ist ja die pneumatologische Frage in modern-theologischem Gewand. Hermeneutik ist die Lehre vom Verstehen und von der Interpretation, vom Brückenschlagen zwischen dem Wort der Schrift und unserem heutigen Existenz- und Weltverständnis. Sie kam in den letzten zwanzig Jahren mit Macht auf, weil wir in der säkularisierten Nachkriegswelt mehr als je zuvor die Kluft empfinden, die uns von der biblischen Botschaft, vom Evangelium trennt. Nach dem christlichen Glauben ist es allein der Heilige Geist, der diese Kluft auf dem Wege von Umkehr und Wiedergeburt überbrückt. Das wird leider in der hermeneutischen Debatte kaum inhaltlich bedacht und methodisch einbezogen. Sonst würde man nicht immer wieder versuchen, den Verstehensprozeß in rein-menschlichen, existentialistischen Kategorien einsichtig zu machen. Die notwendige Folge davon ist, daß Jesus Christus nur so weit zur Sprache kommen kann, wie er als Träger einer mehr oder weniger einzigartigen Existenz erscheint, während das Wirken des Geistes darauf beschränkt wird, daß er uns zur Existenzerhellung und Existenzergreifung verhilft. Weder Christus noch der Geist können von diesem Ansatz aus in ihrer Fülle zur Sprache kommen. Früher oder später wird die Hermeneutik ihren verengten Ausgangspunkt preisgeben müssen, um in dem weiteren Rahmen der Pneumatologie aufs neue anzufangen.[1]

Leicht ließe sich die Liste der Gründe erweitern, warum wir neu über das Werk des Heiligen Geistes nachzudenken haben. Der tiefste und alles entscheidende Grund ist jedoch, daß es das unaufgebbare Wesen der Kirche ist, *reformanda quia reformata* zu sein: der Erneuerung offen, weil durch Erneuerung geschaffen. Ihre Kontinuität verwirklicht sich nicht in Reorganisation, sondern in ständiger Erneuerung, die das Werk des Heiligen Geistes ist, als Antwort auf das Gebet: *Veni, creator spiritus!* Wir können die notwendige Erneuerung nicht erwarten, ohne zuerst der Notwendigkeit des Heiligen Geistes gewahr zu werden; und wir können diese Notwendigkeit nicht einsehen, ohne Wesen, Verheißung, Werke und Gnadengaben des Geistes zu erkennen. Hier finden wir den tiefsten Grund, warum rechtschaffene Theologie, die der Kirche dienen will, niemals aufhören kann, Gottes unaussprechlicher Gabe im Heiligen Geist nachzudenken.

---

[1] In der jüngeren deutschen Theologengeneration, besonders bei Jürgen Moltmann, entdecke ich eine heilsame Erweiterung des Begriffs der Hermeneutik. Nunmehr kann sie auch Themen umfassen, wie wir sie in unseren Kapiteln II und V behandeln. Dann stellt sich indes die Frage, ob der Begriff Hermeneutik in seinem derzeitigen Gebrauch nicht zu eng und mißverständlich geworden ist, um diesen entscheidenden Dimensionen theologischer Erkenntnis gerecht werden zu können.

KAPITEL I

DER GEIST UND CHRISTUS

Wer die wahre Bedeutung eines Wortes entdecken will, darf sich nicht ausschließlich auf seine Etymologie verlassen. Die ursprüngliche Bedeutung mag im Laufe des jahrhundertelangen Gebrauchs ihre Kraft eingebüßt haben. Die Wortgeschichte der biblischen Äquivalente für »Geist« scheint in ihrem theologischen Gebrauch noch durch. Das hebräische *ruach* wie das griechische *pneuma* (wie auch die lateinischen Wörter *animus, anima, spiritus)* weisen auf die Bewegung der Luft hin. Sie können je nach dem Kontext als »Wind«, »Sturm«, »Brise« usf. übersetzt werden. Häufiger jedoch beschreiben sie die vom Atmen verursachte Luftbewegung, so daß die Bedeutung in »Atem« und bildlich in »Lebensprinzip« oder »Vitalität« übergehen kann. Dies gilt zumal für das hebräische *ruach,* das oft in Verbindung mit näherbestimmenden Ausdrücken wie *»ruach* der Traurigkeit«, *»ruach* der Rache« und anderen erscheint. Tiere haben *ruach;* Menschen haben *ruach;* in unvergleichlicher Weise hat Gott *ruach.* Er ist ein atmender, lebendiger, handelnder Gott. Das große Wunder der Schöpfung erweist sich darin, daß dieser Gott seinen Geschöpfen und ganz besonders dem Menschen seine *ruach* mitteilt. »Gott . . . blies in seine Nase den Atem des Lebens; und der Mensch wurde ein lebendes Wesen« (1 Mose 2, 7). Wo Gott schafft, da rührt sich die Luft, da ist die *ruach* am Werk. Die ursprüngliche Bedeutung des Wortes scheint überall im Alten Testament durch. Es ist sogar noch nicht entschieden, ob wir in 1 Mose 1, 2 zu übersetzen haben: »Der Geist Gottes schwebte über das Wasser« oder: »Ein schwerer Sturm fuhr über die Wasseroberfläche dahin«.

Im griechischen Neuen Testament ist die Lage im Grunde die gleiche. *Pneuma* ist der Vorgang des Wehens oder Atmens, insbesondere Zeichen und Prinzip der Lebendigkeit des Menschen. Die griechische Sprache hat zwei Wörter für den menschlichen Geist. Das eine ist *nous,* welches vornehmlich das Prinzip der theoretischen Fähigkeiten des Menschen bezeichnet und daher oft als »Verstand« oder »Intellekt« wiedergegeben werden kann. Das andere Wort ist *pneuma,* welches das dynamische Prinzip des Lebens ausdrückt, den Menschen als ein Zentrum von Vitalität und Aktivität charakterisiert. Trotz der metaphorischen und sogar philosophischen Bedeutung, die das Wort *pneuma* im Griechischen lange vor der neutestamentlichen Zeit bekommen hatte, zeigt sein Gebrauch im Neuen Testament unverkennbar den alttestamentlichen Hintergrund. Denken wir an Joh 3, 8: »Der Wind weht *(pneuma pnei)*, wohin er will . . . So ist es mit einem jeden, der aus dem Geist *(pneuma)* geboren ist.« In Joh 20, 22 lesen wir, daß Jesus die Jünger anblies (Nestle verweist am Rande auf 1 Mose 2, 7!) und sie ansprach: »Empfangt den Heiligen Geist«; wir sind fast versucht, dem Kontext nach zu übersetzen: »Empfangt den lebendigmachenden Luftstrom.« Ein ähnliches Beispiel begegnet in der Pfingstgeschichte, wo »ein Laut vom Himmel kam wie das Brausen eines mächtigen Windes«, eine *pnoe*, auf Grund dessen die Apostel mit dem *pneuma* erfüllt wurden (Apg 2, 2-4).

»Geist« meint, daß Gott ein *lebendiger* Gott ist, der seiner Schöpfung Lebenskraft gewährt. Des Menschen *ruach/pneuma* ist die lebendigmachende Gabe Gottes, von der der Mensch ganz und gar abhängt. Daher möchte ich folgende vorläufige Definition des Geistes vorschlagen: Er ist Gottes beseelender Atem, durch den er in Schöpfung und Neuschöpfung Leben gibt. F. W. Dillistone definiert kurz: »Gott am Werk im menschlichen Leben.«[1] Noch bestimmter und gefüllter sind die Worte, mit denen Alan Richardson das Wesen des Geistes umschreibt: »Das *pneuma* eines Menschen ist seine Dynamis, seine Person in Aktion; und das gleiche gilt von Gottes *pneuma* . . . Gottes Geist ist Gott als der Handelnde.«[2]

»Gott ist Geist«

Im Zusammenhang unserer Untersuchung müssen wir uns versagen, darzustellen, wie sich der Begriff des Geistes in den verschiedenen Stadien des Alten und des Neuen Testaments entwickelt hat. Es genügt der

---

[1] F. W. Dillistone: *The Holy Spirit in the Life of Today* (Philadelphia 1947) S. 25.

[2] Alan Richardson: *An Introduction to the Theology of the New Testament* (New York 1958) S. 104 f.

Hinweis, daß in den prophetischen Traditionen des Alten Testaments der Rest der Gläubigen — aus dem Versagen Israels als des erwählten Partners Gottes heraus — Ausschau hält nach dem Zeitpunkt, in dem Gott selber, am Ende der Tage, seinen Partner dahin bringen wird, in freier Übereinstimmung mit seinem Willen zu handeln. Durch den Propheten Jeremia hat er es gesagt: »Ich will mein Gebot in sie geben und will es in ihre Herzen schreiben« (31, 33). Oder wie es bei Ezechiel 36, 26 f heißt: »Ich will herausreißen aus eurem Fleisch das Herz von Stein und will euch geben ein Herz von Fleisch. Und ich will meinen Geist in euch geben und machen, daß ihr in meinen Gesetzen wandelt und sorgfältig meine Weisungen befolgt.« Ezechiels berühmtes Kapitel 37 sieht Israel in seiner Sünde und Verlorenheit im Bild einer Ansammlung verdorrter Knochen. Gott aber sagt: »Ich will meine *ruach* in dich kommen lassen, und du wirst leben« (Vers 5); »und ich will meine *ruach* auf dich legen, und du sollst leben« (Vers 14). Die Übersetzung von *ruach* in den beiden wichtigsten englischen Bibelausgaben lautet für Vers 5 »Atem« und für Vers 14 »Geist«. Nach dem, was wir über die Etymologie erhellt haben, können wir das Problem dieser Übersetzung verstehen, brauchen ihrer Lösung aber nicht zu folgen. Ezechiel schaut, daß Gott in den Tagen des Endes einen neuen Schöpfungsakt vollziehen wird, ähnlich dem, den er Adam zuteil werden ließ. Neue Lebenskraft wird er einem Volk bereiten, das durch seine Sünden und Übertretungen tot ist. Die eschatologische Gabe des Geistes bedeutet das Wunder der Neuschöpfung und Wiedergeburt des erwählten, aber ungehorsamen Volkes. Einige in Israel haben schon den Atem Gottes, sie handeln durch Gottes inspirierende Gegenwart: Mose, manche Richter, einige Könige und zu rechter Zeit die Propheten. Das reicht jedoch noch lange nicht aus, um Gottes Plan für Israel zu erfüllen. Daher: ». . . wird es geschehen, daß ich meinen Geist ausgieße auf alles Fleisch . . .« (Joel 2, 28).

In der geheimnisvollen Gestalt des Gottesknechtes tritt eine Prophetie dieser großen Zukunft vor uns hin: »Siehe, mein Knecht . . . Ich habe meinen Geist auf ihn gegeben« (Jes 42, 1). Die Ansage solcher Zukunft vernehmen wir auch aus der Stimme, die in Jesaja 61, 1-2 spricht: »Der Geist Gottes des Herrn liegt auf mir, denn der Herr hat mich gesalbt, gute Nachricht zu bringen den Zerschlagenen . . . zu verkündigen ein angenehmes Jahr des Herrn.«

In diesen und anderen Stellen wird die Erwartung laut, daß die Ausgießung des Geistes auf alles Fleisch durch die Vermittlung eines einzigen geschieht, der fähig ist, als wahrer Partner im Bunde mit Gott zu handeln, der imstande ist, Gott vor dem Volk und das Volk vor Gott zu repräsentieren. Kein Wunder, daß in einigen prophetischen Überlieferungen diese Rolle der Figur eines neu gesalbten, gerechten Königs zugeschrieben wird: dem Messias. »Ein neues Reis wird aus dem Stamme Jesse hervorgehen, ein Zweig wird aus seinen Wurzeln sprießen. Und der Geist des Herrn wird auf ihm ruhen« (Jes 11, 1 f).

Von diesem Hintergrund her können wir verstehen, was das Neue Testament über den Geist aussagt. Nun, da die letzten Tage eingetreten sind, ist der Messias als der große Träger des Geistes erschienen, und die Ausgießung des Geistes auf alles Fleisch hat begonnen. In der Begegnung Jesu mit der samaritanischen Frau hören wir, was dieses alles bedeutet. Die Frau weist auf die verschiedenen Stätten hin, an denen Samaritaner und Juden Gott verehren. Sie will wissen, welcher Ort der richtige ist. Jesus akzeptiert ihre Weise, das Problem anzusehen; für die gegenwärtige Zeit trifft es zu. Er antwortet: Die Juden haben recht, die Samaritaner haben unrecht. Aber er fügt auch hinzu: »Liebe Frau, glaube mir, die Stunde kommt, wo ihr weder auf diesem Berge noch in Jerusalem den Vater anbeten werdet. Die Stunde kommt, und sie ist schon jetzt, da die wahren Verehrer den Vater im Geist und in der Wahrheit anbeten. Gott ist Geist, und die ihn anbeten, müssen ihn im Geist und in der Wahrheit anbeten« (Joh 4, 21. 23-24). »Gott ist Geist« — wie sind diese Worte mißverstanden und mißbraucht worden! Gewöhnlich bringt man sie auf den Sinn: Gott ist nicht an einen besonderen Ort der Offenbarung gebunden; er ist Geist, unsichtbar und allgegenwärtig, jenseits von Zeit und Raum, und ein jeder kann ihn finden, wenn er in die Tiefen seines eigenen Herzens einkehrt. Der anschließende Vers jedoch zeigt, daß die samaritanische Frau eine völlig andere Idee von dem hat, was Jesus meint. Sie sagt: »Ich weiß, daß der Messias kommen wird.« Sie begreift das Wort »Geist« nicht im modernen Sinn idealistischer Philosophie, sondern im alttestamentlichen Sinn. Gott ist *ruach:* er atmet den Atem des Lebens in die Menschen hinein, das heißt, er ist gegenwärtig, wirksam, neue Lebenskraft gewährend. »Und die ihn anbeten, müssen ihn in seiner *ruach* anbeten« — das heißt dort, wo seine aktive Gegenwart am Werk ist; und »müssen ihn in seiner Wahrheit anbeten« — das heißt: in seiner *emet,* in seiner Treue zu seinem Bund, in seinem Handeln entsprechend den Verheißungen, die er selber durch seine Propheten gegeben hat, daß nämlich in den letzten Tagen der Geist durch den Messias über alles Fleisch ausgegossen werden solle. Diese Stunde ist jetzt da. Jetzt kann Gott angebetet werden in seiner *ruach* und *emet,* in seiner verheißenen, lebendigmachenden Gegenwart. Und die Frau sagte: »Ich weiß, daß der Messias kommen wird.«

Karl Barth kommentiert diese Stelle: »Der Gegensatz zu Rom, Wittenberg, Genf und Canterbury — ist nicht (wie liberaler Flachsinn diese Sache versteht) das Weltall, sondern eben Jesus.«[3] Und George S. Hendry drückt auf seine Weise den gleichen Gedanken aus: »Die Pointe dabei ist nicht, daß die Örtlichkeit aufgehört hat, irgendeine Bedeutung für die Anbetung zu haben ... Der Sinn ist, daß der Ort eine neue Definition erfahren hat und daß Gott nun an dem Ort angebetet werden will, wo er gegenwärtig ist, nämlich in Ihm, der die menschgewordene Wahrheit ist.«[4] Jesus Christus — das heißt: die reale Gegenwart Gottes als Geist in seiner unter uns wohnenden und neuschaffenden Wirksamkeit.

Die zweifache Beziehung zwischen dem Geist und Christus

Was wir soeben herausgestellt haben, läßt uns unschwer verstehen, daß die Beziehung zwischen dem Heiligen Geist und Christus im Neuen Testament in zweifacher Weise dargestellt wird. Die erste herrscht in den synoptischen Evangelien vor. Der Geist hat nach ihrer Darstellung göttlichen Vorrang gegenüber Jesus, der als sein Träger erscheint. Diese Sicht entspricht den Prophetien, der Geist werde einst auf dem Messias ruhen. Darum heißt er Messias, der Gesalbte, weil der Herr ihn mit seinem Geist gesalbt hat. Nach Matthäus und Lukas begann der Geist, von Jesus bei seiner Geburt Besitz zu nehmen, »denn das, was sie (Maria) empfängt, ist vom Heiligen Geist« (Mt 1, 20). Die Taufe Jesu durch Johannes im Jordan bedeutet hingegen eine neue Bestätigung und Offen-

---

[3] Karl Barth: *Kirchliche Dogmatik,* Band II, 1 (Zürich 1940) § 31, 1; S. 541.

[4] George S. Hendry: *The Holy Spirit in Christian Theology* (Philadelphia 1956) S. 32.

barung des Geistgeheimnisses im Leben Jesu. So, wie der Geist im Anfang aller Dinge über den Wassern des Chaos schwebte, und so, wie eine Taube Noah die neue Schöpfung aus den Fluten des Gerichts anzeigte, kam der Geist in Gestalt einer Taube auf ihn herab. »Danach wurde Jesus vom Geist in die Wüste geführt, um vom Satan versucht zu werden« (Mt 4, 1). Nach dieser Versuchung »kehrte Jesus in der Kraft des Geistes nach Galiläa zurück« (Lk 4, 14). In der Kraft des Geistes Gottes wirkte er und trieb er Dämonen aus (Mt 12, 28). Er jubelte im Heiligen Geist (Lk 10, 21) über die großen Dinge, die durch sein Werk geschahen. Durch den gleichen Geist gab er seinen Aposteln nach der Auferstehung (Apg 1, 2) Weisungen. Daher kann Petrus nach dem Bericht der Apostelgeschichte (10, 38) seine Zuhörer an die wohlbekannte Tatsache erinnern, daß »Gott den Jesus von Nazareth mit dem Heiligen Geist und mit Kraft gesalbt hat«.

Diese Korrelation zwischen Geist und Christus herrscht, wie gesagt, in den synoptischen Evangelien. Aber auch bei Paulus und Johannes fehlt sie nicht. Paulus schreibt z. B., daß Jesus »zum Sohn Gottes erwählt ward in Kraft gemäß dem Geist der Heiligkeit bei seiner Auferstehung von den Toten« (Rm 1, 4). Und Johannes sagt, daß »Gott nicht nach begrenztem Maß den Geist gibt« jenem, den er gesandt hat (Joh 3, 34).

Bei Paulus und Johannes ist jedoch eine andere Beziehung zwischen dem Geist und Christus bestimmend. Hier ist Jesus nicht so sehr Träger als vielmehr Entsender des Geistes. Paulus sagt sogar, daß Christus »lebengebender Geist geworden ist«. Er bezeichnet den Geist als den Geist Christi oder den Geist des Sohnes (Rm 8, 9; 2 Kor 3, 17; Gal 4, 6; Phil 1, 19). Johannes bringt diese Beziehung sogar noch klarer und stärker zum Ausdruck. Hier spricht Christus von dem Geist, »den der Vater senden wird in meinem Namen« (Joh 14, 26), und verheißt: »Wenn ich gehe, will ich ihn (den Tröster, Ratgeber) euch senden« (16, 7), »welchen ich euch senden werde vom Vater her« (15, 26). In Joh 20, 22 überträgt der auferstandene Christus den Heiligen Geist auf seine Apostel, indem er sie anhaucht. Dieser bei Paulus und Johannes so bestimmende Aspekt fehlt den synoptischen Evangelien und der Apostelgeschichte nicht ganz. »Und siehe«, lesen wir bei Lukas (24, 49), »ich sende die Verheißung meines Vaters auf euch«; und in der Predigt des

Petrus am Pfingsttag heißt es: »Nachdem er nun zur Rechten Gottes erhöht worden ist und den verheißenen Heiligen Geist vom Vater in Empfang genommen hat, hat er das ausgegossen, was ihr da seht und hört« (Apg 2, 33).

Die beiden beschriebenen Auffassungen widersprechen sich durchaus nicht. Im Gegenteil, sie ergänzen sich. Sie finden sich sogar in einem Satz zusammengefaßt (Joh 1, 33), wo Johannes der Täufer von Gott hört: »Auf wen du den Heiligen Geist herabschweben und auf ihm bleiben siehst, der ist's, der mit Heiligem Geist tauft.« Jesus kann den Geist nur darum aussenden, weil er selbst zuerst Empfänger und Träger des Geistes ist. In der gegenwärtigen Überlieferung der Kirche und ihrer Theologie steht diese erste Beziehung stark im Schatten. Das ist verständlich, wenn man bedenkt, daß diese Beziehung oft von solchen mißbraucht wurde, die Jesu Menschlichkeit auf Kosten seiner Göttlichkeit zu unterstreichen wünschten. Von der Zeit der Adoptianer am Ende des zweiten Jahrhunderts bis zu den Liberalen unserer Zeit gibt es die Neigung, Jesus hauptsächlich oder ausschließlich als den Einen zu sehen, der in der Linie der Propheten und aller wahren Gläubigen, wenn auch mehr als sie alle, mit dem Geist begabt ist. Die Kirche hat diesem Trend des Denkens widerstanden, vernachlässigte dabei aber ihrerseits diesen Aspekt und betonte ebenso einseitig die Tatsache, daß Jesus den Geist zu seiner Verfügung hat und ihn seiner Kirche als seine Gabe zukommen läßt.

Beide Aspekte gehören jedoch zusammen, wie man leicht einsieht, wenn man Jesus als den Christus auf dem Hintergrund der alttestamentlichen Verheißungen sieht. In dieser Perspektive ist er weder eine rein göttliche Person noch ein gewöhnliches menschliches Individuum. Er ist, um H. Wheeler Robinsons berühmten Ausdruck zu gebrauchen, eine *»corporate personality«* — eine Person, die das Ganze repräsentiert. Die Gesamtheit Israels und sogar das Ganze der Menschheit ist in ihm zusammengefaßt, der der Knecht des Herrn, der Messias, der Sohn des Menschen, der letzte Adam ist. Alle diese Titel weisen auf seine Funktion als unser Repräsentant vor Gott hin, als der wahre Partner in dem Gottesbund, der so ganz anders handelt und gehorcht als wir, doch dieses zugleich uns zugut.

»Der Herr . . . sah, daß niemand da war, und staunte, daß keiner ins

Mittel trat« (Jes 59, 15-16). So ging sein lebender Geist aus zu einem neuen Schöpfungsakt, zur Erschaffung dessen, der, im Gegensatz zu Adam, das wahre »Ebenbild des unsichtbaren Gottes, der Erstgeborene der ganzen Schöpfung« (Kol 1, 15) ist. Er ist in unvergleichlicher Weise durch den Geist empfangen, vom Geist geleitet, mit dem Geist erfüllt. In ihm schafft Gott den Partner, wird er selber der Partner, den er unter den Menschen nicht fand noch in Israel. Und jetzt fällt und vollendet dieser, der mit der wirkmächtigen Gegenwart Gottes gesalbt ist, seine Entscheidungen für die Sache Israels und der Menschheit. In diesem Einen sind wir als die Vielen eingeschlossen. Wenn er als der Eine sein Werk vollbracht hat, dann hat ein neues Werk zu beginnen: die Wohltat seines stellvertretenden Werkes soll denen zuteil werden, für die es geschehen ist, die von Anfang an in seiner *corporate personality* gemeint und eingeschlossen waren. So geht die Bewegung von dem Einen zu den Vielen. Jesus ist der große *pars pro toto*. Darum muß die Bewegung nun von dem Teil zu dem Ganzen erfolgen. Das ist das zweite Werk des Geistes Gottes, seiner tätigen, lebenschaffenden Gegenwart. Zuerst erschafft er den Einen; dann schließt er die Vielen in dem Einen zusammen. Der Geist ruht auf Jesus, und der Geist geht von Jesus aus. Der, auf dem der Geist bleibt, ist derselbe, der mit dem Heiligen Geist tauft.

Alle diese Aspekte und Einsichten führen uns zu dem Schluß, daß es möglich und sogar naheliegend ist, die Christologie aus einem pneumatologischen Gesichtspunkt zu entwerfen, das heißt, die Person und das Werk Jesu Christi als die Folge und den Anfangspunkt, als die Mitte der lebenschaffenden Gegenwart Gottes, der Werktätigkeit des Geistes unter den Menschen zu begreifen. Trotzdem sind Versuche, eine solche pneumatologische Christologie zu entwerfen, in der Theologiegeschichte überraschend selten. Ich vermute, daran hat hauptsächlich die Furcht vor Adoptianismus schuld. Es ist ja aber doch nicht der beherrschende Begriff des Geistes als solcher, der zur adoptianischen Auffassung führt, sondern die Verkennung und Vernachlässigung der schlechthin einzigartigen Weise, in welcher der Geist mit Christus verbunden ist.

Höchst bedeutsam ist die Tatsache, daß die ersten Versuche im Felde der Christologie sich in der Richtung einer pneumatischen Christologie bewegten, wie wir aus den Schriften der sogen. »Apostolischen Väter«

ersehen. Ignatius nennt Christus seiner göttlichen Natur entsprechend *pneumatikos* (Brief an die Epheser 7, 2), und er sagt, daß der Gläubige »den untrennbaren Geist besitzt, welcher ist Jesus Christus«.[5] Der zweite Klemensbrief spricht zu den Korinthern von Christus, »welcher, da er zuerst Geist war, Fleisch wurde«.[6] Das berühmteste, freilich oft mißverstandene Beispiel dieser pneumatischen Christologie finden wir im Fünften Gleichnis des Hirten Hermas. Dort, wie schon an früheren Stellen, ist es der Geist, der in Christus inkarniert ist. Die markanteste Stelle lautet: »Gott ließ den Geist, welcher zuvor da war und welcher die ganze Schöpfung erschuf, in einem von ihm erwählten Fleisch Wohnung nehmen. Nun diente dieses Fleisch, in welchem der Heilige Geist wohnte, dem Geist gebührend in einem Verhalten der Reinheit und Tugend, ohne den Geist zu beschmutzen.«[7] Aus diesem Grunde, so geht der Gedanke weiter, wurde das Fleisch — das heißt also die menschliche Natur Jesu Christi — nach seinem irdischen Werk erhöht und dazu erwählt, Gefährte des Geistes zu sein.

Um die Mitte des zweiten Jahrhunderts verkümmerten diese Ansätze eines pneumatologischen Verständniswegs zur Christologie. Ein Echo enthält noch Tatians »Rede gegen die Griechen« (um 165 n. Chr.). Sie handelt von »dem himmlischen Wort, das als Geist vom Vater und als Wort aus der Kraft seiner Vernunft geboren wurde«.[8] Diese Wendung ist typisch für den Übergang, welcher jetzt stattfindet. Statt des Geistes wird das Wort Prinzip der Inkarnation. Für Tatian waren beide, in gut alttestamentlicher Weise, noch eins, denn: »Durch das Wort des Herrn sind die Himmel gemacht, durch den Hauch seines Mundes ihr ganzes Heer« (Ps 33, 6). *Ruach* und *dabar* sind fast synonym. Dieses Wissen geriet jedoch bald in Vergessenheit. »Logos« war ein weitverbreiteter

---

[5] Brief an die Magnesier 15.

[6] 2 Clemens IX, 5.

[7] Pastor Hermae, Similitudo V, 6, 5. Diese Stelle und ihr Zusammenhang sind oft als adoptianisch mißverstanden worden. So auch von Harnack, obwohl er sonst die Haupttendenz der frühen Geistchristologie als antiadoptianisch beurteilt. Er läuft Gefahr, diese Texte vom Standpunkt späterer Kontroversen aus zu lesen. Siehe *Dogmengeschichte* Bd. I, 4. Aufl., S. 182 ff. Eine angemessenere Darstellung findet sich in der vorzüglichen Studie von Arnold Gilg: *Weg und Bedeutung der altkirchlichen Christologie* (Neuauflage München 1961).

[8] Tatianus: *Adversus Graecos Oratio,* 7.

philosophischer Begriff jener Zeit. Die christlichen Apologetiker bevorzugten ihn als Eckpfeiler ihrer Christologie, da er das Evangelium für ihre intellektuellen Zeitgenossen annehmbar machte. So wurde die Geist-Christologie durch die Logos-Christologie ersetzt und geriet rasch aus dem Gesichtskreis. Die Logos-Christologie aber bewirkte gerade wegen ihrer philosophischen Nebenbedeutungen ein Mißverhältnis in der Darstellung des Evangeliums. Es kostete die Kirche wenigstens zwei Jahrhunderte, ehe sie die bösen Folgen der Vermischung biblischer Lehre mit hellenistischer Kosmologie beseitigt hatte. Man kann die These vertreten, daß das Trinitätsdogma, das ja aus der Logos-Christologie entstanden ist, noch heute die Merkmale jener Vermischung an sich trägt, jedenfalls wenn man an manche spekulative und sogar tritheistische Züge denkt, die dem Dogma in seiner traditionellen Darstellung anhaften. Wir müssen die Frage stellen, ob die konsequente Rückkehr zur pneumatischen Christologie der biblischen Botschaft nicht besser gerecht und auch dem modernen Denken bedeutsamer zu werden vermöchte als unsere herkömmlichen Denkmodelle. Es ist klar, daß das Trinitätsdogma von solchem Neudurchdenken nicht unberührt bleiben könnte. Im weiteren Gang dieses Buches werden wir Gelegenheit haben, auf diese grundlegenden Fragen zurückzukommen.

Der Geist als das Handeln des erhöhten Christus

Bisher hat sich unser Interesse in erster Linie auf die Konsequenzen der Erkenntnis gerichtet, daß Christus der Träger und als solcher zugleich der Aussender des Geistes ist. Nunmehr müssen wir unseren Standort wechseln und diesem zweiten Aspekt sein volles Recht widerfahren lassen. Christus sendet den Geist aus, der Geist ist der von Christus gesendete. Was bedeutet das für die Beziehung zwischen Christus und dem Geist? Diese schwierige Frage ist von großer Tragweite. Im Lauf der Kirchengeschichte hat sie verschiedene Antworten gefunden, und diese Antworten haben unterschiedliche Typen des christlichen Lebens geschaffen, wobei der institutionelle Bereich ebenso betroffen war wie der individuelle.

Damit wir in diesem vielschichtigen Feld den Überblick behalten, gehen wir von den beiden Haupttypen des christlichen Lebens aus. Der erste Typ ist wohlbekannt und in unserer reformatorischen Tradition sogar beherrschend. Die Beziehung zwischen dem sendenden Christus und dem gesendeten Geist wird darin so vorgestellt, daß der Geist strikt dem historischen Christus unterworfen ist und seine Aufgabe darin hat, der Menschheit die durch Christus erworbene Rettung zuzuwenden. Diese Auffassung kann sich auf viele wichtige Schriftstellen berufen, vor allem auf die Abschiedsreden Jesu in Joh 14-16. z. B.: »Der Heilige Geist . . . wird euch an alles erinnern, was ich euch gesagt habe« (14, 26), »er wird von mir Zeugnis geben« (15, 26), »er wird nicht von sich aus reden . . . Er wird mich verherrlichen; denn aus dem Meinigen wird er es nehmen und euch verkündigen« (16, 13-14). Das beliebte paulinische Wort in diesem Zusammenhang ist: »Niemand kann sagen: Herr ist Jesus, außer im Heiligen Geist« (1 Kor 12, 3). Das Werk Jesu ist der Inhalt für das Werk des Geistes. Am Pfingsttag drängt der Geist Petrus zur prophetischen Verkündigung — aber nicht etwa über den Geist, sondern über das, was Jesus widerfahren ist. »Das Zeugnis Jesu nämlich ist der Geist der Weissagung« (Offb 19, 10).

Man kann sagen, daß dies die vorherrschende Richtung ist, der die Pneumatologie in der großen christlichen Überlieferung folgt. Sie gehört ebenso zum Erbe der reformatorischen Kirche. Ich beschränke mich auf zwei Beispiele dafür: Calvin und Karl Barth. Warfield war wohl der erste, der Calvin als den Theologen des Heiligen Geistes charakterisierte, und er tat es mit Recht. Das berühmte Buch der Institutio enthält Reichtümer in der Lehre vom Geist; viele von ihnen blieben bisher von den reformatorischen Kirchen unentdeckt. Calvin läßt in mancherlei Weise die Antithesen hinter sich, die ich hier umreißen muß; am meisten wohl in seiner Lehre von der Gemeinschaft mit Christus. Sein Ausgangspunkt und seine Zielrichtung liegen in einer Linie mit dem, was uns hier beschäftigt. Die Überschrift zum ersten Kapitel des dritten Buches lautet: »Was von Christus verkündigt wird, nützt uns durch die verborgene Wirkung des Heiligen Geistes.« Die ersten beiden Sätze sagen: »Wir müssen folgende Fragen prüfen: Wie empfangen wir die Wohltaten, die der Vater seinem eingeborenen Sohn verliehen hat — nicht zum privaten Gebrauch Christi, sondern damit er arme und bedürftige Menschen reich mache?« Gegen Ende des ersten Paragraphen faßt Calvin das Werk des Heiligen Geistes zusammen: ». . . der Heilige Geist ist das Band, durch das Christus uns wirksam mit sich vereinigt.«[9]

Die gleiche Denkrichtung findet sich in Barths Kirchlicher Dogmatik, besonders in den Bänden I-IV, 1. Ich möchte die Aufmerksamkeit vor allem auf I, 2 § 16 lenken, dessen erster Abschnitt überschrieben ist: »Der Heilige Geist als subjektive Wirklichkeit der Offenbarung.« Dieser Kernsatz entspricht dem von § 13, 1: »Jesus Christus als die objektive Wirklichkeit der Offenbarung.« Der Geist ist die Kraft, in der Gottes Offenbarung in Christus dem Menschen zugewendet wird. Viele Jahre später finden wir den gleichen Gedankengang in IV, 1 § 62, 1 mit der Bezeichnung: »Das Werk des Heiligen Geistes.« Hier ein aufschlußreiches Zitat aus diesem Abschnitt: »Aber grundsätzlich und allgemein kann man von ihm nicht mehr sagen, als daß Er die Kraft Jesu Christi ist, durch deren Wirkung stattfindet, daß es Menschen gibt, die finden und sehen können und müssen, daß er der Ihre ist und sie die Seinen sind . . .«[10]

Unschwer ließen sich Zitate dieser Art anhäufen. Das ist der pneumatologische Haupttrend in der kirchlichen Theologie. Vom Geist wird gewöhnlich in noetischen, applikativen, subjektiven Begriffen gehandelt. Er ist die Kraft, die unser Erkennen auf Christus richtet und unsere Augen für sein Werk öffnet. Das Hauptergebnis seines Werkes ist die Erweckung des Glaubens an Christus. Sein Werk ist nur instrumental. Er selber wünscht, zurückzutreten und verborgen zu bleiben, um der Begegnung zwischen Christus und dem Menschen allein Raum zu lassen. So ist der Geist eine zweite Realität neben Christus, ihm aber gänzlich untertan. Sein Dienst erfüllt sich in der Zueignung des Versöhnungswerkes Christi, in der Wahrmachung der Rechtfertigung aus Glauben.

Aber wird diese Darlegung der Pneumatologie der neutestamentlichen Verkündigung vom Geist voll gerecht? Es gibt gute Gründe, diese Frage zu verneinen. Der Geist ist weit mehr als ein Instrument oder die subjektive Kehrseite des Werkes Christi. Sein Kommen zu uns ist ein großes neues Ereignis in der Reihe der rettenden Taten Gottes. Er schafft eine eigene Welt, eine Welt der Bekehrung, der Erfahrung, der Heiligung; des Zungenredens, der Prophetie und der Wunder; der Sendung; der Erbauung und der Leitung der Kirche usw. Er setzt Amtsträger, »Geistli-

---

[9] Johannes Calvin: *Institutio Christianae Religionis*. Deutsch von O. Weber (Neukirchen 1955) Buch III, 1, 1; S. 337 f.

[10] Barth a. a. O. IV, 1, § 62, 1; S. 724.

che«, ein; er organisiert; er erleuchtet, inspiriert, erhält; er tritt für die Heiligen ein und hilft ihrer Schwachheit auf; er durchforscht alle Dinge, sogar die Tiefen Gottes; er leitet in alle Wahrheit; er gewährt eine Vielfalt von Gaben; er überzeugt die Welt; er erklärt die Dinge, die in Kürze kommen werden, wie Jesus bei Johannes sagt: »Wer an mich glaubt, der wird die Werke, die ich tue, auch tun und wird größere als diese tun; denn ich gehe zum Vater« (14, 12). Diese und ähnliche Worte haben alle jene im Sinn, die noch in jedem Jahrhundert der Kirchengeschichte gegen den Mangel geistlicher, vom Geist geschenkter und gestalteter Realität im offiziellen Leben der Kirchen protestierten. Sie taten es im Namen der neutestamentlichen Verheißungen über das Wirken und die Gaben des Geistes. Wir denken an die schon in der Einleitung erwähnten Gruppen, von den Montanisten des 2. Jahrhunderts bis zu den Liberalen einerseits und den Anhängern der Pfingstbewegung andererseits, die im 20. Jahrhundert von der Frage und der Sehnsucht nach dem Geist bewegt sind. Trotz all ihrer Verschiedenheit und Kontraste haben sie dieses gemeinsam, daß sie — im Gegensatz zu den offiziellen Kirchen — den Heiligen Geist als eine selbständige Wirklichkeit mit einem eigenen Inhalt ansehen. Er ist in seiner Beziehung zu Christus nicht nur Instrument, sondern er ist ebenso Zentrum neuer Aktionen. Darum ist er nicht so sehr in Begriffen der Erkenntnis, also noetisch, und der Zueignung, also applikativ, zu fassen, sondern in ontologischen und kreativen Begriffen zu verstehen.

Die biblische Basis für diese gegensätzlichen Strömungen des Geistesverständnisses ist evident. Die Schwäche ihrer biblischen Begründung ist jedoch nicht weniger offensichtlich. Sie können ihrerseits der engen und intensiven Verbindung des Geistes mit Christus nicht gerecht werden. Für sie ist der Geist mehr oder weniger von Christus emanzipiert. Dementsprechend wird er vorwiegend mit dem religiösen Individuum verbunden. Der Unterschied zwischen Gottes Geist und dem menschlichen Geist droht undeutlich zu werden, aus dem gleichen Grund, der bewirkt, daß sich Christus als einziges Zentrum und als Gegenstand des Glaubens nach und nach verflüchtigt und aus ihm ein historischer Initiator oder ein religiöses Prinzip wird. Hier bemerken wir die Gefahr, daß die christologische Substanz schwindet, während bei der vorher beschriebenen Gruppe eine Versteinerung dieser Substanz droht. Hier empfinden wir die Drohung individualistischer Subjektivität, dort die nicht geringere eines institutionellen Objektivismus. So können wir wiederholen, was wir schon in der Einleitung formuliert haben: Jede der beiden Seiten lebt von den Fehlern und Mißverständnissen der anderen.

Um so dringender erhebt sich die Frage, ob wir diese sterile Antithese überwinden können. Ich glaube, das ist möglich. Im Feld der biblischen Theologie sind in den letzten Jahren verschiedene Studien erschienen, welche auf die Beziehung zwischen dem Geist und Christus, insbesondere nach den Briefen des Paulus, neues Licht werfen.[11] Aus diesen Studien und einer unbefangenen Prüfung des neutestamentlichen Befunds ergibt sich der zwingende Schluß, daß wir die Wirklichkeit des Geistes in strikt christozentrischen Begriffen zu denken haben. Das bedeutet: Wir müssen beginnen, wo die erste von uns erwähnte Gruppe anfängt, und müssen mit ihr sagen, daß der Geist immer und überall der Geist Jesu Christi ist.

Wenn wir so einen Schritt über die traditionelle Position hinausgehen, geschieht es nicht, um sie zu schwächen, sondern um sie zu stärken. Daß der Geist an Christus gebunden ist, ist viel weiter reichend wahr, als in der klassischen Pneumatologie gemeint und ausgedrückt war. In Joh 14, 18 sagt Jesus, auf die Sendung des Geistes zielend: »Ich werde euch nicht verwaist zurücklassen; ich komme zu euch.« Eine parallele Aussage enthalten die letzten Worte des Matthäusevangeliums: »Ich bin bei euch alle Tage bis an der Welt Ende« (28, 20). Diese Identifizierung des Geistes mit Christus findet sich in allen neutestamentlichen Überlieferungen. Nach 1 Joh 3, 24 erkennen wir, daß Christus in uns bleibt: »an dem Geist, den er uns gegeben hat.« In den Briefen an die sieben Kirchen spricht der erhöhte Christus, gleichzeitig aber sagt er selber: »Wer ein Ohr hat, der hört, was der Geist den Gemeinden sagt« (Offb 2, 7 etc). In erster Linie denken wir an das Wort des Paulus: »Der

---

[11] Siehe z. B. Eduard Schweizer: Art. *pneuma* im Theol. Wörterbuch zum NT, Bd. VI, S. 394-449; Ernst Käsemann: Art. *Geist und Geistesgaben im NT*, in RGG 3. Aufl., Bd. II, Sp. 1272-1278; Neill Q. Hamilton: *The Holy Spirit and Eschatology in Paul* (Scottish Journal of Theology. Occasional Papers 6; Edinburgh 1957); Ingo Herrmann: *Kyrios und Pneuma*. Studien zur Christologie der Paulinischen Hauptbriefe (München 1961); Kurt Stalder: *Das Werk des Geistes in der Heiligung bei Paulus* (Zürich 1962).

Herr aber ist der Geist« (2 Kor 3, 17 a). Manche meinen, man habe Subjekt und Prädikat umzukehren und zu übersetzen: »Der Geist aber ist Herr«, der Geist übt die Herrschaft aus. Doch meint das Wort »Herr« in den Versen 17 und 18 immer Christus. Er selbst ist der Geist. Der Schluß von Vers 18 wiederholt denn auch: Dies kommt »von dem Herrn her, welcher der Geist ist«. Andere Züge dieser paulinischen Konzeption finden sich in 1 Kor 6, 17: »Wer aber dem Herrn anhängt, ist ein Geist mit ihm«, und in Rm 8, 9-11, wo das göttliche Prinzip, das in den Glaubenden wohnt, wechselweise der Geist, der Geist Gottes, der Geist Christi und Christus genannt wird. Desgleichen ist klar, daß die paulinischen Wendungen *en Christo* und *en pneumati* synonym sind. In seiner Studie »Kyrios und Pneuma« macht Ingo Herrmann besonders auf die von ihm so genannten »Identitäts-Aussagen« bei Paulus aufmerksam. Er zieht den Schluß, »daß Paulus die Frage nach der Beziehung zwischen dem Kyrios und dem Geist im Sinne einer Identität beantwortet«.[12] Noch überzeugender formuliert er im Blick auf 2 Kor 3, 17: »Pneuma ist ein *Funktionsbegriff:* es ist die göttliche Kraft, durch die der erhöhte Herr als der Besitzer des Geistes in seiner Gemeinde präsent und am Werk ist.« Und weiter: »Dieses Pneuma ist der Kyrios Christus selbst, insofern er sich selbst dem Menschen gibt und vom Menschen erfahren werden kann.«[13] Diese Sätze erinnern uns an die oben schon gebrachte Formulierung von Alan Richardson, der *pneuma* als Prädikat eines Subjekts oder als Funktion ansieht: »Das *pneuma* eines Menschen ist seine *dynamis,* seine Person in Aktion.« Ingo Herrmann empfindet als guter römischer Katholik, daß diese Ergebnisse im Widerspruch zu dem trinitarischen Dogma der Überlieferung stehen, welches den Geist als besondere Person neben dem Sohn beschreibt; trotzdem hält er an seinem exegetischen Befund fest, mit vollem Recht. Die trinitarische Konsequenz dieser Ansicht, die mit dem alttestamentlichen Verständnis des Geistes übereinstimmt, wird uns in einem späteren Stadium dieser Studie zu beschäftigen haben.

Wenn wir recht haben mit dem Satz, daß Christus und der Geist identisch sind und der Geist Christus in Aktion ist, begeben wir uns weit über die traditionelle Verbindung zwischen Christus und dem

[12] Herrmann a. a. O. S. 140.
[13] Ebenda S. 57.

Geist hinaus. Vielmehr: wir verbinden beide in einer Weise, die sich von der Tradition grundlegend unterscheidet. Nach traditionellem Verständnis öffnet der Geist unsere Augen für Person und Werk Jesu Christi; dabei ist vornehmlich an Inkarnation und Versöhnung gedacht. Die traditionelle reformatorische Predigt versucht — als Instrument des Geistes —, den Hörern die Augen für ihr Verlorensein, für die Notwendigkeit ebenso wie für die Wirklichkeit der Rechtfertigung des Sünders durch Christi Blut zu öffnen. Die Eingangssätze zu Calvins Lehre vom Heiligen Geist haben wir oben schon zitiert. An dieser Stelle ist der dritte Satz nachzutragen: »Zuerst müssen wir verstehen, daß, solange Christus außerhalb von uns bleibt und wir von ihm getrennt sind, alles das, was er gelitten und für die Rettung des menschlichen Geschlechts getan hat, fruchtlos bleibt und ohne Wert für uns.«[14] Ich möchte die Worte hervorheben: »alles, was er gelitten und für die Rettung des menschlichen Geschlechts getan hat«; sie zeigen, daß die Bedeutung des Opfers Christi für unsere Rechtfertigung das Hauptziel des Heiligen Geistes ist. Calvins knappe Worte stehen für eine jahrhundertelange Tradition.

Auch hier hat die biblische Theologie eine Erneuerung gebracht, die eine Konsequenz aus der Entdeckung der Identität zwischen Christus und dem Geist ist. Diese Identität ist keine vollständige. Christus als der auferstandene und erhöhte Herr ist der Geist. Vorher war Geist sozusagen sein persönlicher Besitz, nicht seine Funktion, seine Sendung. So sagt Joh 7, 39: »Denn den Geist gab es noch nicht, weil Jesus noch nicht verherrlicht war.« Paulus sagt den Sachverhalt umgekehrt: »Der letzte Adam wurde zu einem lebendigmachenden Geist« (d. h. durch seine Auferstehung; 1 Kor 15, 45). Bei Johannes ist es der auferstandene Jesus, der seine Jünger anhaucht, um ihnen den Geist zu geben. Paulus drückt den Zusammenhang des Geistes mit der Auferstehung an verschiedenen Stellen aus. Er spricht von dem »Geist dessen, der Jesus von den Toten auferweckt hat« und nun in den Glaubenden wohnt (Rm 8, 11), und er sagt, daß unser Wandel »in der Neuheit des Lebens« ein Ergebnis der Tatsache ist, daß Jesus von den Toten auferweckt wurde (Rm 6, 4). Wir denken ebenso daran, wie in der Pfingstgeschichte von Apg 2 der auferstandene Christus die Mitte der Petruspredigt ist und

[14] Calvin a. a. O. 337.

das, »was ihr da seht und hört«, dem Jesus zugeschrieben wird, der »nun zur Rechten Gottes erhöht worden ist« (2, 33). Käsemann sagt mit Recht gerade im Blick auf die paulinischen Aussagen: »Dies bedeutet, daß der Geist der irdische Repräsentant des erhöhten Herrn ist. Um es präziser zu sagen: ›im Geist wird der auferstandene Eine offenbar in seiner Auferstehungsmacht‹.«[15] Der Geist ist die neue Weise des Lebens und Handelns Jesu Christi. Durch seine Auferstehung wird er eine Person in Aktion, durch die fortgesetzt und im Weltmaßstab wirksam gemacht wird, was er in seinem irdischen Leben begann.

Da muß nun die Frage entstehen: Was intendiert der erhöhte Herr in seiner neuen Manifestation als Geist? Die Antwort ist schon enthalten in dem, was wir an früherer Stelle über Jesus als eine *»corporate personality«*, als vertretende Gesamtperson gesagt haben. Als unserem Repräsentanten obliegt ihm ein zweifaches Werk. Auf der einen Seite hat er als *pars pro toto* zu tun, was das *totum* (aller Menschen) weder fähig noch willens ist zu tun. Er tat es durch seinen Gehorsam, sein Opfer und seine Auferstehung — ein für allemal und als der Eine für alle. Und nun, da er den alten Menschen, unsere sündige Existenz, in den Tod gegeben hat und da er den neuen Menschen in seiner Auferstehung empfangen hat, indem er dieser neue Mensch selbst geworden ist, muß er seine neue Realität in die alte Menschheit hineinpflanzen, hat er also von dem *pars* zum *totum* zu gehen. Dies eben tut er als der Geist, und wir verstehen nun, warum der Geist, im eigentlichen und vollen Sinne des Wortes, nicht gegeben werden konnte, bevor Jesus verherrlicht war.

Nun dürfte auch klar sein, was das Wirkziel des Geistes ist. Christus will als lebengebender Geist die Menschen in seine Gemeinschaft ziehen, damit sie teilhaben an der neuen Menschheit, die er für uns erlangt hat, und ihr gleichgestaltet werden. Gewöhnlich definieren wir dieses Ziel in der Terminologie der Rechtfertigungslehre. Wir sagen dann: Der Geist überzeugt uns davon, daß Christi Opfer unsere Gerechtigkeit ist und wir durch Glauben an sein Wort als der neue Mensch vor Gott stehen. Das ist richtig. Das ist die erste Hälfte der Einverleibung der Vielen in den Einen. Sie ist fundamental; aber sie ist trotzdem nicht das Endziel; sie ist die Wurzel, aber nicht die Frucht. Daß Christus leben-

[15] Käsemann a. a. O. Sp. 1274.

spendender Geist geworden ist, hat zum letzten Ziel, was Paulus formuliert: »Geradeso wie wir das Bild des irdischen Menschen getragen haben, werden wir auch das Bild des himmlischen tragen« (1 Kor 15, 49). Gottes letztes Ziel ist nicht Rechtfertigung, sondern Heiligung und sogar Verherrlichung. Christus wird unser Dasein in Niedrigkeit verwandeln entsprechend seinem Sein in Herrlichkeit, gleichgestaltet der neuen Menschheit aus seiner Auferstehung (vgl. Phil 3, 21). Demnach ist Christi auferweckte und erhöhte menschliche Natur nicht nur der Ausgangspunkt, sondern ebenso das Ziel seines Wirkens im Geist. Die neue Gestalt *(morphe)* des Einen ist der Anfang; die Gleichgestaltung *(symmorphia)* der Vielen ist das Ende. »Denn die er zum voraus ersehen hat, die hat er noch vorher bestimmt, gleichgestaltet zu sein dem Bilde seines Sohnes, damit er der Erstgeborene sei unter vielen Brüdern« (Rm 8, 29). Und so »spiegeln wir alle . . . die Herrlichkeit des Herrn wider und werden in sein Ebenbild verwandelt«, und »dies geschieht von dem Herrn aus, welcher Geist ist« (2 Kor 3, 18). Oder, um die Worte zu gebrauchen, mit denen Ingo Herrmann den Sinn von 2 Kor 3 zusammenfaßt: »Der pneumatische Herr verändert kraft seiner Gegenwart den Menschen auf sich selbst hin, in einem fortschreitenden Prozeß, und läßt ihn so an dem Geist und der Herrlichkeit Gottes teilnehmen.«[16]

Bevor wir dieses Kapitel schließen, müssen wir uns noch auf eine schwierige Frage einlassen: Wie haben wir uns diese Identität des Geistes mit dem erhöhten Herrn vorzustellen? Die traditionelle Theologie würde das Wort »Identität« vermeiden oder bloß von einer Identität der Wirkweisen des Sohnes und des Geistes sprechen. Diese Position ist jedoch unhaltbar, wenn wir die Tatsache beachten, daß der Geist in der Heiligen Schrift keine autonome Größe, sondern ein Prädikat zu dem Seinssubjekt Gott und zu dem Seinssubjekt Christus ist. Es beschreibt Faktum und Wirkweise beider. Trotzdem können wir nicht etwa die gegenteilige Position einnehmen und sagen, der Geist sei bloß eine andere Bezeichnung für den erhöhten Christus. In diesem Falle würden wir vergessen, daß das Neue Testament einen Unterschied so gut wie eine Identität kennt. Der gleiche johanneische Christus, welcher sagt: »Ich werde euch nicht verwaist zurücklassen; ich komme zu euch« (14, 18), sagt ebenso: »Der Vater wird euch einen anderen Beistand geben«

[16] Herrmann a. a. O. S. 58.

(14, 16). Nicht anders unterscheidet Paulus zuweilen zwischen den Handlungen Christi und denen des Geistes, z. B. zwischen der »Gnade des Herrn Jesus Christus« und der »Gemeinschaft des Heiligen Geistes« (2 Kor 13, 13). Und in Offb 22, 17 lesen wir, daß der Geist gemeinsam mit der Gemeinde zu dem erhöhten Christus betet: »Komm!« Auch Ausdrücke wie »der Geist Christi«, »der Geist seines Sohnes« sind zu bedenken. Ich verstehe alle diese Worte als den Versuch, die Überzeugung auszudrücken, daß der auferstandene Herr auch sein eigenes Wirken als lebengebender Geist transzendiert. Er ist auf ewig in der Herrlichkeit des Vaters als die Erstlingsfrucht der Menschheit, als der Garant unserer Zukunft, als der Anwalt seiner Kirche. Sein Leben — als das Leben des Einen, in dem das Ziel der Menschheit erreicht ist — ist mehr als seine Funktion an uns. Freilich müssen wir sogleich sagen, daß das Wort »Funktion« in diesem Zusammenhang zu schwach ist. Christi Bewegung auf uns zu ist nicht bloß eine Aktion, sondern er tritt in uns ein kraft einer besonderen Seinsweise, der Weise der Immanenz, in der er trotzdem nicht aufhört, als der erhöhte Herr transzendent zu bleiben.[17]

Unsere Erwägungen scheinen von den überkommenen Verständnisbahnen weit entfernt zu sein. Doch sollte man diesen Sachverhalt nicht überbewerten. Er dürfte nicht schwerfallen, entsprechende Gedankenlinien z. B. von Calvin anzuführen.[18] Ich begnüge mich mit den wohlbekannten Worten aus Antwort 86 des Heidelberger Katechismus. Auf die Frage, warum wir gute Werke tun sollen, heißt es da: »Darum, daß Christus, nachdem er uns mit seinem Blut erkauft hat, uns auch durch seinen Heiligen Geist erneuert zu seinem Ebenbild.« Hier ist Christus selber das Subjekt des Geistes, und sein Ziel ist, uns seinem Bilde gleichzugestalten. Im 19. Jahrhundert waren der ältere und der jüngere Blum-

---

[17] Diese Formulierung kommt den Worten sehr nahe, die Stalder a. a. O. 54, in seinem Abschnitt über »Das Pneuma und der Kyrios«, gebraucht. Doch neigt Stalder an anderen Stellen stärker dazu, einen gewissen Dualismus zwischen Christus und dem Geist anzunehmen (z. B. S. 61).

[18] Schon bei Calvin finden wir eine, wenn auch schwächer ausgeprägte Tendenz, das Werk Christi während seiner Präexistenz ebenso wie nach seiner Auferstehung mit dem Werk des Heiligen Geistes zu identifizieren. Der erhöhte Christus ist abwesend, was seine menschliche Natur angeht; er ist gegenwärtig in seiner göttlichen Natur, d. h. in seinem Geist. Diese Trennung zwischen beiden Naturen ist jedoch unhaltbar. Siehe Werner Krusche: *Das Wirken des Heiligen Geistes nach Calvin* (Göttingen 1957) S. 24, 140-151.

hardt die beiden großen Pastoren und Denker, für welche diese Erkenntnis Wirklichkeit war. Sie erfuhren den lebendigen Christus als gegenwärtig und selbstwirksam in seinem Geist, im Vollbringen seines schöpferischen Werkes der Bekehrung, Heilung und Heiligung. Gegen Ende des Kampfes mit der besessenen Gottliebin Dittus schrie der Dämon in ihr mit lauter Stimme: »Jesus ist Sieger!« Diese Worte wurden für Johann Christoph Blumhardt das Kennzeichen der Zeit, in der wir jetzt leben. Es ist die Zeit des Geistes. Der Geist ist für ihn der erhöhte und mächtige Herr Jesus.

In einer mehr theologisch-systematischen Weise hat Karl Barth diese Erkenntnis in den letzten Bänden seiner Kirchlichen Dogmatik ausgearbeitet. Wir erwähnten ihn oben als einen Wortführer des traditionellen Verständnisses. Plötzlich finden wir eine Vertiefung und Ausweitung seiner Sicht. Den § 64, 4 (KD IV, 2) überschreibt er »Die Weisung des Sohnes« und spricht dort über den Geist als die Macht der Auferstehung Christi, welche die Wunder der Erleuchtung, der Befreiung und der Erkenntnis, des Friedens und des Lebens (sogar der Heilung) wirkt. Barth definiert hier den Geist als »nichts Anderes ... als die Gegenwart und Aktion Jesu Christi selber: sein eigener verlängerter Arm gewissermaßen, er selbst in der Kraft seiner Auferstehung, d. h. in der in und mit seiner Auferstehung anhebenden und von da aus weiterwirkenden Kraft seiner Offenbarung.«[19]

Auf dieser Linie — der Geist als der erhöhte Christus, der auf das *totum*, die Gesamtheit der Menschen, ausgreift, um es seinem Bilde gleichzugestalten — und durch diese Sicht hoffen wir, zwischen den traditionellen und spiritualistischen Ausprägungen der Pneumatologie eine Synthese zu erreichen. Ob wir uns damit auf dem richtigen Wege befinden, wird die Ausarbeitung dieser Auffassung in den folgenden Kapiteln erweisen müssen.

---

[19] Barth a. a. O., Band IV, 2, § 64, 4; S. 360 f. Diese unvermittelte Erweiterung der Pneumatologie Barths war für ihn weniger überraschend als für seine Leser. Immerhin sagt Barth schon in den von uns als typisch traditionell erwähnten Ausführungen von Band IV, 1, § 62, 1, daß er sich absichtlich darauf beschränke, den Heiligen Geist hier in seiner erweckenden Macht zu beschreiben. »Insofern ist jetzt noch nicht Alles von ihm gesagt, was von ihm zu sagen ist.«

KAPITEL II

DER GEIST UND DIE SENDUNG

Wer die gewöhnliche Ordnung in den Darstellungen der Dogmatik kennt, erwartet jetzt ein Kapitel über Wort und Geist, über den Geist und den Einzelnen oder über den Geist und die Kirche. Keiner dieser Themenbereiche kann jedoch in der richtigen Perspektive gesehen werden ohne eine vorhergehende Erörterung der Sendung als der ersten und grundlegenden Tat des erhöhten Christus. Ohne das missionarische Zeugnis gäbe es weder Kirche noch wiedergeborene Einzelne. Wenn unsere soeben entfaltete Bestimmung recht hat, daß nämlich der Geist die Bewegung des stellvertretenden Einen zu den von ihm vertretenen Vielen ist, dann trifft gleichermaßen zu, daß die grundlegende Erscheinungsform dieser Bewegung die Sendung ist, die aus diesem Grunde logischerweise die erste Stelle in der Ordnung der Taten des Geistes einnimmt.

Der Vorrang der Sendung

Man könnte dem entgegenhalten, daß die Sendung ihrerseits undenkbar ist ohne eine vorgegebene Gemeinde oder einen gläubigen Einzelnen, der Zeugnis gibt. Damit schiene der logische Vorrang der Sendung in Zweifel zu geraten. Es handelt sich hier um eine unausgesetzte Wechselwirkung, so daß wir uns, systematisch gesehen, innerhalb eines geschlossenen Zirkels bewegen. Wie wahr dies aber auch sein mag, der Zirkel, der freilich den Ausgangspunkt nicht in sich selber trägt, hat doch einen Ursprung von außerhalb. Er ist geschaffen durch die handelnde Gegenwart Christi. Er ist das Resultat seiner sendenden Aktion. Sowohl die Kirche als Gemeinschaft von Menschen als auch die Mission als ein Handeln von Menschen gehen aus der schöpferischen, missionarischen Aktion des Geistes hervor. »Wie mich der Vater gesandt hat, sende auch ich euch« (Joh 20, 21). Christi Sendung ist das erste; Kirche und Mission als Sendung der Gemeinde folgen daraus in ihrem Wirken aufeinander und miteinander.

Aus diesem Grunde ist nicht von der chronologischen, sondern von der logischen Priorität der Mission zu reden. Dieser Vorrang spiegelt sich in einer auffallenden Tatsache wider: während die Kirche in den Evangelien eine unbedeutende Rolle spielt, dominiert die Sendung in der Wiedergabe dessen, was der erhöhte Christus tut. Wir denken an die Schlußsätze aller vier Evangelien. Matthäus spricht von einem missionarischen Befehl: »Darum gehet hin und machet zu Jüngern alle Völker«; für die Erfüllung dieses Befehls verheißt Christus seine aktive Gegenwart: »Ich bin bei euch alle Tage« (28, 19 f). In dem erweiterten Markusschluß wird der gleiche Befehl erteilt; er endet mit den Worten: »Sie aber zogen aus und predigten überall, indem der Herr mitwirkte und das Wort durch die begleitenden Zeichen bestätigte« (16, 20). Eine kürzere Version des Markusschlusses (auch im revidierten Luthertext und in der Zürcher Bibel enthalten) lautet: »Danach aber sandte auch Jesus selbst durch sie die heilige und unvergängliche Predigt von dem ewigen Heil aus von Ost bis West.« Der Lukasschluß erwähnt schlicht die Worte: »Ich sende die Verheißung meines Vaters auf euch« (24, 49). Dafür bietet der Anfang der Apostelgeschichte eine stärker ausgearbeitete Form: »Aber ihr werdet Kraft empfangen, wenn der Heilige Geist über euch kommt, und werdet meine Zeugen sein in Jerusalem und in ganz Judäa und Samarien und bis ans Ende der Erde« (1, 8). Zuletzt hören wir von Johannes die Worte Jesu: »Wie mich der Vater gesandt hat, sende auch ich euch. Und nachdem er dies gesagt hatte, hauchte er sie an und sagte zu ihnen: ›Empfanget den Heiligen Geist!‹« (20, 21 f). Auch der missionarische Zusammenhang von Johannes 21 wäre hier anzuführen. Das Kapitel beginnt mit dem wunderbaren Fischzug und beschreibt gleichnishaft das kommende Wunder der Mission. Alle diese Berichte drängen uns drei erstaunliche Beobachtungen auf: 1. die Nichterwähnung der Kirche (um so bemerkenswerter, als die Urkirche gemäß den Gesetzen der Formgeschichte ihre Existenz und Bedeutung leicht in diese Geschichten hätte zurücktragen können!); 2. die dominierende Rolle der Mission; und 3. die Verheißung des Geistes als der Kraft und des Anführers in dieses große neue Geschehen hinein. Die Auferstehungsgeschichten lassen keinen Zweifel daran, daß das volle Gewicht auf der Sendung liegt, die mithin allen anderen Taten und Auswirkungen des Geistes logisch vorausgeht.

Die Vernachlässigung der Mission durch die Theologie

Angesichts dieser Sachlage scheint es völlig unverständlich, daß die Mission jahrhundertelang bis auf den heutigen Tag kaum eine größere Rolle im dogmatischen Denken gespielt hat. Diese Tatsache läßt sich nicht entschuldigen, wohl aber erklären. Auf weiten Strecken der Geschichte gab es kaum so etwas wie Mission; die Kirche kontrollierte das Ganze der Gesellschaft, und was über dieses christliche Kultursystem hinausging, war so gut wie unbekannt. Diese Situation wandelte sich im 16. Jahrhundert. Die römisch-katholische Kirche begann, eine eindrucksvolle missionarische Aktivität zu entfalten. Die protestantischen Kirchen folgten darin seit dem 17. Jahrhundert schrittweise. In diesen Jahrhunderten waren die christlichen Regierungen Träger missionarischer Unternehmungen: Spanien, Portugal, die Republik der Niederlande, Großbritannien usf. Im 18. Jahrhundert erfolgten in der protestantischen Welt neue Initiativen aus kleinen Gruppen frommer Christen, und im 19. Jahrhundert wurde die Aufgabe dann von Missionsgesellschaften übernommen. Jene Regierungen hatten es nicht nötig, über den theologischen Ort der Mission tiefer nachzudenken, und die Gruppen und Gesellschaften hatten keine Zeit dazu. Die offizielle Kirche und erst recht ihre theologischen Fakultäten lebten im allgemeinen in weiter, geruhsamer Distanz von diesen Aufgaben und Problemen. In der zweiten Hälfte des 19. Jahrhunderts versuchten die missionarischen Gruppen, ihren dringenden Bedarf an theologischer Reflexion selber zu decken. (Wir denken z. B. an die Arbeiten von Gustav Warneck.)[1] Freilich gelang es damit noch nicht, die Kluft zwischen Mission und kirchlicher Theologie zu überbrücken. Die Dinge besserten sich langsam und auch nur insofern, als die Mission Aufmerksamkeit in der Thematik der praktischen — nicht etwa der systematischen — Theologie erlangte. Eine wirklich neue Phase setzte erst mit dem zweiten Weltkrieg und der Gründung des Weltkirchenrats ein. Das enorme Ausmaß des Säkularismus wurde entdeckt und trat ins Rampenlicht der Theologie, gleichzeitig mit der Renaissance der anderen großen Weltreligionen. Wir begannen zu verstehen, daß die Mission zum unaufgebbaren Wesen der Kirche gehört, während eine Theologie, die von Gottes

---

1 Vgl. jetzt J. C. Hoekendijk: *Kirche und Volk in der deutschen Missionswissenschaft* (München 1966).

Offenbarung abgesehen von der Tatsache reden wollte, daß diese Offenbarung eine Bewegung von Aussendungen ist, nicht von der biblischen Offenbarung reden würde. Männer wie Walter Freytag, Hendrik Kraemer, John Mackay, um nur wenige zu nennen, haben große Energie darauf gewandt, eine Brücke zwischen den Erkenntnissen der Mission und der Theologie zu bauen. Bis jetzt können wir allerdings nicht behaupten, daß diese Bemühungen einen der hohen Bedeutung des Gegenstandes entsprechenden Erfolg gehabt hätten. Eine Anzahl guter Monographien zum Thema ist veröffentlicht worden; aber in den wichtigen dogmatischen Handbüchern, die während der letzten Jahrzehnte in Europa erschienen sind, wird das Thema Mission entweder gänzlich vernachlässigt oder nur im Vorübergehen, d. h. im Zusammenhang mit der Katholizität der Kirche, berührt. Immerhin ist eine große Ausnahme zu nennen: Karl Barths Kirchliche Dogmatik IV, 3. In IV, 1 handelt Barth vom Inhalt des Glaubens unter dem Aspekt der Selbsterniedrigung Gottes; in IV, 2 geht es um das Ergebnis der Kondeszendenz Gottes, nämlich um die Erhöhung des Menschen; IV, 3 entfaltet dann den prophetischen Aspekt jener Wahrheit, die aller Welt zu bezeugen ist. So handelt dieser letzte Band vom prophetischen Amt Christi, von der Sünde als Lüge, von des Menschen Berufung, von der Sendung der christlichen Gemeinde und von der christlichen Hoffnung. Der höchst originelle und fruchtbare Aufbau des Bandes IV und die Weise, in der Barth in IV, 3 das Ganze der Theologie unter dem Aspekt der Sendung beleuchtet, haben noch nicht die verdiente Beachtung gefunden. Daher kann man nur mit Bedauern feststellen, daß die dringend notwendige Bereicherung der systematischen Theologie durch Einbeziehung der Sendung als entscheidendes Element in Gottes Heilstaten noch immer vor uns liegt.

Die nachteiligen Folgen dieses Mangels sind in der Lehre vom Heiligen Geist am stärksten zu spüren. Für die römisch-katholische Theologie ist der Geist vorwiegend beseelendes und erhaltendes Prinzip der Kirche. Für die protestantische Theologie ist er überwiegend der Erwekker des persönlichen geistlichen Lebens durch Rechtfertigung und Heiligung. So wird der Geist entweder institutionalisiert oder individualisiert. Und beide dieser gegensätzlichen Auffassungsweisen sind im allgemeinen Rahmen einer introvertierten und statischen Pneumatologie geformt. Auf diese Weise ist der Geist der Baumeister der Kirche und der Erbauer des Gläubigen, nicht aber der Beweger und die Triebkraft auf dem Wege von dem Einen zu den Vielen, von Christus zu der Welt. In einer der seltenen theologischen Arbeiten über die Beziehungen zwischen dem Geist und der Mission schreibt der amerikanische Missionar Harry R. Boer: »Viel hat man über das Werk des Heiligen Geistes in der Rettung von Menschen geschrieben, sehr wenig aber über seine entscheidende Bedeutung für das missionarische Zeugnis der Kirche.«[2] Wahrscheinlich schadet diese Situation der Sendung, ganz sicher schadet sie der Theologie, die an erheblicher Auszehrung gerade dadurch leidet, daß sie mehr an stabilen Situationen als an Bewegungen interessiert ist. Indem sie die große Bewegung des Geistes eher vernachlässigt als widerspiegelt, entstellt sie den ganzen Inhalt des Glaubens und macht sich zum Mitschuldigen an jener individualistischen und institutionalistischen Selbstbezogenheit und Nabelschau, die sich in den Kirchen dieser Tage immer noch finden.

Der christologisch-eschatologische Kontext

Die Sendung ist bei weitem mehr als ein bescheidenes, wenn auch brauchbares Instrument im Heilsgeschehen. Sie ist einerseits unmittelbar verknüpft mit der Person und dem Werk Jesu Christi und andererseits mit seiner großen Zukunft für die Welt. Die erste Verknüpfung wird besonders deutlich in Jesu Titel »Knecht des Herrn«. Die Frage, ob der geheimnisvolle Knecht in Deuterojesaja als der große Missionar an die Völker oder als der Eine, durch den Gottes Rettung und Heil für Israel über die Erde hin bekanntgemacht werden soll, gemeint ist, wird immer noch diskutiert. Auf jeden Fall ist klar, daß das Werk des Gottesknechtes die ganze Welt als seine Bühne und seinen Resonanzboden voraussetzt. Gott hat seinen Geist auf ihn gelegt zu dem Ziel und Ende, daß er die Gerechtigkeit des Herrn zu den Völkern hinaustragen soll, seine *mischpat,* seine revolutionierende und barmherzige Bundesordnung (Jes 42, 1). Daß Jesus selber keine missionarischen Ziele hatte, ist kein Widerspruch zu dieser Tatsache. Er kam, um dem erwählten Volk

---

[2] Harry R. Boer: *Pentecost and the Missionary Witness of the Church* (Franeker 1955) S. 12.

offenbart und von ihm anerkannt zu werden, damit dieses Volk durch ihn das Ziel seiner Erwählung erreiche: Gottes Licht für die Völker zu sein. Jesus als der Gottesknecht ist der Repräsentant Israels, so wie Israel Gottes priesterlicher Repräsentant gegenüber den Völkern ist. Die neutestamentliche Christologie gründet auf der Konzeption der Stellvertretung und schließt daher unmittelbar die Bewegung ein, durch die die Wohltaten des Einen auf die Vielen übergehen, für die sie bestimmt sind.

Wenn diese Bewegung einmal an ihr Ende gelangt ist, dann ist Gottes Ziel erreicht und die große Zukunft vollendet. Deswegen steht die missionarische Bewegung ebenso in einem eschatologischen Kontext, der ja kein anderer Kontext ist als der christologische; denn Christus eröffnet das Eschaton und ist sein erster Bürge. Mit dem Herabkommen seines Geistes sind die letzten Tage angebrochen, und sie werden nicht beendet sein, bevor das Evangelium vom Königreich durch die ganze Welt hin gepredigt ist als ein Zeugnis an alle Völker (Matth 24, 14). Die Bedeutung dieser letzten Tage besteht darin, daß der Geist auf alles Fleisch ausgegossen ist und die rettende Gegenwart des Herrn von Menschen aller Sprachen, Rassen, Klassen und Altersstufen anerkannt wird (Apg 2). Ebendieses tut der Geist. Er formt die Einheit des christologischen und des eschatologischen Brennpunktes in Gottes Heilshandeln. Er ist die Ausbreitung der göttlichen Heilsgegenwart über die Erde. Er ist der Weg von dem Einen zu den Vielen, von der Mitte zu dem Ende der Zeiten, von dem Zentrum zu den Grenzen der Erde.

Das hat eine klare Konsequenz, die uns verbietet, die Mission weiterhin als bloßes Instrument in Christi Heilswerk zu verstehen, als die Weise, in der die Heilstaten von Menschwerdung, Versöhnung und Auferstehung an die nächste Generation und die entfernten Völker übermittelt werden. Natürlich ist auch dieses alles der Fall. Aber als die Weitergabe der großen Taten Gottes ist die Sendung selber eine Heilstat, ebenso wie Versöhnung und Auferweckung. Alle diese anderen Heilsereignisse würden nicht als die großen Taten Gottes bekanntwerden ohne dieses letzte: die Bewegung des aussendenden Geistes. Diese letzte Heilstat ist das Tor, durch das wir in die Wirklichkeit aller vorhergehenden Heilstaten eintreten. Diese letzte ist noch unabgeschlossen. Wir sind die Zeugen ihrer weitergehenden Vollendung.

Die Durchführung der Sendungsaufgabe durch den Geist

Aus dem soeben Erkannten folgt, daß wir nicht sagen können, die anderen machtvollen Heilstaten seien Gottes Taten, das missionarische Handeln hingegen sei bloß die menschliche Antwort auf diese Taten als ein Handeln von Menschen. In allen Taten Gottes ist der Geist der Urheber und der Anreger; und in alle sind Menschen als willige oder unwillige Werkzeuge verwickelt. So ist der Geist Christi das göttliche Subjekt der Sendung. Er wird die Welt überzeugen — nicht wir (Joh 16, 8). In Joh 15, 26 f sagt Jesus: ». . . der Geist der Wahrheit wird von mir zeugen; aber auch ihr seid Zeugen . . .« Das ist kein Synergismus im gewöhnlichen Sinn des Wortes. Der Mensch ist aktiv und verantwortlich. In allem jedoch ist er — zu seinem Trost und seiner Demütigung — ein Werkzeug des Geistes. Daher »sorget nicht darum, wie oder was ihr reden sollt; denn es wird euch in jener Stunde gegeben werden, was ihr reden sollt. Denn nicht ihr seid es, die reden, sondern der Geist eures Vaters ist's, der in euch redet« (Matth 10, 19 f).

Geist und öffentliches Reden gehören demnach zusammen. Diese Verbindung ist viel durchgreifender, als wir anzunehmen geneigt sind. Die meisten von uns sind, bewußt oder unbewußt, noch tief beeinflußt von dem, was ich gern den »Mythos des innerlichen, individuellen, geistlichen Lebens« nennen möchte. Das Neue Testament kennt diesen Mythos nicht. Überhaupt ist die Bibel viel weniger fromm als wir: auffallend häufig hören wir, daß die Hauptfrucht des Geistes darin besteht, daß er unseren Mund öffnet und uns zu reden ermutigt. In der Apostelgeschichte lesen wir wiederholt, daß die Menschen zu weissagen und in Zungen zu reden begannen, als der Geist auf sie kam (2, 4; 10, 46; 19, 6). Paulus betrachtet die Prophetie als die Hauptgabe des Geistes (1 Kor 14, 1), wichtiger als das Zungenreden; denn wer prophetisch spricht, der redet für Menschen zur Erbauung und Ermahnung und Tröstung (14, 3). Indem der Geist seine Gaben in Menschen investiert, zielt er von Anfang an auf ihre Zurüstung für das große Werk, Botschaft und Auftrag weiterzugeben.

Das alles bedeutet, daß das wichtigste Werkzeug des Geistes in seiner großen Bewegung das Wort als Diener des göttlichen Wortes ist. So führt uns die Besinnung auf die Durchführung der missionarischen Aufgabe durch den Geist unweigerlich zu dem klassischen Problem des

Verhältnisses zwischen Wort und Geist. Wiewohl dieses Thema immer im Zusammenhang entweder der kirchlichen Gnadenmittel oder der persönlichen Heilszuwendung behandelt worden ist, hat es seinen primären und vorzüglichen Platz im Kontext der Sendung.

Der Geist und das Wort

Das Werk der Transmission, der Weitergabe, wird zuwege gebracht durch Worte, die als Werkzeug des Wortes Jesu Christi, des Wortes der Heiligen Schrift missionarische Verkündigung sein wollen. Dieses Wort ist niemals ein nur menschliches Wort; in ihm ist der Geist selbst gegenwärtig. Das Wort ist sein Instrument. Seit die Reformation diese »sakramentale« Bedeutung des Wortes der Verkündigung entdeckte, »in, mit und unter« dem der Geist Christi wirklich-wirksam gegenwärtig ist, ist viel darüber nachgedacht worden, wie man die Beziehung zwischen Wort und Geist verstehen soll. Ursprünglich gab es an diesem Punkt keinen Unterschied zwischen Lutheranern und Reformierten. Als jedoch die darin enthaltenen Schwierigkeiten den Theologen zu Bewußtsein kamen, waren die beiden Gruppen geneigt, verschiedene Antworten zu geben. Die Lutheraner waren vor allem darauf bedacht, die wirkliche und wirksame Gegenwart des Geistes im verkündigten Wort zu betonen. Ihr Ergebnis: Wo das Wort ist, ist auch der Geist. Sie konnten sich mit Recht auf verschiedene biblische Texte[3] berufen, zum Beispiel: »So auch mein Wort . . .: es kehrt nicht leer zu mir zurück, sondern wirkt, was ich beschlossen, und führt durch, wozu ich es gesendet« (Jes 55, 11). Sie konnten ebenso die Tatsache anführen, daß im Alten Testament das Wort *(dabar)* niemals ein pures Wort ist, sondern eine Entscheidung und eine Macht, und damit in Parallele steht zu dem Begriff *ruach* (vgl. Ps 33, 6). Wollte die lutherische Theologie also das Wirken des Geistes beschreiben, so sprach sie mit Vorliebe davon, daß es »durch das Wort«, *per verbum,* erfolge.

Daraus folgt, daß das Wort niemals ohne Wirkung des Geistes bleibt. Trotzdem schafft das Wort in manchen Fällen keinen Glauben. Wie ist das zu erklären? Spätere Generationen von Lutheranern schrieben diesen Mangel an Auswirkung einem gewissen Grade freien Willens im

[3] Man bezog sich auf Worte wie Eph 6, 17; Hebr 4, 12 und 1 Petr 1, 23.

Menschen zu, durch den der Mensch dem Geist widerstehen kann. Diese Erklärung war für die reformierten Theologen unannehmbar und stand darüber hinaus auch in Widerspruch zu der lutherischen Augsburger Konfession, die erklärt, daß der Heilige Geist Glauben wirkt durch das Wort, »wo und wann immer es Gott gefällt« *(ubi et quando visum est deo,* Artikel 5). Die Reformierten befürchteten Synergismus und eine Art Wortmagie auf lutherischer Seite. Sie beschrieben statt dessen das Wirken des Geistes als »zusammen mit dem Wort« *(cum verbo)* erfolgend. Sie wagten nicht zu sagen, daß dort, wo das Wort ist, auch der Geist sei. Der Geist kann außerhalb des Wortes wirken, und das verkündigte Wort kann ohne Effekt bleiben. Wenn es wirksam wird, liegt das an einer zusätzlichen Wirkung des Geistes. Sie konnten sich nicht minder auf eine Reihe biblischer Aussagen[4] berufen, zum Beispiel auf das, was Apg 16, 14 von der Lydia sagt: »Der Herr tat ihr das Herz auf, daß sie achthatte auf das, was Paulus redete.« Die gefährlichen Folgen dieser Position konnten jedoch nicht ausbleiben. Wenn die Öffnung des Herzens nicht durch das Wort selbst geschieht, sondern von einer weiteren Aktion des Geistes neben dem Wort her erwartet werden muß, dann wächst die Neigung der Hörer, weniger gespannt auf das Wort zu achten und auf die inneren Anzeichen für die Öffnung des Herzens zu warten. Diese Neigung löste den reformierten Pietismus des 16. und 17. Jahrhunderts aus, der durch Introvertiertheit, durch eine grundsätzliche Richtung auf das Innenleben gekennzeichnet ist und dementsprechend durch einen Mangel an Gewißheit des Glaubens.

Wie so oft in den unergiebigen Debatten zwischen Lutheranern und Reformierten wollten beide zuviel systematisieren und rationalisieren, wobei sich Wahrheit und Unwahrheit auf beide Seiten verteilten. Wahrheit war in den fundamentalen Thesen enthalten, Unwahrheit enthielten viele Konsequenzen und noch mehr polemische Negationen. Um mit den lutherischen Theologen zu beginnen: mit vollem Recht sagten sie, der Geist sei gegenwärtig und wirksam im Wort; falsch war ihr Versuch, diese Position durch eine Art von Synergismus aufrechtzuerhalten, in welchem die Initiative vom Geist zum Hörer überging. Die reformierte These — daß das Wort leer bleiben kann — ist eine gleichermaßen unzuträgliche Lösung; obschon wir nicht umhin können, wie die refor-

[4] Man bezog sich auf Worte wie Matth 11, 25; 16, 17; Luk 24, 25; Apg 16, 14.

mierten Väter von der Notwendigkeit einer hinzutretenden Wirkung des Geistes zu sprechen. Gleichwohl ist nicht erlaubt, diese Wirkung von der Geistes-Kraft in dem Wort selbst zu trennen. Im Gegenteil: Wenn der Herr das Herz öffnet, tut er es so, daß wir recht auf das Wort merken. Das Zeugnis des Geistes in unseren Herzen wird nicht in unseren Herzen selbst vernommen, sondern darin, daß wir das Zeugnis des Geistes im Wort anerkennen. Der Geist bewegt sich durch die Welt in Gestalt des Wortes in seinen verschiedenen Formen. Das Wort ist das Instrument des Geistes. Aber der Geist ist nicht der Gefangene des Wortes, noch wirkt das Wort automatisch. Das Wort bringt den Geist an die Herzen heran, und der Geist bringt das Wort in die Herzen hinein.

Uns moderne Menschen mutet diese Debatte als spitzfindig und belanglos an. Wir können jedoch das Problem, das damals gestellt wurde, nicht abweisen. Heute begegnet es uns in der Form der sogenannten hermeneutischen Frage. Dabei können wir schwerlich sagen, daß wir in der Lösung einen Schritt weiter gekommen sind als unsere orthodoxen Vorfahren. Auch in unserer Generation will man das Geheimnis des Geistes, der weht, wohin er will, auf irgendeine Weise einsichtig machen. Der Unterschied zu den früheren Versuchen besteht darin, daß man sich der Sache nicht von der Seite Gottes her (Christus, Wort, Geist), sondern von der des Menschen her (Existenzverständnis, Sprache) nähert. Während es früher nicht gelang, die Weise sachgemäß zu erhellen, in der der Mensch konkret erreicht wird, können wir jetzt die übergreifenden göttlichen Kräfte der Verstehensvermittlung nicht angemessen zu theologischem Ausdruck bringen. Wir sind in Gefahr, sie nur das sein und sagen zu lassen, was den Maßstäben unserer Subjektivität bzw. unseres Existenzverständnisses entspricht. Aber umsonst versuchen wir, ohne die Kategorien und Erkenntniswege der Pneumatologie auszukommen. Das Werk des Übersetzens ist und bleibt ein göttliches Geheimnis, dessen Subjekt der Geist ist (vgl. Joh 14, 25; 16, 7-15).

Geist, Sendung, Kirche

Wenn wir den fundamentalen Ort entdecken, den die sendende Aktion des Geistes einnimmt, können wir keinen Augenblick mehr mit der traditionellen Weise zufrieden sein, in der die Beziehung zwischen Sendung und Kirche vorgestellt wird. Die Sendung ist mehr als ein praktisches, notwendiges Instrument zur Ausbreitung der Kirche. Die Sendung steht der Kirche nicht zur Verfügung; beide stehen zur Verfügung des Geistes. Diese Überzeugung führt uns zu der Frage, ob wir nicht die These umkehren und sagen sollen, die Kirche sei nicht mehr als das Instrument oder ein Instrument in der großen Mission des Geistes. Kann die Kirche sich jemals als Selbstzweck verstehen? Ist das nicht ekklesiologischer Narzißmus? Die große Gefahr der Kirche in aller Welt ist in der Tat die Gefahr des Introvertiertseins. Sobald sie dieser Haltung verfällt, entzieht sie sich schändlich ihrer Berufung, teilzunehmen an der großen Bewegung von dem Einen zum Universum; sie wird statisch und dergestalt ungehorsam. »Ihr aber seid . . . Gottes eigenes Volk, damit ihr die herrlichen Taten dessen verkündigt, der euch aus der Finsternis zu seinem wunderbaren Licht berufen hat« (1 Petr 2, 9).

Trotzdem lösen wir das Problem nicht, indem wir eine falsche These umkehren. Sagen wir, die Kirche sei das Instrument der Sendung, so ist das eine Halbwahrheit. Die Beziehung zwischen beiden hat weitere Aspekte. Die Kirche ist zugleich das vorläufige Ergebnis der Sendung. Die Bewegung des Geistes hat ein Ziel — sie ist kein Ziel in sich selbst. Dieses Ziel weist über die Kirche hinaus; es besteht darin, daß »voll ist die Erde von Erkenntnis des Herrn wie von Wassern, die das Meer bedecken« (Jes 11, 9). Insofern kann die Kirche kein Selbstzweck sein; sie ist das Werkzeug einer weitergehenden Bewegung. Aber als ein vorläufiges Ergebnis ist die Kirche eine Art von Ergebnis, in der die Bewegung einen Zielpunkt gefunden hat. Insofern ist sie ein Stück verwirklichtes Königreich Gottes, eine Verheißung der *symmorphia,* der Gleichgestaltung mit ihrem Herrn, zu der der Geist vorantreibt. Darum können wir von dem doppelten Aspekt der Kirche sprechen: als Werkzeug und zugleich als Verwirklichung des Königreiches. Beide Aspekte verlieren ihren Charakter, sobald sie sich voneinander lösen. Eine statische und introvertierte Kirche, die sich weigert zu dienen, hört im selben Augenblick auf, eine Verwirklichung des Königreiches zu sein. Wie eindrucksvoll ihre Lehre, Liturgie und Organisation sich auch immer darstellen mögen, sie hat das Herzstück ihres Seins verloren. Eine Kirche, die bloß eine dynamische, extrovertierte, aktivistische Bewegung sein wollte, wäre kein Werkzeug Gottes, weil sie nicht durch ihre Existenz als solche verkündigen würde; sie hätte keine Überzeugungskraft; sie könnte keine Heimat anbieten. Die stärkste missionarische Kraft der Kirche liegt immer »im Beweis des Geistes und der Kraft« (1 Kor 2, 4).

Geist, Sendung, persönliches Heil

Parallel zu dem soeben erörterten Problem ist schließlich einiges über die Beziehung zwischen persönlicher Rettung und Zeugnis als Zielen des Geistes im christlichen Leben des Einzelnen zu sagen. Fast durch die ganze Kirchengeschichte hindurch ist das persönliche Heil als Hauptziel des Geistes betrachtet worden. Für unzählige Christen trifft das immer noch zu. Sie sehen die Teilnahme an der missionarischen Bewegung als Tätigkeit für Berufsmissionare oder für Christen höherer Ordnung an, aber nicht als Wesenselement jedes christlichen Lebens. In den letzten Jahren beginnen wir nun zu entdecken, wie häretisch dieses statische Bild des christlichen Lebens ist. Es ist sogar schlimmer als statisch — es ist egoistisch. Da sind Christen so mit ihrem ewigen Heil und mit ihrer privaten Erbauung beschäftigt, daß sie keine Zeit mehr für ihren Nachbarn haben, der noch nicht von der Bewegung des Geistes erreicht worden ist. Die beißendste Kritik an dieser Haltung findet sich in Barths Dogmatik in dem erwähnten Band IV, 3. Barth verweist auf die Tatsache, daß die Bibel ausschließlich Berichte von Berufung, nicht aber von Bekehrung als solcher enthält. Wenn persönliches Heil das Endziel christlichen Lebens wird, wäre Christus nur ein Mittel zu diesem Zweck, und der Christ würde zum bloßen Konsumenten. Die folgende Stelle sagt es kraß und klar: »Sollte . . . die Gemeinde Jesu Christi wirklich nur oder doch wesentlich und entscheidend ›Heilsanstalt‹, vornehmstes und umfassendes *medium salutis* sein, wie sogar Calvin es mit größter Selbstverständlichkeit angenommen und gesagt hat? Welche sonstige menschliche Egozentrik wäre nicht entschuldigt, ja bestätigt und geweiht, wenn Egozentrik in dieser heiligen Abart der gottgewollte Sinn der christlichen Existenz sein, wenn deren Lobgesang schließlich doch nur in dem ebenso vielstimmig wie monoton erklingenden Geschrei *pro me, pro me!* und ähnlichen possessiven Äußerungen bestehen sollte?«[5] Nach dem, was wir in diesem Kapitel beobachtet und erwogen haben, ist es unnötig zu zeigen, wie heilsam Worte wie diese sind. Wir können verstehen, daß für Barth das Ziel christlichen Lebens nicht das persönliche Heil, sondern das Zeugesein ist. Wir haben alles Recht, mit ihm zu sagen, daß nur in der aktiven Teilnahme an der Bewegung des Geistes die Gewißheit des persönlichen Heils entstehen und sich bewähren kann. Freilich läßt sich fragen, ob Barth nicht Gefahr läuft, eine Einseitigkeit durch die Einführung einer anderen auszutreiben. Hier müssen wir wieder sagen: Die Bewegung des Geistes hat ein Ziel; sie ist kein Selbstzweck und endet nicht mit sich selbst. Wir bezeugen das, was wir empfangen haben, damit der andere es ebenso empfange. Was wir empfangen haben, ist die Gemeinschaft mit Gott durch Jesus Christus, und das ist unser Heil. Zugleich heißt solche Gemeinschaft aber Mitteilung und Teilhabe an den Segnungen und an den Aufgaben des Königreiches Gottes. In diesem Königreich sind wir weder bloß Konsumenten noch bloß Arbeiter. Wir konsumieren, um zu arbeiten, und wir arbeiten, damit andere konsumieren können. Hier ebenso wie in der Beziehung zwischen Sendung und Kirche kann kein Aspekt dem anderen untergeordnet werden. Nach unserer Auffassung sind beide so eng miteinander verquickt, daß wir die Einheit dieser Aspekte nur verstehen in der großen Wirklichkeit des Gottesreiches, welches sich durch die Kraft des Heiligen Geistes von dem für uns dahingegebenen erhöhten Herrn zu seinem Endziel in der Gemeinschaft der Geretteten bewegt.

---

[5] Barth a. a. O. Band IV, 3, § 71, 4; S. 651. Siehe überhaupt den ganzen Paragraphen »Der Christ als Zeuge«.

KAPITEL III

DER GEIST UND DIE KIRCHE

In diesem Kapitel haben wir es mit der Frage zu tun, ob die Beziehung des Geistes zur Kirche vor jener zu dem Einzelnen kommt oder ob es sich umgekehrt verhält. Wenn die Aussendung der grundlegende und vorangehende Vorgang ist, welches ist dann der nächste Schritt? Ist es das bekehrende und heiligende Werk des Geistes im Herzen des einzelnen Gläubigen? Oder ist es die Auferbauung der Kirche durch Wort und Sakrament, Amt und Gemeinde? Die Antwort auf diese Frage hat einen weitreichenden Einfluß, wie die Geschichte zeigt. Sie ist keine bloß theologische Antwort; sie entscheidet über die Gestalt unseres christlichen Glaubens.

Der Geist, die Kirche, der Einzelne

In den alten Glaubensbekenntnissen gibt es keinen Zweifel über die Rangfolge: »Ich glaube an den Heiligen Geist, eine heilige, allgemeine Kirche; die Gemeinschaft der Heiligen, Vergebung der Sünden.« Wir können annehmen, daß der Geist in diesen Artikeln als Geber und Wahrer dessen aufgeführt ist, was im Anschluß an ihn genannt ist: Kirche, Gemeinschaft, Vergebung. All dieses sind Früchte des Geistes. Und die gemeinschaftlichen Früchte kommen zuerst, danach folgt die Segnung des Einzelnen durch die Vergebung seiner Sünden. In dieser Rangordnung ist die Kirche als ursprüngliche Manifestation und als Werkzeug der Gegenwart des auferstandenen Herrn im Geist gemeint.

In einer berühmten Pfingstpredigt über den Heiligen Geist und die Kirche sagt Augustin: »Was die Seele für den Leib eines Menschen ist, das ist der Heilige Geist für den Leib Christi, welcher die Kirche ist; was die Seele in allen den Gliedern des einen Leibes wirkt, das schafft der Geist in dem Ganzen der Kirche.« Er verfolgt diesen Vergleich sogar noch weiter und erinnert seine Hörer daran, daß einem amputierten Glied die Seele, die *anima,* das Leben fehlt. »So ist ein Christ ein ›katholischer‹, solange wie er in dem Leibe lebt; wenn er aber abgetrennt und ein Häretiker geworden ist, folgt der Geist einem solchen amputierten Glied nicht.«[1] Die Worte des großen Kirchenvaters hatten eine jahrhundertelange Auswirkung; sie sind ein vorzügliches Kennzeichen der Weise, in der die römisch-katholische Kirche das Wirken des Geistes an der Gemeinschaft und am Einzelnen empfand und empfindet. Der Geist ist die Seele der Kirche. Das ist seine primäre Beziehung. Und der Einzelne hat in dem Grade Anteil am Geist, in dem er am sakramentalen und hierarchischen Leben der Kirche teilnimmt. Wir können verstehen, daß diese Weise, das Problem zu lösen, früher oder später eine Verzerrung und Verarmung der Beziehung zwischen dem Herrn und dem einzelnen Glaubenden verursachen mußte. Für den Einzelnen ist der Geist in der Totalität der kirchlichen Funktionen verborgen, ist im Grunde ein anderer Name für diese. In Denzingers *Enchiridion Symbolorum* finden wir nur wenige Aussprüche über das hier und jetzt geschehende Wirken des Geistes, während fast alle die Beziehung des Geistes zu den verschiedenen Sakramenten betreffen.[2] Dieses dürftige und einseitige Ergebnis erklärt, warum viele fromme Katholiken auf Protestanten den Eindruck machen, daß sie keine persönliche Beziehung zu dem Herrn haben; denn diese Beziehung scheint ganz in ihrem Verhältnis zur kirchlichen Institution aufzugehen.

Wir wären jedoch nicht fair, wenn wir es bei dieser Feststellung beließen. Denzinger zitiert nicht die bemerkenswerte Enzyklika Papst Leo XIII. von 1897, genannt *Divinum Illud munus*. Auch dieses Dokument betont die Wirksamkeit des Geistes in den hierarchischen Strukturen. »Denn durch ihn sind die Bischöfe eingesetzt«, ebenso wie die Priester mit der Vollmacht, Sünden zu vergeben. In diesem Zusammenhang zitiert Leo nachdrücklich das Wort Augustins über den Geist als die Seele der Kirche. Als neues Element kündigt sich an, daß Leo zwischen einer Aktivität des Geistes in der Kirche und in den getauften Einzelgliedern unterscheidet. Obwohl diese neugenannte Aktivität in den Sakramenten der Taufe und Firmung gründet, wird sie in erhabener Ausdrucksweise als Werk der Erleuchtung, Erneuerung und Neuschöpfung beschrieben. Das stößt sich etwas mit den seltsamen Sätzen, durch die der Papst diesen Abschnitt einleitet, daß dieses Werk des Geistes »nicht we-

---

[1] Augustinus: *Sermo* 267, 4.

[2] Siehe die Paragraphen 424, 697, 799, 930, 964.

niger bewundernswert ist als sein Werk in der Kirche, wiewohl sein Verständnis etwas mehr Schwierigkeiten macht, auch weil es unanschaulich dem Auge verborgen bleibt«.[3] Man mag sich wundern, ob das Werk des Geistes in der Kirche augenfälliger ist als sein Werk in dem Einzelnen. Wenn da überhaupt ein wirkliches Problem liegt, kann man in beiden Richtungen argumentieren. Die Enzyklika unterläßt es, sich über die Relation zwischen den beiden Werken des Geistes zu erklären.

Aus unserem Gesichtspunkt ist ein weiteres bedeutendes Dokument die Enzyklika *Mystici Corporis,* die Papst Pius XII. im Jahre 1943 veröffentlichte. Auch dieses Rundschreiben wendet dem Werk des Heiligen Geistes nicht geringe Aufmerksamkeit zu. In mancher Hinsicht bleibt es jedoch hinter Leos Enzyklika an Bedeutung zurück. Pius XII. war besorgt über den wachsenden Einfluß der sogenannten *nouvelle théologie,* die seiner Meinung nach den spirituellen Charakter der Kirche zum Schaden ihrer hierarchischen Struktur betont. Er stimmt dieser Bewegung zu, wenn sie das Werk des Geistes in der Kirche und ihren Gliedern betont; aber er erinnert sie beständig an die Tatsache, daß das vornehmste Werk des Geistes die Schaffung und Erhaltung der sakramentalen und hierarchischen Struktur der Kirche ist und der Einzelne vollständig von dieser Struktur abhängig bleibt, soll er am Werk des Geistes Anteil haben. Der Geist, »obwohl er in allen Gliedern gegenwärtig und auf göttliche Weise am Werk ist, wirkt in den niederen Gliedern durch den Dienst der höheren«. »Denn so, wie der göttliche Erretter den Parakleten, den Geist der Wahrheit, sandte, der als sein Repräsentant die verborgene Leitung der Kirche auf sich zu nehmen hatte, so wies er Petrus und seine Nachfolger an, daß sie ihn auf Erden offenbar machen sollten durch ihre Leitung der christlichen Gemeinschaft«.[4]

Hier lesen wir also, daß der Geist als der verborgene und der Papst als der sichtbare Regierer der Kirche die beiden Mittel sind, durch die Christus in seiner Kirche wirkt. Im Blick auf diese und zahllose andere offizielle Verlautbarungen sind wir zu dem Fazit berechtigt, daß der Geist in römisch-katholischer Theologie hauptsächlich der Schöpfer der Kirche als einer sakramentalen und institutionellen Wirklichkeit ist. Die Verbindung zwischen dem Geist und dem Einzelnen ist im wesent-

---

[3] Die Zitate sind den Sektionen II, 2, b und II, 3, Vorwort, entnommen.
[4] Zitate aus I, B, 3, c und II, 1.

lichen indirekt. Sie findet insoweit statt, als der Einzelne am Heilsinstitut teilhat, dessen Seele der Geist ist.

Aber selbst in Verbindung mit der Kirche wird der Geist nicht zu oft erwähnt. Der Grund dafür dürfte darin liegen, daß die Vermittlung des Werkes Christi an die späteren Generationen vornehmlich der Jungfrau Maria zugeschrieben wird. Die Enzyklika *Mystici Corporis* endet mit einem Lobpreis auf Maria; er bezeichnet sie als diejenige, durch deren Vermittlung das Herabkommen des Geistes erreicht wurde und die nun den mystischen Leib Christi pflegt, wie sie einst das Kind Jesus gepflegt hat. Der protestantische Einwand — Maria trete an die Stelle Christi — ist nicht ganz richtig. Maria ist viel eher die sichtbare Vertreterin des Geistes, diejenige, die zwischen Christus und uns vermittelt und uns sein Heilswerk zuwendet.

Abschließend ist allerdings hinzuzufügen, daß die tiefe und rasche Erneuerung der letzten Jahre in der römisch-katholischen Kirche, die so viele jahrhundertealte Überzeugungen betraf, auch die hier beschriebene Position nicht unberührt gelassen hat. Ein markantes Beispiel ist das Buch von Pater Henry über *l'Esprit-Saint,* in dem die hergebrachte Ordnung vollkommen umgekehrt wird; es rückt die Einsichten der Biblischen Theologie und im Zusammenhang damit das Werk des Geistes in der Seele des Einzelnen in volles Licht, wohingegen die Relation des Geistes zur Kirche nur eine geringere Rolle spielt.[5] Noch ist es zu früh, zu sagen, was diese und andere Symptome für eine Veränderung im Gesamttrend der römisch-katholischen Theologie bedeuten.

Nach dem bisher umrissenen Ergebnis ist es vollauf begreiflich, daß die Reformation neue Wege suchte, die Dreiecksbeziehung zwischen Geist, Kirche und Einzelperson zu interpretieren. Alle Reformatoren erfuhren und formulierten ein neues, unmittelbares Verhältnis zwischen dem Geist und dem Einzelnen. Man kann sogar sagen, daß die Reformation aus dieser Erfahrung geboren wurde und ihren Anhängern klar war, daß die römisch-katholische Kirche für diese Erfahrung keinen Raum hatte. Das heißt nicht, daß alle reformatorischen Kirchen und Gruppen über die Weise einig waren, in der das Verhältnis zwischen dem Geist und dem Einzelnen einerseits und zwischen dem Geist und der Kirche andererseits zu bestimmen und in wechselseitige Beziehung

[5] A. M. Henry: *l'Esprit-Saint* (Paris 1959); vor allem Kapitel 7.

zu bringen war. In vieler Hinsicht hatte die klarste Position der oft so genannte »radikale Protestantismus«. Diese Richtung befand sich in direkter Opposition zum römischen Katholizismus. Wo der Katholizismus die Relation zwischen dem Geist und der Kirche als eine unmittelbare, die Relation zwischen dem Geist und dem Einzelnen hingegen als eine vermittelte, sich auf die erstgenannte gründende betrachtete, trat die radikale, sich auf den Geist berufende Form des Protestantismus für die genaue Umkehrung dieser Ordnung ein. Nach ihr ist der Geist für den Einzelnen bestimmt. Das Herz des wahren Gläubigen ist seine Wohnstätte. Bleibt dann aber irgendein Raum für eine Beziehung zwischen Geist und Kirche? Diese Frage hat verschiedene Antworten gefunden. Wir denken an die Wiedertäufer, an Kaspar Schwenckfeld, die Quäker, de Labadie und seine Gruppe oder an Gerhard Tersteegen. Für manche existiert die Kirche nur als das unsichtbare Band zwischen all den frommen Seelen in der Welt. Andere glauben, daß die wahre Kirche durch eine Gruppe im Kernbezirk der institutionellen Kirchen dargestellt wird. Wieder andere betonen, daß die Wiedergeborenen berufen sind, sich von den offiziellen Kirchen abzusondern und die wahre Kirche der Kinder Gottes zu gründen. Und etliche lehnen jede Art sichtbarer Gemeinschaft ab, weil sie sich grundsätzlich weigern, über den Gesichtskreis oder die Sichtweite eines religiösen Individualismus hinauszugehen. In keinem Fall ist die Kirche mehr als die Versammlung solcher, die einander als Träger des gleichen Geistes erkennen. Ihre Kirche ist höchstens eine organisierte Gruppe oder Sekte, in vielen Fällen nicht mehr als nur eine lose Zusammenkunft Gleichgesinnter oder ein Konventikel. In jedem Fall ist diese Kirche, so wie sie ist, nicht das Werk des Heiligen Geistes, sondern eine menschliche Konsequenz, zu der das Geisteswirken in den Herzen der Einzelnen führt, wobei der natürliche Impuls der Geistesverwandten, einander aus der Menge der übrigen herauszufinden, eine erhebliche Rolle spielt. So kann die Beziehung des Geistes zu dieser Gemeinschaft nie mehr sein als eine indirekte. Und daher ist es auch ganz natürlich, daß die Gruppe sich auflöst oder daß Abspaltungen stattfinden, sobald die Teilhaber einander nicht mehr als Träger des gleichen Geistes anerkennen.

Diese radikale protestantische Bewegung hat sich in eine liberale und eine orthodoxe Richtung aufgespaltet. In der liberalen Tradition wurde der Heilige Geist mehr und mehr mit dem menschlichen Geist und mit seinen religiösen, philosophischen und ethischen Ideen identifiziert, wie sie im Zeitalter der Aufklärung und im deutschen Idealismus ausgebildet wurden. Die orthodoxe Tradition entwickelte sich zur Bewegung des Pietismus samt dessen späteren Abkömmlingen der Erwekkungsbewegungen und des Fundamentalismus; selbst die Pfingstbewegung kann als späte Frucht dieser breitausgreifenden Tradition gesehen werden. Hier ist der natürliche menschliche Geist nicht ein Teil des göttlichen Geistes, sondern dessen Feind, der bekehrt und wiedergeboren werden soll. Trotz dieser starken Kontraste stehen beide Gruppen auf demselben Boden, da sie den Geist in erster Linie als die Beziehung zwischen Gott und der einzelnen Seele sehen. Man darf die geistlichen und kulturellen Segenswirkungen dieser Sicht nicht leugnen. Dieser Flügel des Protestantismus hat beträchtlich zu der persönlichen Erfahrungstiefe des christlichen Glaubens und zur Prägung jenes »innen-geleiteten« Menschen (D. Riesman) beigetragen samt dem ihn kennzeichnenden Verantwortungsbewußtsein, insbesondere auf dem amerikanischen Kontinent. In Europa erfüllen diese Gruppen in Ländern mit dominierenden National- oder Staatskirchen wie Großbritannien Skandinavien und Lateineuropa eine heilsame Funktion. Ihre Schwäche ist überall, daß sie keine klare, sachhaltige Vorstellung von dem Verhältnis zwischen dem Geist und der Kirche haben und für die meisten von ihnen die Kirche kaum mehr als eine menschliche Gemeinschaft ist.

Der Überblick, den wir bisher in raschen Zügen skizziert haben, macht uns nun neugierig zu erfahren, welche Position die klassische Reformation in diesem Dilemma bezog. Wenn wir Calvins Stellung untersuchen, erscheint die Antwort auf den ersten Blick recht klar und einfach. Nachdem er im zweiten Buch der Institutio von Christus und seinem Erlösungswerk gehandelt hat, teilt er uns gleich in der Überschrift des dritten Buches mit, wie er die Beziehung sieht: »Auf welche Weise wir der Gnade Christi teilhaftig werden, was für Früchte uns daraus erwachsen und was für Wirkungen sich daraus ergeben.« In diesem Buch befaßt er sich mit den Themen: Glaube, Wiedergeburt, Buße, christliches Leben, Rechtfertigung, gute Werke, christliche Freiheit, Gebet und Prädestination. Kein Zweifel, daß der einzelne Gläubige als Empfänger dieser geistlichen Gaben im Mittelpunkt steht. Die Überschrift zum vierten Buch umschreibt den Inhalt: »Von den äußeren Mitteln oder Beihilfen, mit denen uns Gott zu der Gemeinschaft mit Christus einlädt und in ihr erhält.« Diese Mittel sind: Kirche, Predigt, Sakramente, Kirchenzucht und staatliche Regierung. Es scheint demnach deutlich, daß für Calvin die Kirche nichts weiter ist als ein äußerliches, wenn auch höchst wichtiges Mittel im Prozeß der Begegnung zwischen dem Geist und dem einzelnen Gläubigen, wie ihn das dritte Buch beschrieben hatte. Daher zieht Emil Brunner in seiner Dogmatik den Schluß: Die Kirche »gehört demnach bei ihm (Calvin) nicht selbst zum Glauben, sondern sie ist bloß das, allerdings unentbehrliche, Hilfsmittel, und zwar ausdrücklich ein äußeres Hilfsmittel des Glaubens. Zwischen Glauben und Kirche besteht keine innerlich notwendige, sondern nur eine akzidentielle, subsidiäre Beziehung, das heißt, der Glaube wird wesentlich als etwas Individuelles angesehen, zu dem die Glaubensgemeinschaft als etwas nicht zu seinem Wesen Gehöriges hinzukommt. Damit ist gesagt, daß Calvin, obwohl er praktisch in eminentem Sinn Kirchenmann und Kirchenbegründer war, den Glauben in individualistischer Weise von der Kirche trennt. Die Gläubigen bedürfen zwar der Kirche, aber sie sind Glaubende auch abgesehen von ihr. Das ist denn auch die landläufige Auffassung der reformierten Protestanten.«[6] Brunner findet sich mit seiner Deutung Calvins hier in Übereinstimmung mit vielen Forschern zu beiden Seiten des Atlantiks. Der Unterschied besteht darin, daß viele Calvins Individualismus begrüßen, während Brunner ihn bedauert.

Ich glaube, daß hier eine unerlaubte Vereinfachung von Calvins Denken vorliegt. Brunner beruft sich auf die Überschrift des vierten Buches der Institutio, nach der Gott durch die Kirche uns »zu der Gemeinschaft mit Christus einlädt und in ihr erhält«. Bedeutet das, wie Brunner es versteht, daß wir auch ohne die Kirche Glaubende sein können? Ich selber ziehe den entgegengesetzten Schluß: Niemand kann zur Gemeinschaft mit Christus kommen, das heißt also: gläubig werden, außerhalb des Wirkens Gottes durch die Kirche! Das erste Kapitel hat die Überschrift: »Von der wahren Kirche, mit der wir die Einheit halten müssen, weil sie die Mutter aller Frommen ist.« Calvin erläutert das Wort »Mutter«, indem er sagt, daß die Erkenntnis der sichtbaren Kirche

---

[6] Emil Brunner: *Dogmatik* III, 2. A. (Zürich 1964), Kapitel II, 1; S. 34.

uns nützlich und sogar nötig ist, weil es für uns »keinen anderen Weg ins Leben hinein (gibt), als daß sie uns in ihrem Schoß empfängt, uns gebiert, an ihrer Brust nährt und schließlich unter ihrer Hut und Leitung in Schutz nimmt, bis wir das sterbliche Fleisch von uns gelegt haben und den Engeln gleich sein werden« (IV, 1, 4). Das klingt alles andere als individualistisch! Im nächsten Paragraphen sagt er: »Gott gibt uns den Glauben ins Herz — aber durch das Werkzeug seines Evangeliums, wie uns ja auch Paulus daran mahnt, daß der Glaube ›aus dem Hören kommt‹.« Wir können diese Zitate um viele andere vermehren, die alle beweisen, daß für Calvin die Kirche, vor allem aber der Dienst der Verkündigung, in der Regel das einzige Mittel ist, durch welches der Geist Menschen in die Gemeinschaft mit Christus hineinzieht. Trotzdem ist das Gesamtbild der Gedanken Calvins nicht ganz deutlich. Brunner kommt zu seiner Darlegung nicht ohne Grund. Gleich im zweiten Satz des vierten Buches schreibt Calvin: »Nun sind wir aber grobsinnig und träge, zudem auch von eitlem Verstande, und deshalb haben wir äußerliche Hilfsmittel nötig, damit der Glaube durch sie in uns erzeugt und vermehrt werde und seinen Fortgang habe bis zum Ziele hin. Darum hat Gott auch diese äußeren Mittel zugefügt, um so unserer Schwachheit aufzuhelfen; und damit die Predigt des Evangeliums ihre Wirkung tut, hat er der Kirche diesen Schatz in Bewahrung gegeben.« Diese Sätze vermitteln den Eindruck, daß Calvin die äußere Organisation der Kirche als ein Zugeständnis Gottes im Blick auf unsere bedürftige und sündige Natur ansieht. Die ideale Situation wäre, daß der Geist uns ohne solche äußere Hilfe durch die Schrift erreichen könnte. Daher kann Calvin diese Begegnung erst einmal abgesehen von der Kirche beschreiben.

Auf jeden Fall ist klar, daß Calvins Sicht weder mit der des radikalen Protestantismus noch mit der des römischen Katholizismus gleichgesetzt werden kann. Mit dem Katholizismus betont er die Notwendigkeit der Kirche für unsere Rettung; aber er denkt dabei nicht so sehr an eine sakramentale hierarchische Institution als vielmehr an das Amt der Verkündigung des Evangeliums. Mit den Spiritualisten betont er, daß es das Ziel des Geistes ist, im Herzen des Einzelnen zu wohnen und zu wirken; aber er sieht die Kirche nicht nur als das menschliche Resultat dieser Wirksamkeit, sondern ebenso als deren göttlichen Grund.

Die reformierte Kirche ist die Tochter des katholischen Kirchentyps und die Mutter des Typs der Freikirche. Sie hat Verwandtschaften mit beiden. Es ist kein Wunder, daß sie in verschiedenen Gebieten und in verschiedenen Zeiträumen mehr zu dem einen oder dem anderen hinneigt. In ihren Bekenntnisschriften und theologischen Lehren übernimmt sie gewöhnlich Calvins Reihenfolge: auf die Beziehung des Geistes zu dem Einzelnen folgt die Beziehung zur Kirche. Manche kehren die Ordnung jedoch um, so John Owen in seiner *Pneumatologie* (1674) und Abraham Kuyper in seinem großen Buch über »Das Werk des Heiligen Geistes« (1888); desgleichen Brunner im dritten Band seiner Dogmatik. In seiner berühmten »Reformierten Dogmatik« schließt sich Herman Bavinck zwar der traditionellen Ordnung an, schreibt aber dessen unbeschadet: »Der einzelne Glaubende ist aus dem Leib der Kirche geboren. Die *ecclesia universalis* geht dem einzelnen Gläubigen voraus, wie in jedem Organismus das Ganze vor den einzelnen Gliedern kommt.«[7] Eine ähnliche Zweigleisigkeit kann man auch bei Karl Barth finden. Sie ist für die reformierte Konfession kennzeichnend; denn diese möchte an beidem festhalten: sie möchte der Beziehung zwischen dem Geist und dem Einzelnen volles Gewicht geben und zugleich anerkennen, daß die Kirche nicht eine Schöpfung des Menschen, sondern des Geistes ist. So erklärt sich, daß die Reihenfolge zwischen beiden Beziehungsgrößen im Reformierten Bekenntnis unentschieden blieb. Wir glauben, daß der Versuch an der Zeit ist, einen Schritt über die hergebrachte Position hinauszukommen und eine Entscheidung über die Reihenfolge herbeizuführen.

Nach meiner Meinung lautet die richtige Rangfolge: zuerst die Kirche, danach der Einzelne. In den biblischen Schriften beginnt der Geist sein Wirken immer mit Einzelnen, die nicht als Einzelpersonen erscheinen, sondern eine ganze Gemeinschaft repräsentieren und umschließen. In besonderem Maß gilt das von Jesus Christus selbst. Indem er seine Jünger beruft, gewährt und ermöglicht er ihnen mit sich und untereinander Gemeinschaft. So vollzieht sich ihr Eintritt in die Kirche. Einen ähnlichen Vorgang beschreibt Apg. 2. Der Geist, der auf die Gemeinde ausgegossen wird, macht sie zur Kirche der Zeugen, zu der die anwesenden Einzelnen eingeladen sind. Und die Briefe betonen in ein-

[7] H. Bavinck: *Gereformeerde Dogmatiek* Band IV, 2. Aufl. (Kampen 1911) S. 357.

drücklichem Bild, daß die Einzelnen — wie lebendige Bausteine — in ein geistliches Haus eingefügt werden müssen und durch ihre Gaben zur Auferbauung des Leibes beizutragen haben. Damit ist nicht gemeint, daß das Werk des Geistes in dem Einzelnen dem Werk in der Kirche untergeordnet wäre. Man kann ebensogut oder sogar besser folgern, das eigentliche Werk des Geistes sei sein Einkehren und Wohnungnehmen im Leben der Einzelnen. Nur setzt dieses letzte und höchste, hervorragendste Werk das Werk in der Kirche voraus. Und es kann keine Frucht bringen, wenn der Einzelne nicht gewillt ist, sich der Gemeinschaft einzugliedern und zu ihr beizutragen. Solange wir den Einzelnen an die erste Stelle setzen, verhindern wir den echten Blick auf die Kirche als den Nährboden und die Mutter für den Einzelnen und sein Leben. Stellen wir aber die Kirche voran, so sehen wir, wie der Einzelne aus ihr geboren wird, und unsere Erkenntnis wird logisch in die Richtung auf ihn geführt. Die logische Reihenfolge ist nämlich, daß Christus auf die Sendung weist, die Sendung auf die Kirche und die Kirche auf den Einzelnen.

Das zweifache Werk des Geistes in der Kirche

Im vorangehenden Abschnitt hatten wir es mit einer Frage der Reihenfolge zu tun, zugleich aber ging es doch um mehr als diese formale Bestimmung. Solche Kirchen und Theologen, die geneigt sind, der Kirche den Vorrang einzuräumen, denken weitgehend in den Begriffen Wort und Sakrament, Institution und Amt. Verschiedenen römisch-katholischen Verlautbarungen war das schon zu entnehmen. Mit Leichtigkeit könnte man zahlreiche andere römisch-katholische, griechisch-orthodoxe, anglikanische und ebenso lutherische Aussagen anführen. Kirchen und Theologen hingegen, die dem Einzelnen die Priorität zuzuweisen geneigt sind, verstehen die Kirche hauptsächlich als Gemeinschaft, als Versammlung von einzelnen Gläubigen. Diese Auffassung herrscht in den Freikirchen vor.

Wenn wir uns nun für die Priorität der Kirche entschieden haben, dann ist damit keineswegs auch entschieden, daß wir uns der Weise anschließen, in der die katholischen Kirchen das Wesen der Kirche zu formulieren pflegen. Es kennzeichnet unsere reformierte Position, daß wir in der Ekklesiologie beide Auffassungen zu ihrem Recht kommen lassen und sie miteinander verbinden möchten, das heißt also, daß wir die Kirche sowohl unter dem Aspekt der Institution wie unter dem der Gemeinschaft sehen. Es wäre ungerecht, wollte man sagen, daß diese Ansicht anderen Kirchen abginge. Ich habe vielmehr den Eindruck, daß sich unter dem Einfluß der biblischen Theologie und der ökumenischen Bewegung in allen Kirchen und Theologien der Trend verstärkt, solche Aspekte in der Ekklesiologie zu betonen, die früher vernachlässigt waren, um so eine reichere und vollständigere Lehre von der Kirche aufzubauen, als sie frühere Generationen kannten. Aufregendes Beispiel dafür ist die jüngste römisch-katholische Theologie, die es vorzieht, von der Kirche nicht als von einer Institution und Heilsanstalt, sondern als dem »Volk Gottes« zu sprechen, und die so großartig die Rolle des Laien in der Kirche herausstellt. Andere gute Beispiele wachsender Übereinstimmung in diesem Bereich sind die vorzügliche Studie »Ein Herr — eine Taufe«,[8] die die Kommission für Glaube und Kirchenverfassung erarbeitet hat, und die Vorbereitungsberichte für die Konferenz über Glaube und Kirchenverfassung in Montreal. Wir vergessen nun nicht, daß wir in unserem Sachzusammenhang nicht an Ekklesiologie als solcher interessiert sind, sondern an der Weise, wie der Geist in der Kirche und durch sie wirkt. Die verschiedenen Positionen helfen uns zur Einsicht, daß wir keine einseitige Auffassung wählen und auch das Werk des Geistes in der Kirche nicht unter einer einzigen Überschrift verrechnen sollten. Im ersten Schritt suchen wir zu entdecken, was die institutionelle Seite der Kirche mit dem Heiligen Geist zu tun hat. Danach sehen wir zu, wie das Element der Gemeinschaft ein Werk des Geistes ist. Schließlich müssen wir fragen, wie diese beiden Seiten in dem einen Handeln des Geistes miteinander verbunden sind.

Der institutionelle Aspekt

Vielen Protestanten fällt es schwer, zu verstehen, daß der Geist überhaupt etwas mit dem institutionellen und organisatorischen Charakter der Kirche zu tun hat. Der Grund läßt sich angeben: ihr Geistbegriff ist

[8] Ich verweise besonders auf die erste Hälfte dieser Schrift unter dem Titel »Die göttliche Dreieinigkeit und die Einheit der Kirche« (London 1960).

so individualistisch und spriritualistisch oder bestenfalls personalistisch bestimmt, daß sie nicht verstehen können, daß Gott nicht nur Personen, sondern auch Strukturen geschaffen hat und daß er in seinem rettenden Werk ebensosehr an Strukturen interessiert ist, sofern sie seinen Zielen dienen können. Das Neue Testament hat nicht die geringste Mühe mit der Erkenntnis, daß der Geist mit äußerlichen, sichtbaren Akten, Ämtern und Organisationsformen verbunden ist. Sieben dieser Beziehungen möchte ich hier nennen.

Erstens, der Geist steht in Beziehung zur Taufe: »Denn wir sind in einem Geist alle zu einem Leib getauft worden« (1 Kor 12, 13). »Aber ihr habt euch abwaschen lassen . . . durch den Namen des Herrn Jesus Christus und durch den Geist unseres Gottes« (1 Kor 6, 11). Vgl. Apg 2, 38; Kol 2, 12; Eph 4, 4 f; 5, 26; wahrscheinlich auch Titus 3, 5 f.

Zweitens, die Handauflegung dient als Mittel zur Übertragung des Heiligen Geistes. »Da legten sie ihnen die Hände auf, und sie empfingen den Heiligen Geist« (Apg 8, 17). »Aus diesem Grunde erinnere ich dich daran, die Gnadengabe Gottes anzufachen, die durch die Auflegung meiner Hände in dir ist« (2 Tim 1, 6). Vgl. Apg. 19, 6.

Drittens, der Geist hat mit dem heiligen Abendmahl zu tun. »Denn . . . wir sind alle mit einem Geist getränkt worden« (1 Kor 12, 13). Das muß so sein, da der Geist der erhöhte Christus selber ist, der in seiner Gemeinde handelt, und das Abendmahl die Stiftung desselben Christus ist zu seiner fortwährenden Vergegenwärtigung.

Viertens, der Heilige Geist hat mit der Verkündigung des Evangeliums zu tun, die er schafft und als Werkzeug braucht. Denn der uns den Geist darreicht, tut das auf Grund der Predigt vom Glauben (Gal 3, 5), weil das Wort Gottes das Schwert des Geistes ist (Eph 6, 17). Vgl. 2 Kor 3, 8; 1 Thess 1, 5; 1 Petr 1, 12.

Fünftens, dem Geist liegt an Autorität und Zucht in der Kirche. Jesus hauchte seine Jünger an und sagte zu ihnen: »Empfanget den Heiligen Geist! Wenn ihr jemandem die Sünden vergebt, sind sie ihm vergeben; wenn ihr jemandem nicht vergebt, so sind sie nicht vergeben« (Joh 20, 22 f).

Sechstens, das Amt der Apostel steht überhaupt eng in Beziehung zum Werk des Geistes. Der zweite Brief an die Korinther ist für diese Beziehung ein beredtes Zeugnis. Wir mögen aber auch an die Worte des Apostelkonzils in Apg 15, 28 denken: »Es schien nämlich dem Heiligen Geist und uns gut ...«

Schließlich, der Geist gebraucht das Amt allgemein als sein Instrument. Das ist die Voraussetzung für die Art, in der die Pastoralbriefe das Amt beschreiben. Es ist der erhöhte Christus, das heißt also der Geist, der den Menschen seine Gaben gewährt. »Und seine Gaben waren, daß die einen Apostel sein sollten, andere Propheten, andere Evangelisten, andere Hirten und Lehrer ... für die Auferbauung des Leibes Christi« (Eph 4, 11 f). Daher kann Paulus in Apg 20, 28 zu den Ältesten von Ephesus sagen: »Habt acht auf euch selbst und auf die ganze Herde, in der euch der Heilige Geist zu Vorstehern gesetzt hat, die Gemeinde des Herrn zu weiden, die er sich erworben hat durch sein eigenes Blut.«

In der protestantischen Theologie gibt es eine erstaunliche Bedenklichkeit, die Kraft und Tragweite dieses Werkes des Geistes voll und frei anzuerkennen. Es herrscht da die ständige Angst, ein gründliches Sicheinlassen auf diese Aspekte könnte zu einer Konzeption führen, in der der Geist der Gefangene der Kirche wird, statt daß die Kirche das Instrument des Geistes ist und bleibt. Diese Besorgnis ist sehr verständlich. War doch die Reformation zum Teil ein Protest gegen eine Kirche, die sich gebärdete, als habe sie den Geist auf Vorrat; und in manchen Ländern und unter manchen Umständen macht die römisch-katholische Kirche noch heute den Eindruck, ein riesiges Depot des Geistes zu sein, der in der Gestalt der Sakramente ausgeteilt wird. Da die reformatorische Theologie die enge Beziehung zwischen Geist einerseits und Verkündigung, Sakramenten, Amt und Organisation andererseits nicht leugnen kann, wird die Unterscheidung zur römisch-katholischen Position oft darin gesucht, daß man die Souveränität des Geistes gegenüber seinen Mitteln betont. Eine typisch reformierte Einstellung ist es, auf die Freiheit des Geistes zu verweisen, der alle diese Mittel benutzen kann, der sie aber ebenso verweigern und außerhalb und unabhängig von ihnen wirken kann. Sein Kommen zu uns ist ein Akt freier Gnade. Wir verfügen nicht darüber. Wir können darum beten. Der bedeutende holländische Theologe Noordmans hat das sehr treffend ausgedrückt: »Darum können wir nicht sagen (selbst wenn wir's mit allem Respekt täten), daß auch Gott zur Kirche geht, wenn wir zur Kirche gehen.«[9] Die

[9] O. Noordmans: *Liturgie* (Amsterdam 1939) S. 72.

Vertreter dieser Position verweisen insbesondere auf verschiedene Stellen des Alten Testaments: auf die Geschichten, in denen Gott seine Bundeslade (1 Sam 4) und seinen Tempel (Ez 10) aufgibt, und auf Jeremias Rede im Tor des Tempels, in der er ruft: »Verlaßt euch nicht auf täuschende Worte wie diese: ›Der Tempel des Herrn, der Tempel des Herrn, der Tempel des Herrn ist hier!‹« (7, 4). Im Neuen Testament argumentieren sie mit 1 Kor 10, wo Paulus sagt, obwohl die Väter alle in Mose getauft wurden und alle die gleiche *geistliche* Speise aßen und tranken, habe Gott an der Mehrzahl von ihnen keinen Gefallen gefunden.

Das alles stimmt, und diese prophetischen Worte werden in unserem institutionalisierten Christentum oft überhört. Wir sind aber nichtsdestoweniger in Gefahr, den falschen Schluß aus diesen Fakten zu ziehen. Nirgendwo nämlich wird zu verstehen gegeben, daß wir Gottes Gegenwart in diesen Mitteln nicht vertrauen können. Diese Gegenwart ist unanzweifelbar. Sie ist ja genau jene göttliche Gegenwart, die das Volk nicht wahrnimmt oder mißachtet. Sie setzen ihr Vertrauen auf den Tempel statt auf den Gott, dem sie im Tempel begegnen. Sie weichen der wahren Begegnung aus und meiden den konsequenten Gehorsam. Sie pflegen lieber eine magische Beziehung, die Sicherheit ohne Gehorsam gewährt. Gott aber blieb wahrhaftig gegenwärtig in der Lade und in der wunderbaren geistlichen Speise; aber es war nicht länger eine Gegenwart der Gnade, sondern des Zorns. Was eine Segnung sein sollte, verwandelte sich in eine Anklage. Gottes Verheißungen versagen nicht und lassen niemanden im Stich. Wir können seine Souveränität nicht gegen seine Verheißungen ausspielen. »Dies ist mein Leib«, »dies ist mein Blut«, »wo zwei oder drei versammelt sind in meinem Namen, da bin ich mitten unter ihnen«, »Ich bin bei euch alle Tage« — alle diese Verheißungen sind in Kraft. Wir können dem lebendigen Gott in seinem Geist begegnen durch die Mittel, die er eingesetzt hat. Die entscheidende Frage ist, ob wir ihm in Wahrheit begegnen wollen und — das folgt daraus — ob uns seine wahre Gegenwart in den Institutionen der Kirche segnen oder beschuldigen wird. Nicht seine Souveränität, sondern unser Unglaube und Ungehorsam verursachen eine Trennung zwischen Gott und uns. Daher sollten wir den soeben zitierten Satz Noordmans am besten umkehren und sagen: »Wir können nicht sagen, daß auch wir zur Kirche gehen, wenn Gott zur Kirche geht.« Wir können nicht genug betonen, daß die Institution und ihre Mittel kein Selbstzweck sind, sondern daß sie ihren Sinn darin haben, die Begegnung zwischen Gott und seinem Volk zu vollenden.

Der Unterschied zwischen dem römisch-katholischen und dem reformatorischen Standpunkt ist daher nicht in einer engeren oder loseren Bindung zwischen dem Geist und der Institution Kirche zu suchen. Der eigentliche Unterschied liegt in der Priorität der Mittel und dem Charakter der Begegnung, die sich durch sie ereignet. In der römisch-katholischen Kirche wird den Sakramenten die Priorität gegenüber der Predigt des Evangeliums eingeräumt. Diese Priorität ist zum Schaden der persönlichen Begegnung. Sie hängt mit einer mehr dinglichen Auffassung der Gnade zusammen, die nur schwach geschützt ist gegen eine Vertauschung der Mittel und des Ziels und die daher alsbald Gegenstand der prophetischen Kritik wird. Die Reformation kann diese Verirrung nicht dadurch verhindern, daß sie die wahre Gegenwart des Geistes in den Mitteln anzweifelt; der Irrweg kann nur vermieden werden, indem eindeutig festgehalten wird, daß sie nur die Hilfsmittel und Werkzeuge des lebendigen Geistes sind. An dieser Stelle ist aber die Hoffnung nicht schwach, daß die Spaltung unter den westlichen Kirchen in den letzten Jahren geringer geworden ist, seit so viele römisch-katholische Theologen versuchen, ihren Glauben in personalen Begriffen neu zu formulieren.

Es wird die Pflicht der protestantischen Theologie sein, ihre Scheu abzulegen, wo es um das Werk des Geistes in der institutionellen Dimension der Kirche geht. Jeder Amtsträger und jedes Glied sollte vorbehaltlos offen sein gegenüber der Tatsache, daß wir es in der Kirche nicht mit menschlichen Gedanken, Gebräuchen und Aktivitäten zu tun haben, sondern mit der Autorität und der Aktion des lebendigen Geistes, dem alle unsere Aktivitäten unterworfen sein müssen. Die Entdeckung der Kirche als des heiligen Bodens, auf dem wir stehen, und als des großen Sakramentes der handelnden Gegenwart Gottes hat ungeachtet dessen, was schon die Reformatoren gesagt haben, mancher sogenannte Protestantismus noch vor sich.

Der Gemeinschaftsaspekt der Kirche

Das Wirken des Heiligen Geistes bezieht sich nicht nur auf die Kirche als Institution. Er ist ebenso der Erbauer der Kirche als eines Leibes, als einer Gemeinschaft. Wir sind ja nicht nur Kinder unserer Mutter, der Kirche — wir sind selbst die Kirche. Hier müssen wir eine scharfe Unterscheidung treffen, um keine Verwirrung zu stiften. Wir sprechen hier nicht vom Werk des Geistes in den Herzen der Einzelnen, nicht einmal von den Gaben, die der Geist den Einzelnen zuwendet, die er in sie investiert, um zur Auferbauung des Leibes beizutragen. Wir müssen unser Interesse auf die gewichtige Tatsache beschränken, daß die Kirche als Institution nicht bloß Einzelne hervorbringt, sondern daß sie eine reale Gemeinschaft zustande bringt. Natürlich ist das zuerst und vor allem eine Gemeinschaftsbeziehung mit Gott und dann entsprechend mit den Gliedern des Leibes. Hier befassen wir uns mehr mit dem zweiten als mit dem ersten Aspekt; denn die Gemeinschaft mit Gott kann zur Not in einer individualistischen Weise verstanden werden, wie es ja auch jahrhundertelang geschehen ist, wohingegen die Gemeinschaft, die wir kraft der Gemeinschaft mit dem Herrn untereinander haben, der eigentlich kirchenbildende Aspekt ist, den der Geist schafft. In den alten Nationalkirchen war diese überragende Tatsache bis in die allerjüngste Zeit hinein beinahe vergessen. Wenn wir ihrer gegenwärtig stärker bewußt sind, so dürfte das daran liegen, daß der Gemeinschaftsaspekt der Kirche auf dem amerikanischen Kontinent so eindrucksvoll entwickelt worden ist. Die Kirche als Gemeinschaft ist nicht das Ergebnis der natürlichen Impulse kongenialer Menschen, einander zu suchen (obwohl dieser Impuls im Werke Gottes gebraucht wird); sie ist »ein Brief Christi . . . geschrieben nicht mit Tinte, sondern mit dem Geiste des lebendigen Gottes« (2 Kor 3, 3). Wie in unserer herkömmlichen Auffassung Geist und Einzelperson eng zusammengehören, so ergänzen einander in der paulinischen Theologie die Worte »Geist« und »Leib«: »Da ist ein Leib und ein Geist« (Eph 4, 4).

Der erste Beweis für das Gemeinschaft schaffende Wirken des Geistes ist die Tatsache, daß die beiden einander so bitter befehdenden Gruppen, die Juden und die Heiden, in der frühen Kirche zusammenfanden, um einen Leib aufzubauen. »Denn er ist unser Friede, der beide Teile zu einem Ganzen gemacht und die Scheidewand des Zaunes, die

Feindschaft, abgebrochen hat . . ., indem auch ihr miterbaut werdet zu einer Wohnung Gottes im Geist« (Eph 2, 14. 22). Dieses Zusammenfinden der Juden und der Heiden unter dem versöhnenden Drängen des Geistes ist beispielhaft für die Weise, in der der Geist im Leib Christi alle Schranken nationaler, sozialer, geschlechtlicher und rassischer Art überwindet. Dieser Leib, der über alle natürlichen Verwandtschaften und Verschiedenheiten hinausgeht, steht in der Welt als das große Zeichen der einigenden Kraft des Geistes und dergestalt als die Verheißung der großen Zukunft, der Lebensweise, die Gott für die Menschheit bereitet hat, als beginnende Erfüllung des Zieles: der Menschlichkeit und Freiheit, der Gleichheit und Brüderlichkeit in seinem Königreich.

Die Magna Charta dieser Gemeinschaft ist 1 Kor 12-14. Zuerst scheint es so, als ob Paulus hauptsächlich an den verschiedenen Gaben interessiert sei, welche die Einzelnen in dem Gemeindeverband von Korinth besitzen. Paulus sieht, wie diese Gaben auf der einen Seite und der Mangel an sensationellen Gaben auf der anderen Seite in Gefahr sind, den Leib in zwei Teile zu zertrennen — den einen mit einem Minderwertigkeitskomplex, den anderen mit einem Überlegenheitskomplex. Er argumentiert, die Gaben seien von keinerlei Nutzen, solange ihre Ergebnisse trennen, statt einen. Daher zeigt er der Gemeinde den vortrefflicheren Weg (12, 31), indem er die Liebe rühmt, das heißt die Liebe Christi als das Haupt und die Liebe der Glieder des Leibes als die Mitte des christlichen Lebens, ohne die der Besitzer selbst der höchsten Gaben nur ein tönendes Erz ist (Kap. 13). So zieht er den Schluß: »Laßt die Liebe euer Ziel sein und strebt mit Ernst nach den Gaben des Geistes« (14, 1); denn Gaben haben Sinn nur im Kontext der Liebe und als Werkzeuge der Liebe zugunsten der weniger begabten Brüder. So kann Paulus die Kirche mit einem Leib vergleichen, in welchem die Verschiedenheit nicht zum Schaden der Einheit gereicht, sondern sie notwendig voraussetzt und ergänzt. Einheit hat nichts zu tun mit Einerlei und Einförmigkeit. »Wenn alle *ein* Glied wären, wo bliebe der Leib?« (1 Kor 12, 19). Ein jeder gibt sich ganz dem Dienst an den andern und dem Dienst am Ganzen hin. Paulus sagt sogar: ». . . die Glieder des Leibes, die die schwächeren zu sein scheinen, sind notwendig, und die uns die weniger ehrbaren am Leibe zu sein scheinen, die umgeben wir mit desto größerer Ehre, und die unanständigen an uns haben desto größere

Wohlanständigkeit; die wohlanständigen an uns aber bedürfen es nicht« (12, 22-24). Wenn ich diese Worte recht verstehe, wünscht Paulus zu sagen, daß die mehr begabten Glieder ihre weniger begabten Brüder zu ehren haben, indem sie ihre eigenen Gaben in den Dienst dieser weniger geehrten Glieder stellen. Was wir haben, haben wir nicht für uns allein. Alles, was wir haben, ist dem Ziel unterworfen, »daß keine Spaltung im Leibe wäre, sondern die Glieder die gleiche Sorge füreinander tragen sollten« (12, 25).

Wahrscheinlich sind wir geneigt, zu sagen, das sei ein ideales Bild der Gemeinde — weit weg von aller Realität. Paulus selber würde sich hüten, so zu urteilen. Er würde sagen: Soweit dieses keine Realität in unseren Kirchen ist, liegt der Grund dafür darin, daß wir in unserem Ungehorsam den wahrhaftig gegenwärtigen Geist darin hindern, sein Werk unter uns zu vollbringen.

Aber wir müssen diesen Aspekt der Gemeinschaft präziser fassen und tiefer verstehen. Dazu ist es wichtig, den Fragen nachzugehen, die sich um den Begriff *koinonia* im Neuen Testament auftun. Da denken wir zuerst an die Worte, die den zweiten Brief an die Korinther abschließen: »Die Gnade des Herrn Jesus Christus und die Liebe Gottes und die Gemeinschaft des Heiligen Geistes sei mit euch allen« (13, 13). Was ist mit den Worten *he koinonia tou hagiou pneumatos* gemeint? Die Gnade des Herrn Jesus Christus ist die Gnade, die er gewährt. Die Liebe Gottes, ist die Liebe, die Gott uns zuwendet. Es liegt daher auf der Hand, daß wir die Gemeinschaft oder Gefolgschaft des Geistes beschreiben müssen als jene Gemeinschaft oder Zusammengehörigkeit mit Gott und miteinander, welche die Gabe des Geistes ist. Jedoch ergibt sich in anderen Fällen der Genetiv nach *koinonia* als ein *genetivus objectivus,* der also auf das weist, womit jemand Gemeinschaft hat, woran er teilhat. Dann hätten wir korrekt zu übersetzen: die Teilhabe am Heiligen Geist. Die Argumente für beide Übersetzungen sind gleichwertig. In der Beschreibung der Urgemeinde in der Apostelgeschichte (2, 42) lesen wir, daß »sie beständig blieben in der Lehre der Apostel und in der Gemeinschaft, im Brechen des Brotes und in den Gebeten«. Hier steht das Wort *koinonia* ohne Genetiv oder Näherbestimmung als eine Art technischer Ausdruck, dessen Gehalt den Lesern wohlbekannt war. Auch hier läßt sich in beiden Richtungen argumentieren. Man kann an die Tatsache denken, die zwei Verse weiter erwähnt wird: »Alle Gläubiggewordenen aber waren beisammen und hatten alles gemeinsam.« Oder an die Worte »Die Menge der Gläubiggewordenen aber war ein Herz und eine Seele« (4, 32). Gegenargument ist freilich, daß diese Gemeinschaft noch nicht erwähnt war, als das Wort *koinonia* gebraucht wurde. Daher denken andere an den teilhabenden Besitz der Gaben des Heiligen Geistes, wie Petrus in Apg 2, 38 sagt: »Ihr werdet die Gabe des Heiligen Geistes empfangen.« Eine gründliche Studie dieser Fragen hat der anglikanische Theologe L. S. Thornton in seinem Buch »Das gemeinsame Leben im Leibe Christi« unternommen. Er kommt zu dem Schluß, daß der Ton auf der Bedeutung »Teilhabe an« liegt; aber er fügt hinzu: »Das darf jedoch nicht in einem Sinne aufgefaßt werden, der die andere Alternative ausschließt.« »Die *koinonia* ist schließlich eine Realität mit vielen Aspekten.« Thornton definiert: ». . . eine Beziehung zwischen Einzelpersonen, die gemeinschaftliches und wechselseitiges Interesse und Teilhabe an einem gemeinsamen Gegenstand einschließt«.[10] Ich glaube, Thornton hat hiermit recht. Wie so oft in der neutestamentlichen Begrifflichkeit gibt es kein Entweder-Oder. Die Doppelsinnigkeit zeigt, wie vieldimensional es ist. In Philipper 2 stoßen wir auf den gleichen Sachverhalt. Paulus sagt seinen Lesern (V. 1): »Gibt es irgendeine *koinonia* des Geistes«, was bedeuten kann: »Gibt es irgendeine Teilhabe am Geist?« oder »irgendeinen Anteil am Geist«, aber im Blick auf die Uneinigkeit in der Gemeinde, der Paulus entgegenarbeiten will, mag man ebenso übersetzen: »Wenn der Geist eine wirkliche Gemeinschaft geschaffen hat«.[11] In dieser Wendung bedeutet *koinonia* einfach eine Tat des Beistands als Ausdruck der Gemeinschaft, eine Unterstützung in Geld oder in anderer Form. So haben Mazedonien und Achaja eine *koinonia,* eine Sammlung als Gemeinschaftswerk, für die armen Mitchristen in Jerusalem veranstaltet (Rm 15, 26); die Mazedonier baten Paulus um die Gunst der *koinonia* im Dienst an den Heiligen (2 Kor 8, 4). Der Verfasser des Hebräerbriefs ermahnt seine Leser, Gutes zu tun und »nicht der *koinonia* zu vergessen; denn an solchen Opfern hat Gott ein Wohlgefallen« (13, 16).

---

[10] Aus der 2. Aufl. (1944) S. 74 und 76.

[11] Diese Übersetzung fand ich bei F. A. Cockin: *God in Action* (London 1961) S. 66.

Der Geist und die Kirche

Wir sehen, wie das Wort *koinonia* zwei Wirklichkeitsbezüge deckt, die Mitteilung des Geistes und die Gemeinschaft miteinander. Beide gehören untrennbar zusammen. Sobald wir an der Realität des Heiligen Geistes durch Wort und Sakramente Anteil bekommen, treten wir auch durch ebendieses gleiche Geschehen in die Gemeinschaft mit all denen ein, die den gleichen Anteil am Geist haben. Dieser doppelte Sachverhalt schließt zwei Möglichkeiten aus: Es ist unmöglich, mit dem Heiligen Geist in einer individualistischen Weise Verbindung zu haben ohne Gemeinschaft und Austausch untereinander. Es ist gleichermaßen unmöglich, eine Gemeinschaft wirklich christliche Gemeinschaft und Bruderschaft zu nennen, solange die bewußte oder unbewußte Zusammengehörigkeit in der Zugehörigkeit zur gleichen nationalen Abstammung, zur gleichen sozialen Klasse und zur gleichen Rasse wurzelt. Die Gemeinschaft, die der Geist schafft, ist eine, deren Zentrum er selber ist, in der Menschen einander erkennen und anerkennen und einer dem anderen Bruder und Helfer wird — aus dem einen Grunde, daß sie einander solidarisch sind in dem gleichen Bekenntnis der Sünde vor dem gleichen Gott, der sie als seine Kinder angenommen hat, in der gleichen Erwartung seines Königreichs und in der gleichen Berufung zu Liebe und Gehorsam.

Die Wechselbeziehung zwischen den beiden Aspekten

Die Kirche als Schöpfung des Geistes ist beides: Institution und Gemeinschaft. Diese Doppelgestalt bereitet unserem Denken große Schwierigkeiten. Wir können diese beiden Blickpunkte nicht unter einen Oberbegriff bringen. Sie müssen in verschiedenen Kategorien beschrieben werden. Institutionen gehören zu der Welt der Strukturen, der Gegenständlichkeiten. Gemeinschaften gehören zu der Welt der Existenz und des Personseins. Die Philosophie hat durch Jahrhunderte hindurch darum gekämpft, beide Realitäten unter einen Oberbegriff zu fassen; aber oft schaffte sie es nur auf Kosten des einen oder beider oder auf Kosten ihrer wirklichen Einheit. Die Theologie kann sich dem Problem ebensowenig entziehen. Wir finden es in jedem Bereich, in dem Gott uns sein Wirken zuwendet. An der Stelle, die wir nun erreicht haben, ist das Problem geradezu akut, weil wir diese Doppelgestalt der Kirche als das Werk des einen Geistes zu beschreiben haben, und darum können wir die Frage nach der Grundbeziehung der beiden Aspekte nicht unbeantwortet lassen.

Oftmals beruhigt sich die Theologie dabei, beide Aspekte fein säuberlich nebeneinander zu zeichnen, wobei nicht selten darauf verwiesen wird, daß ihre Beziehung dialektisch sei und beide in Spannung zueinander gehalten werden müßten. Eine tiefere und systematischere Behandlung dieses Problems bietet die Studie des französisch-schweizerischen Theologen Jean-Louis Leuba mit dem Titel »Institution und Ereignis. Gemeinsamkeiten und Unterschiede der beiden Arten von Gottes Wirken nach dem Neuen Testament« (Neuchâtel 1950; deutsch Göttingen 1957). Obwohl seine Fragestellung sich nicht völlig mit der unsrigen deckt, schließt der Zielpunkt seiner Untersuchung unser Thema ein. Er zeigt, wie sich allenthalben in der Heilsgeschichte dinghafte und personhafte, statische und dynamische, kontinuierlich-horizontale und ereignishaft-vertikale Elemente beisammenfinden. Er geht sogar soweit, diese beiden Tendenzen mit dem Unterschied zwischen Katholizismus und Protestantismus zu identifizieren. Seine theologische Schlußfolgerung aber ist einigermaßen enttäuschend. Er setzt nicht nur die beiden Tendenzen in der Urkirche mit den Judenchristen und den Heidenchristen gleich, sondern sein Fazit ist ein »grundlegender ekklesiologischer Dualismus«, sind zwei Tendenzen, die gleichermaßen in der Kirche vergegenwärtigt sind und die sie »beide unvermindert und ungeschieden lassen will«.[12] Wie soll uns diese Lösung zufriedenstellen? Beide Aspekte sind eng aufeinander bezogen und bedingen einander. Theologie erklärt nicht nur, daß beide vorhanden sind, sondern sie sagt ebenso, wie beide in der Einheit des Handelns Gottes zusammengehören. Solange wir hier unbestimmt bleiben, überlassen wir es der Willkür von Kirchen und Einzelnen, den einen oder den anderen Aspekt vorzuziehen und eine Einseitigkeit und einen Gegensatz fortzusetzen, die keinerlei legitimen theologischen Sinn haben.

Gründlichere Aufmerksamkeit wurde diesem Problem auf der Konferenz für Glauben und Kirchenverfassung gezollt, die 1963 in Montreal stattfand. Der nordamerikanische Bericht über Christus und die Kirche widmete ein Kapitel der »Kirche als Ereignis und Institution«.

[12] Jean-Louis Leuba: *Institution und Ereignis* (Göttingen 1957); die Zitate stammen aus dem zusammenfassenden Schluß S. 130 f.

(Der europäische Bericht hat kein Gegenstück dazu.) Der Abschnitt ist sorgfältig formuliert und weist auf viele Gesichtspunkte für die Fragestellung hin. Er spricht davon, daß die beiden Aspekte »untrennbar miteinander verbunden, verwoben sind und einander ergänzen«, aber er versteht sie im wesentlichen als eine »Dialektik von Freiheit und Form«. Man mag sich fragen, ob die institutionelle Seite der Kirche mit dem Wort »Form« angemessen bezeichnet ist. Auf alle Fälle ist es schwierig, wenn nicht unmöglich, Freiheit und Form in einer Synthese zu sehen. Daher sagt der Bericht: »Gerade wie die Kirche ein Handeln und ein Leben ist, in dem Sein und Sendung untrennbar sind und in dem Wesen und Wirken niemals in Gegensatz zueinander treten können, ebenso ist die Kirche untrennbar Ereignis und Institution zugleich. Mit ›Ereignis‹ meinen wir hier das dynamische, Kraft ausstrahlende Handeln Christi und des Geistes in der Kirche, den spontanen Charakter der menschlichen Antwort und die ›prozeßhafte‹ Natur des gemeinsamen Lebens in der Gnade. Mit ›Institution‹ meinen wir die festgefügten Beziehungen und Verhaltensmuster historischer und sozialer Ordnung, stabiler Formen und umschriebener Strukturen.« Der Bericht gibt verständlicherweise dem Ereignis den Vorzug, welches, wie es heißt, »das Prius der Kirche« ist, als die Vorgabe, zu der die institutionellen Elemente als die Folge ebenso wie als Gefäß hinzukommen. Denn »Ereignis ist nie ohne Form«. Die Schlußfolgerung daraus lautet: »Keine bequemen Grenzen, keine trennscharfen Demarkationen, keine endgültigen Scheidungen können gezogen werden zwischen der notwendigen Freiheit, die die Kirche als ›Ereignis‹ kennzeichnet, und der notwendigen Ordnung, die die Kirche als ›Institution‹ kennzeichnet.« Die erste Sektion von Montreal ließ auch dieser Frage ein Kapitel angedeihen unter dem Titel: »Die Kirche: Akt und Institution.« Ihre Aussagen sind weniger bedeutsam als die der amerikanischen Vorbereitungsstudie. Sie versucht, beide Aspekte zusammenzuhalten, und sagt: »Da Gottes Gegenwart für uns Wirklichkeit gewinnt durch eingesetzte Mittel, dürfen Charisma und Institution nicht gegeneinander ausgespielt werden.«

Diese Darlegungen bleiben unbefriedigend, insofern sie sich damit begnügen, die Doppelheit der Aspekte und allenfalls (in dem nordamerikanischen Bericht) die enge Wechselbeziehung innerhalb dieser Doppelheit zu beschreiben. Der Grund dafür, warum diese und viele andere

Dokumente innerhalb der durch die Dualität gezogenen Schranken bleiben, liegt nach meiner Meinung darin, daß sie das Wesen der Kirche auf spiritualistischem Hintergrund sehen. Das heißt also, sie betrachten den Geist als etwas, das ohne wesenseigene Beziehung zu Formen und Institutionen ist, als eine unsichtbare, ungegenständliche Kraft, die vom Herzen Gottes ausgeht und in das Herz des Einzelnen eingeht. Auf diese Weise benutzt der Geist zwar auch sichtbare Formen und Aktionen, aber sie sind ihm wesensfremd. Daher sind denn Dualismus und allenfalls enge dialektische Beziehung alles, was sich aussagen läßt.

Das Neue Testament, das immer sehr konkret vom Heiligen Geist spricht, kennt das Problem solches Dualismus überhaupt nicht. Daher möchte ich nun zu zeigen versuchen, wie einige neutestamentliche Aussagen und Begriffe implizit eine Lösung unseres Problems enthalten.

In Epheser 4 hören wir von dem erhöhten Christus, der mit dem Geist identisch ist und der »den Menschen Gaben gegeben hat« (Vers 8). Diese Gaben sind, so beginnt der Abschnitt (V. 7), und so endet er (V. 16), die allen Gliedern zukommenden charismatischen Gaben, die für den Aufbau der Gemeinschaft notwendig sind. Nichtsdestoweniger gibt es eine bestimmte Ordnung unter diesen Gaben. Als grundlegende Gaben des erhöhten Christus werden genannt, »daß einige Apostel sein sollen, andere Propheten, andere Evangelisten, andere Hirten und Lehrer« (V. 11). Offensichtlich haben wir es hier mit einem institutionellen Element zu tun, das als unmittelbare Gabe des Geistes gesehen wird. Der Geist ist nicht nur an Herzen oder an Glaubensgemeinschaften interessiert, sondern ebenso an Organisationsformen. Allerdings: er ist nicht interessiert an Organisationen als Selbstzweck; denn der Abschnitt fährt fort mit der Feststellung, daß diese Gaben gemeint sind, »um die Heiligen für das Werk des Dienstes auszurüsten, für die Auferbauung des Leibes Christi« (Vers 12). Die eingesetzten Funktionen gehen voraus, die Institution hat die Priorität; aber sie findet ihr Ziel in der Gemeinschaft, für die sie ein Instrument zu sein hat.

Wir finden eine verwandte Struktur, wenn wir den paulinischen Gebrauch des Wortes »Leib« untersuchen; dafür möchte ich auf die meisterliche Studie von J. A. T. Robinson verweisen.[13] Für Paulus kann

[13] *The Body. A Study in Pauline Theology* (London 1952).

»Leib« bedeuten: die irdische Existenz Christi, der eucharistische Leib oder die Gemeinschaft der Kirche. Gelegentlich sehen wir die verschiedenen Sinntönungen ineinander übergehen (Rm 7, 4; 1 Kor 10, 17). Jesus vollbringt in seiner Leiblichkeit Entscheidungen von ewiger Bedeutung. Diese Entscheidungen müssen durch die Taufe in unseren Leibern vergegenwärtigt werden (Rm 6) und ebenso durch das heilige Abendmahl, bei dem sein Leib im eucharistischen Brot gegenwärtig ist. Durch diese Gemeinschaft mit dem Leib Christi werden wir eine Gemeinde, der Leib Christi in der Welt. So hat Augustin den Teilnehmern an der heiligen Kommunion gesagt: »Ihr seid, was ihr empfangt.«[14] Daher ist das Werk, welches der Geist vollbringt, ein sehr reales, leibhaftes Werk. Es ist ein Werk der Einverleibung, das uns in das gekreuzigte und erhöhte *corpus Christi* einpflanzt und uns so selber Leib Christi sein läßt. Diese Weise der Einverleibung, der Weg vom historischen zum kirchlichen Leib, ist der Weg, mit Christus durch die Taufe begraben zu werden und wieder aus dem Wasser aufzuerstehen, der Weg der Teilnahme an seinem Versöhnungswerk durch Essen und Trinken seines Leibes und Blutes. Wir sehen also, wie in der Konzeption des Leibes das »materalistische« und »spiritualistische« Moment oder, besser, die Aspekte der Institution und der Gemeinschaft untrennbar zusammengehören. Wir sehen aber auch, wie hier ebenso wie in Eph 4 die institutionellen Elemente den Gemeinschaftselementen vorhergehen, jedoch nur, weil sie sie begründen und nähren müssen.

Eine parallele Auffassungsweise zeigt sich in Kolosser 2 und 3, wo die Ermahnung, Christus anzugehören und seine Gemeinschaft zu erbauen, auf die Tatsache gestützt wird, daß in Christus die Fülle der Gottheit leibhaft wohnt, daß er die elementaren Mächte des Universums durch sein Kreuz überwunden hat, daß wir durch die Taufe in ihm beschnitten und begraben worden sind, wodurch wir selbst jenen elementaren Mächten gestorben sind und unser Leben mit Christus in Gott verborgen leben, so daß wir nun in einer neuen Freiheit fest an seinem Haupt hängen, von dem aus nach Gottes Plan der ganze Leib wächst.

Diese Beispiele geben genügend Einsicht in die neutestamentliche Einheit von Sakrament und personaler Entscheidung, von Einrichtung

[14] »Vos estis quod accipitis«, *Sermo* 227.

des Amtes und Wachstum der Gemeinschaft, von leiblichen Aktionen und geistlicher Einverleibung. Nun obliegt uns, für die Erkenntnis, die diesen und vielen anderen paulinischen Aussagen zugrunde liegt, eine Formulierung zu finden.

Die Bewegung des Heiligen Geistes ist die Bewegung des Einen zu den Vielen, des *pars* zu dem *totum* hin. Der Geist als Christus in Aktion vollzieht ein zweifaches Werk: ein Werk der Re-Präsentation, der Vergegenwärtigung einerseits und der Inkorporation, der Einverleibung, andererseits. In Taufe, Predigt und Eucharistie, wie im Werk des Amtes überhaupt, wird der eine Christus durch den Geist unter uns Gegenwart. Die Institution ist der Weg dieser Vergegenwärtigung. Das Ziel der Vergegenwärtigung Christi bei uns ist unsere Einverleibung in ihn. Wir nehmen sein Wort auf; wir sterben und auferstehen mit ihm in der Taufe; wir nehmen an seiner Gegenwart in Brot und Wein teil — und so sind wir ein für allemal und fortwährend in sein Werk einverleibt. Das ist die Weise, in der die Vielen in das Leben und Wirken des Einen hineingezogen werden. Und wie die Vergegenwärtigung ihr Ziel in der Einverleibung findet, so findet die Einverleibung ihr Ziel in dem Aufbau der Gemeinde als einer Verheißung der neuen Menschheit, als eines Gemeinwesens, das nach dem Bild Christi geformt ist. Daher sollten wir nicht von Dualismus sprechen, sondern von einer Bewegung, von einer Kette mit verschiedenen Gliedern. Um es mit einer anderen Metapher zu sagen: Das institutionelle Element und das Gemeinschaftselement verhalten sich zueinander wie Wurzel und Frucht. Die Wurzel ist eher als die Frucht; aber die Frucht ist das Ziel, wie die Wurzel die Grundlage dafür ist. Der Vergleich gilt auch insofern, als die Frucht kommt und schwindet und die Wurzel die kraftspendende Grundlage und das bleibende Element ist, kraft dessen wieder und wieder neue Früchte wachsen.

Damit ist nun das Verständnis für die Spannung zwischen den verschiedenen Kirchentypen erleichtert, deren Umrisse wir früher zeichneten. Der Typus der römisch-katholischen Kirche betont die Wurzel; der Typus der Freikirche betont die Frucht — beide haben gute Gründe, und beide laufen Gefahr, das andere Element zu unterschätzen. Vielleicht müssen wir sagen, daß die Unterschätzung der Frucht ärger ist als die Unterschätzung der Wurzel. Auf der anderen Seite haben uns sowohl Theologie wie Praxis gelehrt, daß es den institutionellen Kirchen leichter fällt, die Bedeutung der Laien und der Gemeinschaft anzuerkennen, als es den Kirchen, die sich von der Gemeinschaft her verstehen, gelingt, zu einer neuen Würdigung der Institutionen und Strukturen als einer Gabe des Geistes zu kommen. Dr. Hendry weist in seinen Vorlesungen über den Geist und die Erneuerung der Kirche darauf hin, daß der Geist drei Realitäten in der Kirche bewirkt: Autorität, Vitalität und Solidarität. Über das Problem der Autorität sagt er mit Recht: »Dies ist das entscheidende Problem im Protestantismus und, so möchte es scheinen, das allerhartnäckigste.«[15] Wir werden bestimmt nicht zu einer ausgereiften Ekklesiologie kommen, wenn wir die lebendige Relation zwischen Autorität und Institution einerseits und Gemeinschaft, Freiheit und personaler Entscheidung andererseits nicht entdecken. Hier gibt es kein Entweder-Oder. Beide Elemente bedingen einander — das eine ist die Grundlage des anderen, das andere das Ziel des einen.[16] Das ist der entscheidende Bereich, in dem eine künftige Annäherung und Einigung von katholischer und protestantischer Theologie und kirchlichem Leben gefunden werden muß. Erreicht werden kann sie nur, wenn wir mit Leidenschaft nach jener höheren Synthese suchen, in welche die Teilwahrheiten beider Seiten eingebracht werden können. Da der Geist der eine ist, der beide Wirklichkeiten schafft und in Wirkung setzt, haben wir unsere Wiedervereinigung von einem tie-

---

[15] George S. Hendry: *The Holy Spirit and the Renewal of the Church,* in: The Bulletin Moravian Theological Seminary, Bethlehem (Pa.) Herbst 1962, S. 29.

[16] Jedoch kann man nicht umhin, den Zusatz zu machen: Während unter dem Gesichtspunkt der Dogmatik das institutionelle Werk des Geistes vernachlässigt wird, beobachten wir unter dem Gesichtspunkt der Praxis den entgegengesetzten Mangel. Denn trotz der dogmatischen Theorie verhalten sich unsere kirchlichen Institutionen oft machtbewußt und autoritär, und das »Priestertum aller Gläubigen« ist mehr Ideal als Wirklichkeit. Henry P. van Dusen schreibt nicht ohne Grund, daß das institutionelle Element ohnehin »in der Kirche kongeniale Wächter finden wird, die mit allem Instinkt für ihre eigene Erhaltung sorgen . . . Was die Kirche besonders braucht, sind aber genau jene Gaben, die ihr einzig durch den Heiligen Geist in seiner schöpferischen und prophetischen Freiheit zuteil werden.« So in: *Spirit, Son and Father* (New York 1958). S. 144.
In diese Richtung geht auch der jüngste Vorstoß von Ernst Käsemann auf dem Deutschen Evangelischen Kirchentag in Hannover 1967 (Berichtband Stuttgart 1967) und in seiner Schrift: *Der Ruf der Freiheit* (Tübingen 1968).

feren Verständnis seines Werkes und einer tieferen persönlichen und ebenso kirchlichen Erfahrung seiner Wirklichkeit zu erwarten. Um es mit den Worten, die Dr. Hendry findet, zu sagen: Was wir brauchen, ist »ein großer Akt des Glaubens an den Heiligen Geist als den Urheber von Lebendigkeit, Solidarität und ebenso Autorität«.[17]

Zuletzt dürfen wir nicht vergessen, daß der Dualismus oder die Doppelbestimmung der Kirche im weiteren christologisch-eschatologischen Kontext des Heiligen Geistes zu sehen ist. Der Beginn und die Mitte seiner Bewegung ist das Werk Jesu Christi, das ohne unsere Hilfe, ohne uns für uns vollbracht wurde. Wir sollen kraft eines Werkes leben, das über uns hinausgeht und außerhalb von uns ist, kraft eines Werkes, das uns gewährt und vergegenwärtigt werden muß. Die Kirche als Institution ist die Weise, in der diese geistgeschaffene Vergegenwärtigung wirkt, der Weg, auf dem unsere Einverleibung stattfindet. In Wort, Sakrament und Amt wird Christus der Gemeinschaft seiner Kirche Gegenwart. Diese Gemeinschaft wiederum ist zum Werkzeug berufen, durch das Christus der Welt Gegenwart wird. Christus ist das Gegenüber der Kirche als einer Institution; ebenso ist die Institution das Gegenüber für die Gemeinschaft; und die Gemeinschaft ist im gleichen Sinn das Gegenüber für die Welt. Die Institution ist nicht die ursprüngliche Wurzel — das ist Christus selbst. Und die Gemeinschaft ist nicht das letzte Ziel — das ist die Menschheit als ganze. So zieht und erfüllt der Geist immer weitere Kreise um Christus herum. Die Kirche befindet sich irgendwo in der Mitte zwischen Christus und dem Universum, als eine partielle Verwirklichung seines Zieles und als ein Repräsentant seiner Taten und Absichten für die Welt. Die Einheit dieser beiden Aspekte ist das Wesen der Kirche.

---

[17] Hendry a. a. O. S. 30.

KAPITEL IV

DER GEIST UND DER EINZELNE

Wie sich im vorigen Kapitel gezeigt hat, besteht das Werk des Heiligen Geistes unverwechselbar darin, die Kirche zu schaffen und weiterzubauen. Aber in Gottes Werk führt der Vorrang der Gemeinschaft niemals zum Kollektivismus. Und dieser Vorrang beeinträchtigt die Beziehung des Geistes zu dem Einzelnen keineswegs, vielmehr ist das gemeinschaftliche Werk des Geistes die notwendige Voraussetzung für sein Wirken in den Herzen und im Leben der Einzelnen. Jesus Christus ist das Haupt des Leibes — aber zur gleichen Zeit und sogar aus dem gleichen Grund ist er der, der in seinem Erbarmen die neunundneunzig allein läßt und dem einen Verlorenen nachgeht. Denn wie die Gemeinschaft ihr Ziel nur in den Einzelnen erreicht, so erreichen auch die Einzelnen ihr Ziel nur in der Gemeinschaft. Kollektivismus und Individualismus sind gleichermaßen vom Werk des Geistes ausgeschlossen.

Wege und Wandlungen des Themas in der Geschichte

Das ändert nichts an der Tatsache, daß die Kirche durch Zeiten des entschiedenen Kollektivismus und des entschiedenen Individualismus ging. Im Mittelalter herrschte die erste Form vor, im 19. Jahrhundert die zweite. Der römische Katholizismus hat eine Tendenz zu der ersten Abweichung, der Protestantismus zu der zweiten. Die Reformation war nicht, wie oft falsch dargestellt, der Aufstand des Einzelnen gegen die kirchliche Autorität. Aber sie bedeutete eine radikale Personalisierung des Glaubens: das Wort Gottes und der Einzelne wurden in einer Unmittelbarkeit und Intensität konfrontiert, wie sie bis dahin noch nie eingetreten war und nie wieder ungeschehen gemacht werden kann. Von der Mitte des 16. Jahrhunderts bis zur Mitte des 18. Jahrhunderts stand dann die Beziehung des Geistes zum Einzelnen im Brennpunkt des protestantischen Denkens. Diese Periode schuf eine reiche Ernte theologischer und erbaulicher Literatur zu diesem Thema wie keine Zeit vorher oder seither. Es wurde sogar in Form eines Bekenntnisses gefaßt und festgelegt. Wir denken an die sogenannten Dordrechter Kanones (1619), in denen die Reformierte Kirche der Niederlande unter Beistand der Vertreter verschiedener anderer reformierter Kirchen nicht nur in der Frage der Prädestination gegen die Arminianer entschied, sondern ebenso in den berühmten Kapiteln III/IV über des Menschen Verdorbenheit und Bekehrung zu Gott das Werk des Geistes im menschlichen Herzen darlegten; dieser Entwurf hatte in der reformierten Tradition lange Zeit Einfluß. In vieler Hinsicht ist diese Erklärung über die erneuernde Kraft der Gnade auch heute noch brauchbar. Nur enthält das Dordrechter Bekenntnis ebenso Anzeichen einer Fehlentwicklung zum Individualismus hin. Der biblische Kontext, in welchem dem Einzelnen seine Stellung und Aufgabe zugewiesen wird, spielt in den Kanones eine geringe Rolle. Die Erwählung Israels im Bund, Christus als der erwählte Eine, die sichtbare Kirche, die Berufung des Gläubigen zu Zeugnis und Dienst in der Welt und das eschatologische, endzeitliche Königreich — diese weiteren Perspektiven der Begegnung zwischen dem Geist und dem Einzelnen bleiben so gut wie unbeachtet. In Folge davon hat das Werk des Geistes einen nach innen gerichteten, gefühlsbetonten und individualistischen Zug. Dieser Trend nahm in der schottischen und holländischen sogenannten »zweiten Reformation« in der zweiten Hälfte des 17. Jahrhunderts und in den methodistischen und pietistischen Bewegungen des 18. Jahrhunderts zu. Subjektivismus gewann die Vorherrschaft. Immer bestimmter wurde der Einzelne mit seinem religiösen Empfinden autonomes Thema, das sich im 19. Jahrhundert beinahe ganz von den objektiven Taten des dreieinigen Gottes löste, denen der Einzelne das Leben verdankt.

Im 20. Jahrhundert, besonders im Zeitraum nach dem zweiten Weltkrieg, gab es einen harten Rückschlag, ausgeprägt vor allem im kirchlichen Leben und in der Theologie in Europa. Im Aufschwung eines neuen christozentrischen und eschatologischen Ansatzes schwand das Interesse an der Frage nach Not und Rettung des Einzelnen. Der Sog zum Subjektivismus schlug in den Zug zum Objektivismus um. Auch diese Position ist nicht legitim. Ohne die Person des Einzelnen als des letzten Empfängers und als Ziel der Taten Gottes werden unsere geliebten modernen Wendungen, wie z. B. »machtvolle Gottestaten«, »Wesen und Sendung der Kirche«, »Zeugnis und Dienst« und »eschatologische Perspektive« blutleer und bedeutungslos. Wir haben Gründe genug, uns das Verständnis unseres Themas in der nachreformatorischen Zeit nicht anzueignen, nur: ebensowenig können wir das Thema vernachlässigen. Wir brauchen den notwendigen Mut, das Thema des Einzelnen neu zu durchdenken — sowohl im Licht des weiten Kontexts, den die biblische Theologie bietet, als auch im Licht der modernen psychologischen Erkenntnisse, soweit sie uns helfen, an diesem Punkt die göttliche Offenbarung besser zu verstehen.

Der führende Begriff: Wiedergeburt

Um das Werk des erhöhten Christus im Leben des Einzelnen zu umschreiben, benötigen wir zahlreiche verschiedene Wörter, entsprechend der Vielfalt der Ausdrücke und Aspekte, die uns im Neuen Testament entgegentreten. Wir denken an Begriffe wie »Erwählung«, »Berufung«, »Wiedergeburt«, »Reinigung«, »Erleuchtung«, »Bekehrung«, »Rechtfertigung« und »Heiligung«. Sie hängen eng miteinander zusammen und widerspiegeln dadurch den Reichtum und die Vielfalt im Werk des Geistes. Systematische Theologie erfordert freilich für ihre Zwecke, diese Vielfalt auf zwei oder drei Grundbegriffe zurückzuführen. In der Regel faßt man das Werk des Geistes in dem Begriffspaar Rechtfertigung und Heiligung zusammen. Die Vielzahl wie die Zusammenfassung haben eine Gefahr; sie verdecken leicht die Tatsache, daß diese Werke allesamt Wirkungen des einen Geistes und im Grunde daher ein Werk sind. Unser Kontext verlangt, daß wir die Einheit dieser Werke herausstellen, weil sie eben Werke eines Urhebers sind. Daher haben wir ein Wort zu suchen, mit dessen Hilfe die Vielfalt als Vielfalt innerhalb einer Einheit klargemacht werden kann. Zu verschiedenen Zeiten haben verschiedene Schlüsselbegriffe ihre Rolle gespielt und oftmals eine geschlossene Tradition oder eine ganze Zeitperiode geprägt. So hatten im patristischen Zeitalter einerseits Begriffe wie »Erleuchtung« und »Erkenntnis«, andererseits solche wie »Vergöttlichung« und »Unsterblichkeit« zentrale Bedeutung. Für Luther war »Rechtfertigung« das Schlüsselwort, und viele folgen ihm darin noch heute. In der reformierten Tradition wurde »Wiedergeburt« der führende Begriff. Für Methodismus und Pietismus hatten Wörter wie »Bekehrung« und »Heiligung« eine gleiche Funktion. Friedrich Schleiermacher wie auf seine Weise

Abraham Kuyper setzten die reformierte Vorliebe für »Wiedergeburt« fort. Karl Barth scheint dem Berufungsbegriff die dominierende Rolle einzuräumen. Pfingstbewegung und evangelistische Gruppen ziehen meist »Heiligung«, »Erfülltsein mit dem Geist« und ähnliche Worte vor.

Es ist wichtig genug, welche Schlüsselbegriffe wir wählen, selbst wenn wir wissen, daß solche Begriffe nur eine sehr begrenzte Bedeutung haben. Sie haben die Neigung, unseren ganzen Versuch, das Werk des Geistes in dem Einzelnen zu entfalten, unter ihre Kontrolle zu bringen. Daher können wir in unserer Wahl nicht sorgfältig genug sein. Ich bin davon überzeugt, daß der Begriff »Wiedergeburt« am klarsten die Einheit und die reich differenzierte Gesamtheit auszudrücken vermag, die uns durch das Werk des Geistes eröffnet wird. Diese Wahl folgt aus dem, was wir im 1. Kapitel über das Wesen des Geistes sagten. Der Geist ist der Geber des Lebens; er ist Gott selbst, der den Atem des Lebens in den Menschen hineinatmet. Das ist der elementare Inhalt seines Werkes in der Erlösung ebenso wie in der Schöpfung. Erlösung als das Werk des Geistes meint »Wiedergeburt«. Das steinerne Herz wird durch ein fleischernes ersetzt (Ez 36, 26), Atembewegung fährt in die dürren Gebeine (Ez 37, 10). So werden wir Kinder Gottes, die nicht aus dem Willen von Menschen geboren werden, sondern aus dem Willen Gottes (Joh 1, 13). »Es sei denn, daß jemand von neuem geboren werde, so kann er das Reich Gottes nicht sehen« (Joh 3, 3). »Darum, ist einer in Christus, so ist er eine neue Schöpfung« (2 Kor 5, 17), im Spiegelbild der ersten Schöpfung: »Denn Gott, der da hieß das Licht aus der Finsternis hervorleuchten, der hat einen hellen Schein in unsere Herzen gegeben, daß durch uns entstünde die Erleuchtung von der Erkenntnis der Klarheit Gottes in dem Angesicht Jesu Christi« (2 Kor 4, 6). Dieses Licht ist das Leben, denn der Geist gibt Leben (2 Kor 3, 6). Als wir tot waren, hat er uns lebendig gemacht (Eph 2, 1). Gott hat uns gezeugt nach seinem eigenen Willen durch das Wort der Wahrheit (Jak 1, 18), kraft dessen er uns von neuem wiedergeboren hat zu einer lebendigen Hoffnung durch die Auferstehung Jesu Christi von den Toten (1 Petr 1, 3).

Diese biblischen Belege kann man leicht vermehren. Sie sind in voller Übereinstimmung mit der ursprünglichen und wesentlichen Bedeutung des Geistes als des lebendigen Gottes, welcher mit dem Ziel handelt, seinen Geschöpfen sein Leben »zukommen« zu lassen.

Wiedergeburt und menschliche Aktivität

Wählen wir also »Wiedergeburt« als Schlüsselwort in unserem Kontext, so wird damit nicht nur die Art des Werkes klar, das der Geist in unserem Leben vollbringt, sondern zugleich eine Entscheidung über Ursprung und Ziel des Geistes. Das Ziel des Geistes ist die Ebenbildlichkeit mit Christus. Darauf weist der Begriff Wiedergeburt hin. Christus selbst ist unser Leben. Wir sind tot in unseren Sünden; aber durch den Geist werden wir eingepflanzt in das Leben dessen, der der Erstgeborene von den Toten ist. Unser Ziel ist, daß wir mit ihm zur Herrlichkeit erhoben werden (Rm 8, 17), in sein Ebenbild verwandelt werden von einer Klarheit zu der anderen — vom Herrn aus, der der Geist ist (2 Kor 3, 18).

»Wiedergeburt« besagt ebenso eine klare Antwort auf die Frage nach dem Ursprung. Unser Übergang vom Tod zum Leben, unser Lebendiggemachtwerden mit Christus, ist ganz und ausschließlich das Werk des Geistes. »Denn wir sind sein Werk, geschaffen in Jesus Christus zu guten Werken, zu welchen Gott uns zuvor bereitet hat« (Eph 2, 10); der ganze Abschnitt 2, 1-20 gibt Aufschluß über Ursprung, Art und Ziel, wie der Geist am Menschen wirkt. Hier zeigt sich der Hauptgrund, weshalb die reformierte Tradition »Wiedergeburt« als den führenden Begriff bevorzugt, während andere Traditionen sich manchmal scheuen, dieses Wort herauszustellen. Wenn ein Mensch von neuem geboren werden muß, verhält er sich bloß passiv; nicht das geringste kann er zu seiner Wiedergeburt beitragen; er muß auf ein Wunder von oben warten. Alle Arten des Synergismus, der Mitwirkung am Heil, sind ausgeschlossen. »So liegt es nun nicht an jemandes Willen oder Anstrengung, sondern an Gottes Erbarmen« (Rm 9, 16).

Diese streng antisynergistische Position rief mancherlei Einwände hervor. Sie schien jeden Einsatz und jede Verantwortung auf seiten des Menschen auszuschließen. Sie glich einer Einladung zu purer Passivität. Wir können nicht leugnen, daß dieser Nachdruck auf der Souveränität des Geistes in der reformierten Kirche oft zu solcher Haltung geführt hat. In diesem Fall war ein Gegenschlag unausweichlich. Seit Augustins Zeit hat die Betonung der Ausschließlichkeit der Gnade als Reaktion die Betonung des freien Willens *(liberum arbitrium)* herausgefordert — oder umgekehrt. Insbesondere während der Reformationszeit verursachte die Frage nach der Beziehung zwischen dem Werk des Geistes und dem Werk des Menschen tiefgehende Auseinandersetzungen — angefangen mit dem Streit zwischen Erasmus und Luther über die Bestimmungen des Konzils von Trient bis hin zum Konflikt zwischen Remonstranten und Gegen-Remonstranten und zu den Entscheidungen von Dordrecht. Die Position der Reformatoren ist klar und überzeugend; aber auch die Position der Gegenpartei entbehrt nicht überzeugender Kraft. Nehmen wir beispielsweise den 4. Tridentinischen Kanon über die Rechtfertigung: »Wenn jemand behauptet, daß des Menschen freier Wille, bewegt und hervorgerufen von Gott, in keiner Weise mitwirkt bei seiner Zustimmung zu dem hervorrufenden und berufenden Gott, so daß der freie Wille sich selbst befähigt und vorbereitet, die Gnade der Rechtfertigung zu empfangen; und wenn er behauptet, daß dieser freie Wille nicht, wenn er will, ablehnen kann, sondern wie ein lebloses Ding nichts anderes vermag, als sich passiv zu verhalten, so sei er verdammt.« Die Remonstranten unterstrichen in ihren Fünf Artikeln markant die Tatsache, daß wir ganz von der erneuernden Gnade abhängen (wie es auch das Konzil von Trient bekannte); jedoch fügten sie im 4. Artikel hinzu: »Was aber die Wirkungsweise dieser Gnade betrifft — sie ist nicht unwiderstehlich; denn von vielen steht geschrieben, daß sie dem Heiligen Geist widerstanden haben, Apg 7, 51 und an vielen anderen Stellen.«

Die eine Partei plädiert für die Sache der unwiderstehlichen Macht des Geistes, die andere für die Sache der Verantwortlichkeit des Menschen. Beide Sachverhalte waren für die Verkündigung des Wortes Gottes unaufgebbar. Welche Partei also war im Recht, welche im Unrecht? Auf der Ebene psychologischer Erfahrung hatten alle die recht, welche den freien Willen und die Verantwortlichkeit des Einzelnen betonten. Sie sehen als alleinige Alternative einen philosophischen Determinismus, den sie mit guten Gründen zurückweisen.

Die Reformatoren sprachen nicht auf der Ebene der psychologischen Beobachtung, sondern des persönlichen Bekenntnisses. Für sie war die philosophische Konzeption des freien Willens selbstevident; aber sie sahen in ihr eine Wahrheit geringeren Ranges. Konfrontiert mit Gott, bekennt der Mensch nicht seinen freien Willen, sondern dessen vollendeten Mißbrauch. Calvin sagte es charakteristisch: »Man spricht dann vom Menschen, als habe er diese Art freier Wahl ebenso des Guten wie des Bösen, bloß weil er mit Willen böse handelt, nicht unter Zwang. Gut gesagt, in der Tat, aber welchem Zweck soll es dienen, mit einem stolzen Namen solch armselige Sache zu bezeichnen?«[1] Die Kehrseite dieses Bekenntnisses ist das Lob Gottes, der uns durch seine souveräne Gnade gegen unseren freien Willen von unserem verkehrten, bösen freien Willen gerettet hat. Daher: »Wer sich rühmt, der rühme sich des Herrn.«

Die Gegner begriffen diese Position nicht. Sie hielten sie für pessimistisch und einseitig. Sie hörten in ihr nicht das Bekenntnis der Sünde und der Gnade. Betrüblich, zu sagen: Der Fehler lag nicht nur bei ihnen, sondern ebenso bei den Reformatoren. Sie vermieden nicht eindeutig das Mißverständnis, als ob sie gleichfalls vom Standpunkt der psychologischen Erfahrung aus sprächen. So benutzten sie oft Ausdrücke, die sie als Anhänger des Determinismus zu charakterisieren schienen. Indem sie sich auf die gleiche Ebene mit ihren Gegnern begaben (bzw. sich nicht eindeutig davon absetzten), konnten sie dem Verdacht pessimistischer Einseitigkeit ihres Menschenbildes nicht entgehen. So waren sie gehindert, die in einer entstellten Form in der gegnerischen Position verborgene Wahrheit anzuerkennen: die Wahrheit, daß der Mensch mit Willen und Verantwortung handelt und nie und nimmer als bloß passives Objekt der Taten Gottes.

Sobald wir sehen, daß die Verwerfung des freien Willens nicht eine psychologische Feststellung, sondern ein persönliches Bekenntnis ist, entdecken wir, daß diese primäre, »größere« Wahrheit, wie Calvin sie verstand, die zweite, abgeleitete Wahrheit von freiem Willen und Verantwortung des Menschen nicht ausschließt, sondern umfaßt und voraussetzt. Suchen wir unseren Ausgangspunkt im *liberum arbitrium,* so schmälern wir dadurch das Bekenntnis zur erneuernden Gnade. Suchen wir unsere Basis in dieser souveränen Gnade, so entdecken wir, daß diese Gnade die Freiheit des Menschen nicht beseitigt und von sich stößt, sondern stärkt, zum Vorschein bringt und heiligt. Wir kooperieren nicht mit Gott auf gleicher Ebene, sondern er wirkt durch uns und wir unter ihm. Er ist nicht der Feind unserer Freiheit. Gerade durch die unableitbare Tatsache seiner Souveränität ist er ihr Schöpfer und Erlöser. In der Formulierung der Dordrechter Kanones: »Er bewegt und

[1] Calvin: *Institutio* Buch II, 2, 7; a. a. O. 147.

stärkt den Willen dergestalt, daß dieser wie ein guter Baum Früchte guter Werke tragen kann . . . Und daher wird der Wille, nachdem er nun erneuert ist, nicht nur von Gott getragen und bewegt, sondern, von Gott bewegt und geführt, wirkt und schafft er selber. Daher sagen wir mit Recht, daß ein Mensch durch die Gnade, welche er empfangen hat, glaubt und sich bekehrt.«[2] Es dauerte bis in unser Jahrhundert, bis das Verständnis für den weiten Horizont dieser Worte wuchs. Das reformierte Bekenntnis hat die Aufgabe, zu zeigen, daß das Interesse an freiem Willen und Verantwortung nirgendwo besser gegründet und geschützt ist als im Bekenntnis zu Gottes neuschaffender Souveränität. Sobald dieses richtig und völlig begriffen wird, dürfen wir hoffen, daß ein fruchtloser, jahrhundertealter Streit sein Ende gefunden hat.

Der Weg: Rechtfertigung und Heiligung

Wir haben nun zu untersuchen, was als »Inhalt der Wiedergeburt« beschrieben werden kann. Mir ist freilich das Wort »Weg« lieber. »Inhalt« ist eine zu statische Vorstellung. Eine solche statische Konzeption der Wiedergeburt ist genau das, was wir zu vermeiden wünschen. Wiedergeburt ist kein Ereignis, das ein für allemal erfolgt, in sich erfüllt und abgeschlossen. Sie besagt, daß Gott uns auf einen Weg stellt, wie er es in unserer ersten Geburt tut, die ebensowenig in sich vollendet, sondern der Beginn eines Lebensweges ist.

Man pflegt diesen Weg mit den beiden Begriffen »Rechtfertigung und Heiligung« zu beschreiben. Die Erwägung wird uns noch beschäftigen, ob das ausreicht. Vorerst halten wir uns an diese klassische Formel. Kein Zweifel schließlich, daß wir beide Begriffe benötigen. Allerdings müssen wir zugleich sehen, daß diese Terminologie die Einheit verdunkeln könnte, die »Wiedergeburt« als Werk des Geistes in einem Wort ausdrückt. Das Werk des Geistes ist eines und unteilbar. In der Dogmatik wurde diese Einheit oft vernachlässigt oder vertauscht mit einer Behandlung der beiden verschiedenen Wirklichkeiten »Rechtfertigung« und »Heiligung«; gelegentlich gebrauchte man sie sogar schlagwortartig in Gegensatz zueinander. Wir lehnen das ab und erinnern uns der trefflichen Bemerkung Calvins, daß wir es mit einer »doppelten Gnade« *(dup-*

[2] Dordrechter Kanones, III/IV, Paragr. 11 und 12.

lex gratia) zu tun haben — doppelt, aber darum nicht weniger ein Singular. Man kann nun fragen, wozu wir überhaupt zwei Wörter nötig haben, um eine ungeteilte Realität zu bezeichnen. Und wir können diese Frage in der systematischen Theologie immer und allenthalben wieder stellen: Warum Erwählung und menschliche Verantwortlichkeit; Christus als wahrer Gott und wahrer Mensch, als Prophet, Priester und König; die Kirche als Institution und Ereignis, als Organisation und Gemeinschaft, und so fort? Diese Vielzahl der Wörter widerlegt nicht die Einheit des göttlichen Werkes, sondern, ganz im Gegenteil, sie spiegelt sie wider. Die Einheit der Taten Gottes ist lebendiger und größer als die jeweilige Einzahl unseres Wortes. Wollen wir sie nicht zu unangemessen umschreiben, brauchen wir mehr als einen Begriff. Aber wir müssen die Begriffe so eng zusammenschließen wie irgend möglich. Am allermeisten haben wir hier darauf zu achten, wo uns nicht obliegt, Rechtfertigung und Heiligung als solche zu erörtern, sondern ihre Einheit in dem einen Werk der Wiedergeburt.

Das Ziel des Geistes ist das Einswerden der Brüder mit dem Erstgeborenen, der Vielen mit dem Einen. Um dieses Ziel zu erreichen, müssen wir mit ihm vereinigt werden wie der Leib mit dem Haupt. Er ist unser Haupt. In ihm ist unser altes Menschsein zu Tode gebracht und unser neues Menschsein erschaffen worden. In dieser uns einschließenden Leib-Person *(corporate personality)* sind Entscheidungen geschehen — ohne uns, aber für uns. Notwendig ist, daß wir in lebendigen Kontakt mit diesen Entscheidungen gebracht werden. Wir müssen zu der Quelle unseres neuen Lebens geführt werden. Das geschieht nach dem Neuen Testament durch Taufe und Glauben. Sie machen uns »gleichzeitig« mit den Taten Christi. Im Glauben dürfen wir sagen, daß wir mit Christus gekreuzigt, mit Christus gestorben, mit Christus begraben und mit Christus auferstanden sind und daß wir dazu bestimmt sind, mit ihm im Reich Gottes, des Vaters, zu sein. Diese Wendungen[3] beschreiben nicht aufeinanderfolgende Stufen einer mystischen Erfahrung, sondern

[3] Die griechischen Wörter lauten nachdrücklicher, als wir sie wiedergeben können; denn Paulus benützt Verben mit der Vorsilbe *syn*, deren wörtliche Übersetzung mit-gekreuzigt, mit-begraben usf. wäre. Siehe Rm 6, 1-11; auch Eph 2, 6; Kol 2, 12 f; 3, 1.

sie drücken aus, was wir besser eine rechtliche Übertragung, eine Anrechnung, eine Übereignung, eine Verfügung nennen. In dogmatischer Begrifflichkeit sprechen wir von *imputatio* (Zuerkennung); sie ist die Umkehrung jener *imputatio* unseres sündigen Daseins, das Christus auf sich geladen und getragen hat. Durch den Glauben an das Werk des Einen für alle erklärt Gott uns zu Brüdern Christi, zu adoptierten Kindern, zu Gerechten ohne Fehl und Tadel, zu Erben seines Königreichs. Seit den Tagen des Paulus umschreiben wir dieses Wunder in rechtlichen Begriffen als einen Akt der »Rechtfertigung«, um die Tatsache auszudrücken, daß wir es nicht mit unseren eigenen verdienstlichen Leistungen zu tun haben, sondern mit einer göttlichen Initiative, die von außen her eingreift; mit einer rechtsbegründeten Erklärung; einem einseitigen Akt der Versöhnung, der die zerbrochene Verbindung zwischen Gott und uns wiederherstellt.

Diese Weise, die Wiedergeburt des Menschen zu beschreiben, ist grundlegend. Aber sie ist nicht vollständig. Eine rechtsetzende Erklärung, eine Verfügung usf. bestehen nicht bloß aus Worten. Sie verändern die Beziehungen, und damit ändern sie auch die Menschen, die in diese Beziehungen verwickelt sind. Da es um Gottes Sache geht, handelt es sich hierbei nicht nur um ein zufälliges Faktum, sondern um sein Ziel, daß die Menschen nach dem Bild seines Sohnes verändert und verwandelt werden. Wir sind eingepflanzt in sein neues Leben, um zu wachsen. Wir sind zu Angehörigen des neuen Seins ernannt worden, um einer neuen Berufung zu folgen. Wir sind Söhne und Töchter durch Adoption, damit wir uns wie Söhne und Töchter verhalten. Sein Werk für uns sucht eine Fortsetzung in dem Werk in uns. Freilich ist auch diese Weise, die Zusammengehörigkeit von Rechtfertigung und Heiligung zu formulieren, nicht ungefährlich. Sie läßt zwei mehr oder weniger verbundene aufeinanderfolgende Vorgänge vermuten; aber wir haben es mit ein und derselben Bewegung zu tun. Gottes Wort ist stets ein schöpferisches Geschehen. Indem er uns seine Söhne und Töchter heißt, veranlaßt er uns dazu, uns wie Söhne und Töchter zu verhalten. Indem er eine neue Beziehung schafft, schafft er ein neues Sein. Das ist Gnade in doppelter Gestalt, und in dieser einen Gnadenwirklichkeit sind Rechtfertigung und Heiligung nicht zwei Teilstücke; in dem einen Ereignis sind sie miteinander verbunden wie Grund und Ziel, Wurzel und Frucht. Unsere Wiedergeburt besteht darin (bzw. verwirklicht sich dadurch), daß wir in Christus eingepflanzt sind, um in sein Bild verwandelt zu werden.

Vermutlich sind wir uns über diese Einheit von Rechtfertigung und Heiligung alle einigermaßen einig. Sobald wir jedoch den Zusammenhang genauer zu formulieren suchen, tauchen neue Differenzen auf. Auf der einen Seite sehen wir einen Mann wie den großen reformierten Prediger Kohlbrügge (1803-1875), für den die Rechtfertigung des Gottlosen das ein und alles des lebendigen Wortes Gottes war. Er liebte durchaus keine Ermahnungen zur Heiligung, denn seine Sorge war, dies könne zu Selbsterlösung und Pharisäismus führen. Für ihn war die größte Sünde des Menschen Hochmut und Selbstruhm, die aufrührerische Neigung, seine Rettung selbst in die Hand zu nehmen. Der Mensch hat nichts zu vollbringen — außer sich an seine Rechtfertigung zu halten, zu glauben, daß Christus für ihn alles getan hat und daß alles, was wir tun können, ist: dankbar zu sein. Kohlbrügges Überzeugung war, solche radikale Haltung des Glaubens sei der fruchtbarste Boden für wahrhaft gute Werke.

Auf der anderen Seite steht ein Mann wie John Wesley (1703-1791). Rechtfertigung allein aus Glauben war für ihn lebendige Realität. Aber er unterschied scharf zwischen Rechtfertigung und Heiligung und sah als das Ziel, das ein jeder Christ mit Ernst zu erstreben habe: die Liebe anzuziehen, die das Band der Vollkommenheit ist (Kol 3, 14). Ständige Ermahnungen zur Heiligkeit waren der Tenor seiner Predigten. Er glaubte an eine »innewohnende Vollkommenheit«, d. h. an die Vervollkommnung des Glaubenden in diesem Leben.

Kohlbrügge und Wesley wären sicher jeder über des anderen Predigt entsetzt gewesen. Doch finde ich, die dogmatische Theologie sollte nicht zugunsten des einen oder des anderen entscheiden. Statt dessen sollten wir uns an drei Tatsachen erinnern lassen.

Erstens: Sünde offenbart sich in verschiedener Gestalt. Sünde kann die Gestalt des Selbstruhms, des Pharisäismus, der Selbsterlösung annehmen. Sie kann auch die Gestalt der Trägheit und des Quietismus haben. Diese verschiedenen Gestalten erfordern verschiedene Betonungen in Predigt, Seelsorge und Theologie.

Zweitens: Wir haben uns gegenseitig daran zu erinnern, daß die eine

Zuspitzung uns sehr nahe an Antinomismus und Quietismus führt, die andere sehr nahe an Gesetzlichkeit und Selbstrechtfertigung.

Drittens: Beide Interpretationen sind in Ergänzung zueinander zu verstehen. Glaube an Christus ohne Liebe ist tot, ist Pseudoglaube. Und Heiligung, die nicht dem Dank für die Rechtfertigung entspringt, ist nichts weiter als eine Art christlicher Persönlichkeitspflege. Wir vergessen zu leicht, daß die beiden Begriffe »Rechtfertigung« und »Heiligung« nicht verschiedene Stufen oder Situationen der geistlichen Existenz bezeichnen, sondern daß sie in unlöslicher Zusammengehörigkeit ein Versuch sind, von zwei Seiten, von der Basis und vom Zielpunkt her, auf die Bewegung hinzuweisen, in die uns der Heilige Geist hineinreißt: die Bewegung zu unserem Erlöser hin, damit wir umgewandelt werden, um seinem Bild zu entsprechen. Das ist die Bewegung unserer Wiedergeburt.

Der Weg: Sterben und Auferstehen mit Christus

Wir benötigen und finden ein weiteres Begriffspaar, um die Wiedergeburt als Lebensbewegung zu erfassen. Das sind die Begriffe »Sterben« und »Auferstehen« mit Christus. Lateinisch lauten sie prägnant: *mortificatio* und *vivificatio*, In-den-Tod-gegeben-Werden und Lebendig-gemacht-Werden. Sie können keinesfalls einfach mit Rechtfertigung und Heiligung gleichgesetzt werden. Zeitweise haben sie keine bedeutende Rolle in der systematischen Theologie gespielt, sehr zum Schaden des kirchlichen Lebens.

Die Reformationszeit bediente sich dieser Begriffe häufig. Doch waren Luther und die lutherische Reformation mit dieser Begrifflichkeit nicht sonderlich vertraut. Luther selbst lag mehr an Wendungen wie *opus alienum* und *opus proprium* — Gottes fremdes und Gottes eigentliches Werk. Calvin und die reformierte Tradition gebrauchten dagegen *mortificatio* und *vivificatio* als feste Begriffe in ihrer Lehre vom Geist. Der Unterschied zwischen Lutheranern und Reformierten an dieser Stelle ist nicht nur ein solcher der Ausdrucksweise, sondern auch des Inhalts. In der lutherischen Theologie werden unsere Begriffe im Bedeutungsfeld der Rechtfertigung gebraucht: unser Sterben ist unsere Buße und Reue; unser Auferstehen ist unser freudiger Glaube an den rechtfertigenden Christus. Hingegen bewegt sich die reformierte Tradition im

Bedeutungsfeld der Heiligung: unser Sterben ist unsere unaufhörliche Selbstverleugnung und der tägliche Kampf gegen unser sündiges Ich; unser Auferstehen ist unser Wandeln in der Neuheit des Lebens, unser Anziehen des neuen Menschen, der nach dem Bild Gottes neu erschaffen ist.[4] Bei Calvin hat man gelegentlich den Eindruck, daß Sterben und Auferstehen aufeinanderfolgende Akte sind, doch ist die allgemeine Auffassung, daß sie gleichzeitig sind und sich wie die Kehrseite ein und derselben Sache verhalten.[5]

Der Heidelberger Katechismus vereinigt die lutherische und die reformierte Sinnbetonung in den Fragen und Antworten 88-90. Auf die Frage: »Was ist die Absterbung des alten Menschen?« lautet die Antwort: »Sich die Sünde von Herzen lassen leid sein und dieselbe je länger, je mehr hassen und fliehen.« Und auf die Frage: »Was ist die Auferstehung des neuen Menschen?« die Antwort: »Herzliche Freude in Gott durch Christus und Lust und Liebe haben, nach dem Willen Gottes in allen guten Werken zu leben.« Wie so oft hat der Heidelberger Katechismus intuitiv die richtige Lösung gegeben. *Mortificatio* und *vivificatio* sind eine andere Weise, den ganzen Weg der Erneuerung zu beschreiben. Sie sind so umfassend wie Rechtfertigung und Heiligung, nur jetzt aus einem anderen Blickpunkt. Man kann ihren Skopus nur klarmachen, indem man beide sowohl mit Rechtfertigung wie mit Heiligung verbindet.

Unsere *Rechtfertigung* ist ein realer Vorgang des Sterbens und Auferstehens mit Christus. Im Ereignis der Rechtfertigung werden wir gekreuzigt, sterben wir und werden begraben mit Christus. Im Akt des Glaubens identifizieren wir uns mit dem lebenden Christus, der um unseretwillen zur Sünde gemacht ist. Wir bekennen, daß unser sündiges Leben in seinem Tod vernichtet worden ist. Zugleich wissen wir, daß er, der an unserer Stelle starb, für uns auferstanden ist; daß unser Ich mit knapper Not der Verwerfung entronnen und nun an Kindes Statt angenommen und neu geworden ist; daß wir in Christus ein neues

---

4 Für den lutherischen Standpunkt vergleiche man *Apologia* XII, 46; für den reformierten Standpunkt Calvin a. a. O. Buch III, 3, 8-9; S. 381 f.

5 Vgl. Calvin a. a. O. III, 3, 8. Die gewöhnliche Auffassung belegt Heppe-Bizer: *Die Dogmatik der evangelisch-reformierten Kirche* 2. Aufl. (Neukirchen 1958) im Kapitel *De sanctificatione,* bes. S. 449 f und 455 f.

Leben haben. Die paulinischen Aussagen — über den alten Menschen, den wir auszuziehen haben, und den nach Gottes Ebenbild geschaffenen neuen Menschen, mit dem wir uns bekleiden sollen — gelten ursprünglich im Blick auf den alten und neuen Menschen in Christus, im Blick auf uns nur insoweit, als wir im Vollzug von Buße und Glauben mit dem eins werden, der unser Stellvertreter ist.[6] Paulus spricht in diesem Zusammenhang nicht nur von Buße und Glauben, sondern auch von der Taufe (vgl. dazu besonders Rm 6 und Kol 2). Die angemessenste Vollzugsform ist die Taufe durch Untertauchen. Wie Paulus sagt, werden wir durch das Bad der Taufe mit Christus in den Tod begraben und ebenso mit ihm auferweckt. Das geschieht nicht automatisch. Kol 2, 12 weist ausdrücklich darauf hin, daß es »durch den Glauben an den wirkenden Gott, welcher ihn auferweckt hat von den Toten«, geschieht. Taufe ist weder eine selbstwirksame Sache noch darf sie nur symbolisch verstanden werden, jedenfalls nicht in unserem gängigen Sinn von »symbolisch«. Taufe geschieht als Versiegelung, als Bekräftigung, als Verwirklichung unseres Sterbens und Auferstehens mit Christus unter den Bedingungen der Rechtfertigung. Denn durch die Taufe werden Kreuz und Auferstehung Christi in unserem Leben gegenwärtig. »Wir werden geeint mit ihm zu gleichem Tod« (Rm 6, 5). »Also auch ihr, haltet euch dafür, daß ihr der Sünde gestorben seid und lebet in Christus Jesus, unserem Herrn« (Rm 6, 11). Das besagt: Unser Glaube gründet in dem, was in der Taufe geschehen ist. Er ist ein ständiges bußfertiges »Nein« zu dem, was wir in uns selber sind, und ein ständiges fröhliches »Ja« zu dem neuen Menschsein, das uns in Christus mit Rechtskraft beigelegt ist.

Unsere *Heiligung* ist ein ebenso realer Vorgang des Sterbens und Auferstehens mit Christus. Denn Heiligung ist nichts anderes als die von Gott zugewendete, vom Menschen ernst genommene Wirklichkeit der Rechtfertigung unseres Lebens. Zunächst haben wir mit dem Empfang der Heiligung ernst zu nehmen, daß unser eigensüchtiges und weltverfallenes Dasein mit dem Opfer Christi leer und nichtig geworden ist; zwingende Konsequenz aus dieser Tatsache ist der Kampf mit uns selbst, alles abzutöten, von dem wir wissen, daß es verfehlt und verworfen ist. Sterben mit Christus heißt stete Selbstverleugnung oder,

[6] Siehe Rm 6, 6; Eph 4, 22; Kol 3, 9 f.

wie Jesus sagt, »das Kreuz auf sich nehmen«. Dieser Ausdruck bezieht sich nicht auf unsere Bereitschaft, Leiden und Schmerzen zu ertragen, die gegen unseren Willen über uns kommen, sondern auf unsere Entschiedenheit, in der Kraft des Geistes einen Kampf gegen uns selbst zu führen. Es ist höchst bedeutsam, daß dieser Ausspruch von Christus berichtet wird, gleich nachdem er sein eigenes Kreuz angekündigt hat (Mk 8, 31-34). Paulus beschreibt die gleiche Wirklichkeit als einen Kampf zwischen dem Heiligen Geist in uns und unserem Fleisch, d. h. zwischen unserer sündigen Natur mit ihrem Stolz, ihrer Überheblich- und Begehrlichkeit (Gal 5, 17-26). Obwohl der Geist in diesem Kampf oft zu unterliegen scheint, ist gerade die Auseinandersetzung das Zeichen für die Gegenwart des Geistes in unserem Leben. Der Geist ist abwesend, wenn wir aufhören zu kämpfen, nicht aber, wenn wir versagen. Wie oft müssen wir fragen: »Ich elender Mensch! Wer wird mich erlösen von dem Leibe dieses Todes?« Aber im Aufblick auf unseren Stellvertreter, der zugleich Garant unseres Sieges ist, dürfen wir ebenso sagen: »Ich danke Gott durch Jesus Christus, unseren Herrn« (Rm 7, 24 f). Mit Gottes Kraft und Hilfe tun wir in unseren Entscheidungen, durch unser Handeln und Verhalten wieder und wieder, Calvin sagt sogar: »mehr und mehr«, kund, daß wir uns danach sehnen, in dem freudigen, triumphierenden Stil des in Christus möglichen neuen Menschseins zu leben. Und darin erkennen wir seinen scheinbar so törichten Weg als den Weg verläßlicher Weisheit und wahren Lebens. So geschieht unser Auferstehen mit Christus, das in diesem Leben gewiß sehr fragmentarisch bleibt. Paulus spricht davon mehr mit Worten mahnender Forderung als mit feststellender Beschreibung. Um es mit dem Heidelberger Katechismus zu sagen: »Es haben auch die Allerheiligsten, solange sie in diesem Leben sind, nur einen geringen Anfang dieses Gehorsams« (Antwort 114). Trotzdem ist es ein realer Anfang, mit dem wir beginnen, »ihn zu erkennen und die Kraft seiner Auferstehung« (Phil 3, 10).

Sterben und Auferstehen haben noch einen dritten Aspekt, der nicht im Rahmen von Rechtfertigung und Heiligung, sondern nur im Rahmen der *Berufung* beschrieben werden kann. Er enthält die Beziehung des Christen und der Kirche zur Welt. Sterben mit Christus heißt nicht nur, daß wir uns selbst durchschauen, sondern daß wir ebenso die Welt um uns her durchschauen mit ihrem Hochmut, ihrer Leere und ihren selbsternannten Göttern, so daß »die Welt mir gekreuzigt ist und ich der Welt«. Das hat die Konsequenz, daß wir gezwungen sind, an entscheidenden Punkten die Wege der Welt um uns her zu verlassen. Wir stellen uns der Welt nicht gleich — aber dieser Nonkonformismus, dieses Nichtkonform-Sein ist kein Selbstzweck, sondern die Kehrseite unseres Konformseins mit Christus —, und das schafft notwendig Entfremdung gegen unsere Umwelt und führt unter besonderen Umständen zu Unterdrückung und sogar Martyrium. Der Jünger Christi darf wissen, daß er auf diesem Weg Anteil hat am Kreuz Christi. So zeichnet uns Paulus, als er im 2. Brief an die Korinther über seine Anfechtungen schreibt, in tiefen und bewegenden Worten diesen Aspekt des Sterbens und Auferstehens mit Christus. Er hat ihn selbst erfahren und als Verheißung angenommen: »Wir haben allenthalben Trübsal, aber wir ängstigen uns nicht; uns ist bange, aber wir verzagen nicht; wir leiden Verfolgung, aber wir werden nicht verlassen; und tragen allezeit das Sterben des Herrn Jesus an unserem Leibe, auf daß auch das Leben des Herrn Jesus an unserem Leibe offenbar werde.« Und an anderer Stelle beschreibt er sich selbst »als die Sterbenden, und siehe, wir leben; als die Traurigen, aber allezeit fröhlich.«[7] Die Realität und Bedeutung der Weise, wie Christus durch seinen Geist die ihm Nachfolgenden in Gleichförmigkeit mit seinem Weg führt, ist in der Lehre der Kirche noch kaum erfaßt und nur unzureichend in systematischen Begriffen formuliert worden. Im Neuen Testament und besonders bei Paulus und Johannes ist dieser Aspekt sehr wesentlich. Würde er energischer durchdacht, könnte er viele einzelne Christen ebenso wie die Kirche als Ganze zu einem tieferen Verständnis und zu freudiger Hinnahme ihrer Wege in der Welt führen.

Der Geist gewährt uns Wiedergeburt, schafft eine neue Lebensweise in uns. Das ist ein wirklicher Weg: von der Rechtfertigung zur Heiligung, vom Sterben zum Auferstehen. Diesen Anfang lassen wir nie und nimmer hinter uns, denn die einzig genügende Kraft zu unserer Heiligung ist ein Tag um Tag erneuerter Glaube an unsere Rechtfertigung. Und Sterben ist immer das Widerspiel und die äußere Gestalt des Auferstehens und Lebendiggemachtwerdens; nach Maßgabe unseres Sterbens empfangen wir mit der Auferstehung neues Leben. Und wie wir

[7] Siehe 2 Kor 4, 7-17; 6, 4-10; ebenso 1, 8-10; 11, 23-12, 10; Rm 8, 35-39.

in diesem Leben niemals den Anfang hinter uns gelassen haben, haben wir das Endziel immerzu vor uns. Das Ziel dieses Weges wird im irdischen Leben nicht erreicht. Dennoch, wir dürfen glauben, daß wir in diesem Geheimnis bleibenden Prozeß »verwandelt werden in das Gleichbild Christi, denn dies geschieht vom Herrn aus, welcher der Geist ist«.

Wiedergeburt und Erfahrung

In den Gang der bisher entwickelten Grundzüge einer individuellen Pneumatologie möchten wir nun einen Aspekt einschalten, der in der Kirchengeschichte beträchtlichen Einfluß gewonnen und dem die reformierte Theologie aufschlußreiche systematische Beachtung gewidmet hat. Ich meine: den Ort der Erfahrung (engl. *experience,* holl. *bevinding)* im erneuernden Werk des Geistes. Nehmen wir die Frage auf: Ist das Werk des Geistes eine Wirklichkeit, die wir nur aufgrund der Verheißungen Gottes glauben können? Oder erfahren wir sie bewußt? Und wenn das der Fall ist, wie erfahren wir sie? Und schließlich geradezu: Kann diese Erfahrung als Beweis für die Gegenwart des Geistes dienen? Alle diese theologischen Probleme haben ihre gemeinsame Wurzel in den oft ängstlich besorgten Fragen, die sich jeder wahre Christ bisweilen selber stellt: Wie kann ich wissen, daß ich in der Gotteskindschaft lebe? Welches sind die Zeichen, aus denen ich schließen darf, daß der Geist in mir wohnt?

Zuallererst müssen wir beachten, daß die Gegenwart des Geistes — nicht anders als die Schöpfung der Welt, die Menschwerdung und die Versöhnung — Gegenstand unseres Glaubens an das Wort Gottes ist, das von uns bejahendes Vertrauen verlangt. Glaube ist die feste Zuversicht und die Gewißheit von Dingen, die man nicht sehen kann. Nur besagt das nicht, daß Glaube und Erfahrung sich gegenseitig ausschließen. Der Glaube erfaßt das Ganze unserer Existenz und bewirkt damit eine ihm eigene Art der Erfahrung. Soweit herrscht ein hohes Maß an Übereinstimmung. Unterschiedlich werden die Auffassungen, wenn man fragt: Worin besteht diese Art der Erfahrung?

Manche Theologen und Seelsorger betonen einen Sachverhalt, welcher der »intentionale« (gegenstandsbestimmte) Charakter des Glaubens zu nennen wäre. Es liegt in der Natur des Glaubens, völlig von seinem Gegenstand beschlagnahmt zu werden. Glaube *(pistis, fides)* ist ein Akt des Vertrauens in Gottes Glaubwürdigkeit und Treue; es ist ein Amen-Sagen zu Gottes Verheißungen (hebräisch: *emunah).* Die glaubende Person ist von sich selbst befreit, von ihrer Introvertiertheit und von dem Zwang, etwas zu tun und etwas zu sein. Der Glaubende lebt kraft der Gnade des Anderen. Er »existiert«, was wörtlich besagt: »Er tritt aus sich selbst heraus.« Wir begegnen dieser Zuspitzung besonders bei Luther, Kohlbrügge und Barth. Um die biblische und pastorale Stärke diese Position zu zeigen, sollte ich die Lektüre von Predigten und anderen Schriften Kohlbrügges empfehlen. Als man ihn fragte, wann und wo seine Bekehrung stattgefunden habe, sagte er: »Auf Golgatha!« In einem seiner Bücher kommt er auf die Zeichen der Erwählung in unserem Leben und fragt: »Und aus welchen Tatsachen kann ich schließen, daß ich erwählt bin?« Seine Antwort ist bemerkenswert einfach: »Der Zöllner stand von ferne.« Ein andermal fragt er: »An welches winzige Wort mußt du dich halten, wenn du fühlst, du kannst kein einziges Zeichen wahrer Gnade in dir selber entdecken, und wenn du darüber tief niedergeschlagen und verzweifelt bist?« Die knappe Antwort: »Halte dich an das kleine Wort: Dennoch.«[8]

Diese Position ist gesund, solange sie Menschen gilt, die ängstlich sind wegen ihrer Errettung und dabei versuchen, ihre Gewißheit auf den Stand ihrer Gefühle und inneren Erfahrungen zu bauen. Sobald sie sich an Menschen wendet, die diese Ängstlichkeit und Bedenklichkeit nicht teilen, führt sie zu rein äußerlicher und objektivistischer, ja sogar intellektuell spielender Annahme der Gnadenwahrheit. In diesem Fall muß es geradezu zwangsläufig einen Rückschlag geben. Denn einerseits ist der Glaube gerade die Befreiung von unseren eigenen, sozusagen naturgegebenen religiösen Erfahrungen, andererseits aber schafft er neue geistliche Erfahrungen als die Früchte der erneuernden Kraft des Geistes. Ich bin der Meinung, die Geschichte der Kirche im Abendland bietet sich sehr weitgehend dazu an, in den Kategorien dieses Grundproblems beschrieben zu werden. Der alte germanische Glaube war objektivi-

[8] Beide Zitate sind Hermann Friedrich Kohlbrügges *Fragen und Antworten zur Erklärung und Befestigung des Heidelberger Katechismus* entnommen, aus den Abschnitten zu Frage 75-79 bzw. zu Frage 60; zitiert nach der holländischen Ausgabe, 4. Aufl. (Amsterdam o. J.).

stisch mit einer überwiegend aus dem militärischen Bereich entstammenden Begrifflichkeit (vgl. den Heliand). Bernhard von Clairvaux und die Frömmigkeit der Kreuzfahrer faßten die Beziehung zu Christus viel persönlicher und innerlicher. Das führte am Ende des Mittelalters zu einem introvertierten, selbstbezogenen Moralismus und Mystizismus, gegen den Luthers Predigt der Rechtfertigung allein aus Glauben das richtige, wirksame Heilmittel war. Kaum ein Jahrhundert später entwickelte sich daraus ein solch intellektualistischer Objektivismus samt neuer Scholastik, daß zunächst die »zweite Reformation« in Schottland und den Niederlanden und anschließend der deutsche Pietismus und der englische Methodismus ein dringend notwendiges Korrektiv bildeten. Im 18. und 19. Jahrhundert führte diese Entwicklung zu verschiedenen Spielarten von pietistischem und liberalistischem Subjektivismus. Die Theologie nach dem ersten Weltkrieg stand in starker Reaktion gegen diesen Subjektivismus auf. Der Objektivismus, zu dem diese neue Richtung führen kann, hat in den letzten Jahrzehnten heftige Angriffe aus der Schule Bultmanns und von anderen Gruppen herausgefordert.

Wenn wir versuchen, den sachgemäßen Inhalt und Ort der Erfahrung in dem Werk des Geistes zu bestimmen, tun wir gut daran, in das erste Jahrhundert unserer reformierten Konfession zu blicken. Damals wurde es tief und wegweisend durchdacht. Mehr als die Lutheraner waren die Reformierten bereit, der Erfahrung als einer Frucht der Wiedergeburt Raum zu geben. Diesen Raum suchten sie in zwei Richtungen. Sie sahen die Wiedergeburt entweder vorrangig wirksam in guten Werken, in Taten der Liebe, oder vorrangig in den persönlichen, inwendigen Erfahrungen. Die erste Richtung nennen wir die ethische, die zweite die mystische Erfahrung. Das Interesse an diesem Problem hat einen ganz bestimmten Hintergrund und eine deutliche Zielsetzung in der reformierten Überlieferung. Das Übergewicht der Prädestination in der reformierten Lehre seit der zweiten Hälfte des 16. Jahrhunderts führte unvermeidlich zu der Suche nach zuverlässigen Zeichen unserer persönlichen Erwählung, und man erwartete, sie im Bereich der Erfahrung zu finden. Unsere Vorfahren faßten dieses Problem in die sehr unzutreffende Formel von *syllogismus practicus,* womit ein schlüssiges Argument gemeint ist, das in der Praxis gründet, in den Handlungen und Erfahrungen unseres wirklichen Lebens. Der Begriff »Syllogismus« ist fehl am Platz, da wir es ja hier nicht mit einer logischen Schlußfolgerung zu tun haben, sondern mit einem Akt des Geistes, der in besonderen, unverwechselbaren Taten oder Erfahrungen Zeugnis davon gibt, daß wir Gottes Kinder sind.

Die klassische Fassung des *syllogismus practicus* im Felde der ethischen Erfahrung findet sich im Heidelberger Katechismus, Antwort 86, welche als einen der Gründe dafür, warum wir gute Werke tun sollen, anführt, »daß wir bei uns selbst unsers Glaubens aus seinen Früchten gewiß seien«. Dieser Gedanke ist oft als eine Art Zirkelschluß angefochten worden, der mit der Voraussetzung arbeite, daß nur der Glaube die Werke des Glaubens zu unterscheiden vermöge, so daß der Glaube sich selbst bestätigen könnte. Doch liegt das Problem nicht ganz so einfach. Wir denken an Worte des 1. Johannesbriefes, wie die folgenden: »Und an dem merken wir, daß wir ihn kennen, so wir seine Gebote halten« (2, 3) und: »Wir wissen, daß wir aus dem Tode in das Leben gekommen sind; denn wir lieben die Brüder« (3, 14 vgl. 24). Die Reformatoren zitierten in diesem Zusammenhang häufig 2 Petr 1, 10: »Darum, liebe Brüder, tut desto mehr Fleiß, eure Berufung und Erwählung festzumachen.« Calvin hat in seiner Institutio einige sorgfältige Paragraphen der Frage gewidmet: »Können unsere Werke hinreichenden Beweis für unsere Gotteskindschaft bieten?« Nach Niesel verwirft Calvin dort den *syllogismus practicus*. Van der Linde und Krusche, die beide über Calvins Pneumatologie arbeiteten, finden, er nehme ihn auf.[9] Ihren Ergebnissen schließe ich mich an. Die Zweifel haben ihre Veranlassung gerade in der Vorsicht und Ausgewogenheit der Calvinischen Darlegung. Er verneint energisch, daß wir die Gewißheit unserer Errettung auf unsere Werke gründen können. Aber, so sagt er, die Werke seien »Ergänzungen«, »Zeugnisse dafür, daß Gott in uns wohnt und uns regiert«. Sie gewähren dem Glaubenden einen nachträglichen Trost, und als solcher wirken sie, wie er im Kommentar zu Joh 4, 17 schreibt, als eine Art *secundarium adminiculum*. Freilich fügt er rasch

---

[9] Siehe Calvin: *Institutio* Buch III, 14, 18-20; S. 514-516. Dazu W. Niesel: *Die Theologie Calvins* 2. Aufl. (München 1957) S. 172-182; S. van der Linde: *De Leer van den Heiligen Geest bij Calvijn* (Wageningen 1943) S. 148 ff; W. Krusche a. a. O. 245 ff mit einer besonders sorgfältigen Erörterung dieses Themas.

hinzu: »Aber inzwischen müssen wir auf die Gnade allein gegründet bleiben.«

Wir sollten offen anerkennen, daß der *syllogismus ethicus,* der sogenannte ethische Rückschluß, auf einen realen Sachverhalt hinweist. Die Kraft der Wiedergeburt tritt in der Tatsache zutage, daß sie uns drängt, zu unserer eigenen Überraschung und gegen unsere fleischliche Natur Dinge zu tun und zu sagen, die Gottes Willen entsprechen. Solche Früchte geben niemals Grund zur Selbstüberhebung, sondern nur zu demütigem Dank. Sie sind zusätzliche Zeichen dafür, daß Gott mit seiner Gnade nicht an uns vorübergegangen ist. Sie bekräftigen ein Wissen, das uns ursprünglich und wesentlich nicht aus unserer ethischen Erfahrung zuwächst — auch im besten Fall ist sie eine höchst zweideutige Erfahrung —, sondern aus Gottes Wort und Verheißungen.[10]

Nach einigen Jahrzehnten mußte der *syllogismus ethicus* dem seelsorgerlichen und theologischen Interesse an der mystischen Erfahrung weichen. Diese Änderung in der Aufmerksamkeit hing zusammen mit der Welle verinnerlichter Frömmigkeit, die das 17. Jahrhundert in allen europäischen Kirchen, voran in der römisch-katholischen, brachte. In der reformierten Kirche war nun die Frage: Gibt es innere Erfahrungen, die dem fragenden Glauben die Zuversicht gewähren können, daß er mit Sicherheit in den ewigen erwählenden Ratschluß Gottes eingeschlossen ist? Das klassische Dokument dieses *syllogismus mysticus,* des Rückschlusses aus innerer Erfahrung, sind die Dordrechter Kanones. Hier finden wir ausdrücklich: »Die Erwählten . . . erlangen die Gewißheit dieser ewigen und unabänderlichen Wahl, indem sie, mit geistlicher Freude und heiligem Vergnügen, bei sich selbst unfehlbare Früchte der Erwählung beobachten, wie sie in Gottes Wort bezeichnet sind: nämlich wahren Glauben an Christus, kindliche Furcht Gottes, göttlichen Schmerz über die Sünde usf.« (I, 12). Charakteristisch sind auch die Worte, daß die Gläubigen sich mit der Tatsache beruhigen, »daß sie wissen und fühlen, daß sie durch diese Gnade Gottes von ganzem Herzen an ihren Heiland glauben und ihn lieben« (III, 13). Zu der ersten Stelle wird als Zeugnis der Schrift 2 Kor 13, 5 angeführt: »Stellt euch selbst auf die Probe, ob ihr im Glauben seid; prüfet euch selbst!«

---

[10] Ich habe das Problem auch in meinem Beitrag zu *Essays on the Heidelberg Catechism* (Philadelphia-Boston 1963) S. 115 ff. behandelt.

Doch ist dies, wie Kontext und Kommentare uns lehren, die Antwort auf eine ganz andere Frage. Weitere Belege werden nicht erwähnt und sind auch schwerlich zu finden. Calvin äußert sich zu dem Rückschluß aus den Werken, schweigt aber über den Rückschluß aus der Erfahrung. Trotzdem hat dieser weit größeren Einfluß auf die reformierte Frömmigkeit gehabt als jener.[11] Dieses Faktum hat seine konfessionellen und kulturellen Gründe; uns bleibt nur, es zu bedauern. Wir hörten in den Dordrechter Kanones, daß wir in uns selber unseren Glauben an Christus beobachten sollen. Glaube aber will nicht betrachtet, sondern getan werden. Die Kanones laden uns sogar ein, unseren Schmerz um die Sünde mit Freude und Vergnügen wahrzunehmen. Aber können wir an unserer Sünde leiden und zugleich dieses Leiden mit Vergnügen wahrnehmen? Das sieht nach Schizophrenie aus. Und dann ihre Behauptung, daß wir »wissen und fühlen«, daß wir glauben und lieben. Bloß, sobald wir versuchen, unsere Liebe zu fühlen (wie man den Puls fühlt), lieben wir nicht mehr wirklich. Dordrecht eröffnete eine lange Periode recht unfruchtbarer Introvertiertheit — Nachwehen davon findet man in manchen Winkeln der reformierten Kirche noch heute.

Wenn wir uns dem *syllogismus mysticus* widersetzen, so hat das in erster Linie theologische Gründe. Hinzu kommen aber auch psychologische. Jahrhundertelang hatte das europäische Christentum, in der Erbschaft der griechisch-römischen Philosophie, eine von Substanzbegriffen bestimmte Vorstellung vom Menschen. Der Mensch wurde als autonomes, in sich selbst zentriertes Einzelwesen aufgefaßt; sein inneres Leben setzte sich zusammen aus Intellekt und Willen oder, später, aus Intellekt, Willen und Gefühl. Es dauerte sehr lange, zu lange, bis wir entdeckten, daß die Bibel diese Sicht nicht teilt. Anstelle unseres Denkens in Substanzen denkt sie in Beziehungen: Der Mensch ist, was er ist, nicht kraft seines inneren Lebens, sondern kraft seiner Beziehung zu Gott, zu seinem Nachbarn, zu der Welt, die ihn umgibt.[12] Diese Sicht hat sich inzwischen in der Anthropologie des 20. Jahrhunderts allge-

[11] Es sei denn, Max Weber habe recht, wenn er zu beweisen versucht, daß der vom *syllogismus practicus* inspirierte unternehmerische Einsatz der Calvinisten beim Aufkommen des Kapitalismus eine entscheidende Rolle gespielt habe. Doch ist diese These sehr zweifelhaft.

[12] Siehe hierzu meine Schrift: *Der Mensch unterwegs*. Die christliche Sicht des Menschen (Neukirchen 1967).

mein durchgesetzt. Sie bedeutet für eine Reihe überlieferter Elemente in der Pneumatologie des Einzelnen das Ende. Wendungen wie *gratia infusa,* »eingegossene Gnade«, »neue Eigenschaften« (Kan. Dordr. III, 11) und viele andere können nicht länger gebraucht werden. Wiedergeburt heißt für uns nicht so sehr Wiedergeburt einer inneren Substanz, schon gar nicht unserer Gefühlswelt, sondern die neugeschaffene Beziehung zu Gott und zu unserem Nächsten. Das verlangt ein vollständig neues Durchdenken der Pneumatologie des Einzelnen — eine gemeinsame Aufgabe für Theologen und Seelsorger, die noch vor uns liegt.

Um nun auf das Verhältnis zwischen Wiedergeburt und Erfahrung zurückzukommen, müssen wir sagen, daß uns das Relationsdenken der Reformatoren, Kohlbrügges und der Theologie des 20. Jahrhunderts besser anspricht als die Kategorien der Innerlichkeit und der Substanz, wie sie das 17. bis 19. Jahrhundert beherrscht haben. Zugleich wissen wir aber auch: Nichts ist wirklich, was nicht wirksam funktioniert. Daher wäre nichts gewonnen, wenn wir die Frage unserer Vorfahren kurzerhand verabschiedeten; es kommt schon darauf an, wie sich die Beziehung zu Christus in unserem Leben auswirkt. Aber wir müssen klar im Sinn behalten, daß nur die Beziehung zu unserem Repräsentanten, der als Gekreuzigter und Auferstandener für uns eingetreten ist, erneuernde Erfahrungen schaffen kann, die meist ethischer, manchmal auch mystisch-innerlicher Art sind. Nur wenn wir uns samt allen unseren Erfahrungen vergessen und unseren Erretter selbst ans Werk lassen, kommt es zu solchen Erfahrungen der Erneuerung. Je mehr wir uns selbst vergessen und auf Christus schauen, desto mehr erfüllt uns seine Liebe, und so werden wir zu einem neuen Leben wiedergeboren.[13]

Ein drittes Element in der Wiedergeburt?

Wir haben weiter oben ausgeführt, wie die traditionelle Dogmatik in zweifacher Weise von der Wiedergeburt spricht: nämlich als Rechtfertigung und als Heiligung. Diese Zweiteilung ist jedoch seit den Erwek-

---

[13] Eine ausgezeichnete Darlegung des Verhältnisses zwischen Glauben und Erfahrung ist in dem *Consensus Bremensis* (1595), Hauptstück VII, 5 und 6, enthalten. Siehe E. F. K. Müller: *Die Bekenntnisschriften der reformierten Kirche* (Leipzig 1903) S. 758 f.

kungs- und Pfingstbewegungen pointiert in Frage gestellt worden. Denn diese Bewegungen machten die Erfahrung noch einer anderen Segenswirkung des Heiligen Geistes im Leben des Einzelnen. Man kennt sie heute weithin als das »Erfülltwerden vom Heiligen Geist« oder als die »Taufe mit dem Heiligen Geist«. Demnach glauben diese Gruppen an ein dreifaches Werk des Heiligen Geistes, das sich in Rechtfertigung, Heiligung und Geisteserfüllung entfaltet.

Die offizielle Theologie hat, soweit ich weiß, dieser Überzeugung der Erweckungskreise kaum Beachtung geschenkt. Das ist nicht verwunderlich; denn zwischen diesen Gruppen und der Theologie, wie sie an Seminaren und auf Universitäten gelehrt wird, klafft ein tiefer Graben. Ich glaube, daß die dadurch hervorgerufene Trennung beiden Teilen schadet, und möchte deshalb einen Brückenschlag über die Kluft versuchen. Ich unternehme ihn, obwohl mir klar bewußt ist, daß ich den Fuß auf unerforschtes Gelände setze und meine Gedanken an dieser Stelle, mehr als in den anderen Zusammenhängen meines Themas, als vorläufig gelten müssen und der assistierenden Kritik und Korrektur bedürfen.

Die erste Frage lautet: Gibt es einleuchtende Gründe, solch ein drittes Element im Werk des Geistes anzunehmen? Die erwähnten Gruppen haben manches Bibelwort zur Hand, um diese Frage zu bejahen. Sie verweisen auf die Verheißung Johannes des Täufers, daß Christus mit dem Heiligen Geist und mit Feuer taufen wird. Diese Verheißung wird im Prolog der Apostelgeschichte wiederholt, und ihr Verfasser sieht sie erfüllt in den großen Ereignissen des Pfingstfests und in manch anderen Ereignissen, die in der Folge erwähnt werden. So ist die Apostelgeschichte in der Tat Hauptquelle für die Lehre von einem dritten Aspekt im Werk des Geistes. Die Jünger, auf die der Geist fiel, waren schon vor diesem Ereignis entschiedene Gläubige. Sie hatten bereits eine Erfahrung der Jüngerschaft, d. h. das Widerfahrnis von Rechtfertigung und Heiligung. Dessenungeachtet brauchten sie mehr; sie mußten noch, wie Lukas sagt, mit dem Heiligen Geist erfüllt werden.[14] Diese

---

[14] Die häufige Verwendung dieser und ähnlicher Ausdrücke in den lukanischen Schriften erfordert eine spezielle Untersuchung, an der es bisher noch fehlt. Siehe Luk 1, 15. 41 ff. 67; 2, 26 f; 4, 1. 14 f; Apg 1, 8; 2, 4. 17 f; 4, 8. 31; 6, 3. 5; 7, 55; 8, 16 f; 9, 17; 10, 44-46; 13, 9. 52; 19, 6.

und ähnliche Ausdrücke häufen sich im lukanischen Geschichtswerk. Neben ihrer Verwendung in Apg 2 sind es vor allem die drei Stellen Apg 8, 14-17; 10, 44-46 und 19, 6, die von den Anhängern der Pfingstbewegung mit Vorliebe und Nachdruck zitiert werden. Die erste handelt von Samaritanern, die das Wort Gottes empfangen hatten und getauft waren, doch der Geist »war noch nicht auf einen von ihnen gefallen«. Darum kamen Petrus und Johannes, und nach Gebet und Handauflegung »empfingen« die Samaritaner »den Heiligen Geist«. Die zweite Stelle beschreibt, wie der Geist auf Kornelius und andere Proselyten fiel: »Denn sie hörten ihn in Zungen reden und Gott rühmen.« Die dritte Stelle spricht von Heiden, die Jünger Jesu geworden waren. Als aber Paulus sie fragt: »Habt ihr den Heiligen Geist empfangen, als ihr gläubig wurdet?«, müssen sie sagen: »Nein.« Nachdem Paulus sie getauft und ihnen die Hände aufgelegt hat, »kam der Heilige Geist auf sie; und sie sprachen mit Zungen und weissagten«. Wie wir sehen, gibt es Unterschiede zwischen den drei Berichten. Zweimal hören wir von einem zeitlichen Abstand zwischen Bekehrung und Geistempfang. Einmal (Apg 10) scheinen sie gleichzeitig zu erfolgen. In diesem Fall folgt die Taufe; in den anderen Fällen kommt sie vorher. Zweimal wird die Handauflegung als notwendig erwähnt, das andere Mal findet sie gar nicht statt. Das heißt also, bedeutsame Einzelheiten sind unklar. Nichtsdestoweniger liegt die wesentliche Linie klar zutage: Durch eine besondere Wirkung des Geistes erhalten die Gläubigen das Vermögen, in Zungen zu reden, zu weissagen, Gott zu rühmen, d. h. vor den Anwesenden ein vollmächtiges Zeugnis der großen Taten Gottes zu geben.

Die andere biblische Schrift, auf die sich die genannten Kreise berufen, ist der 1. Korintherbrief, in dessen Kapitel 12-14 Paulus von den *charismata,* den Geistesgaben, spricht. Ähnlich wie an den Stellen der Apostelgeschichte werden Prophetie und Zungenreden als besondere Gaben des Geistes erwähnt. Nach Paulus empfängt jeder gläubige Christ zusätzlich zu Glaube, Hoffnung und Liebe (oder: zusätzlich zu Rechtfertigung und Heiligung) vom Geist eine besondere Gabe für den Aufbau des Leibes Christi. In der Aufzählung der Gaben in 1 Kor 12, 8-11 (eine Fundamentalstelle für die Pfingstbewegung) nennt Paulus: Rede der Weisheit und Erkenntnis, der Glaube, die Gaben, gesund zu machen, Wunder zu wirken (vor allem Dämonenaustreiben), Weissagung, Prüfung der Propheten, Reden in verschiedenen Sprachen und die Auslegung dieser Sprachen. In diesem Zusammenhang kämpft Paulus auf zwei Fronten: auf der einen Seite ermutigt er die Korinther, mit Ernst nach diesen geistlichen Gaben zu streben; auf der anderen Seite aber warnt er sie, daß diese Gaben nutzlos, ja sogar schädlich sind, wenn sie nicht durch die Liebe regiert werden, d. h., wenn sie nicht für den demütigen Dienst an den weniger »begabten« Gliedern des Leibes eingesetzt werden. Paulus benutzt nicht die Begriffe des Erfüllens wie Lukas; aber wir haben den Eindruck, daß er auf die gleichen oder ähnliche Sachverhalte hinweist. Auch für ihn erschöpft sich das Werk des Geistes nicht in unseren Begriffen für den Sachverhalt, in Rechtfertigung und Heiligung. Eine ergänzende Wirkweise ist verheißen und soll darum gesucht werden. All dieses führt uns zu dem Schluß, daß die Pfingstbewegung grundsätzlich im Recht ist, wenn sie von einer Wirkung des Heiligen Geistes spricht, die über jene hinausgeht, welche in den großen Konfessionen anerkannt ist.

Die Dinge werden jedoch noch komplizierter, wenn wir versuchen, die biblischen Daten in der einen oder anderen Form auf eine sachhaltige und sachgemäße Linie zu bringen. Die Pfingstbewegung ist fundamentalistisch und daran interessiert, die grundlegenden Texte um jeden Preis zu harmonisieren. Der systematische Theologe hat aber nach einem tieferen Zusammenhalt, nach der inneren Sinnrichtung zu suchen, welche die Unterschiede wirklich erhellen und einsehbar machen, anstatt sie hinwegzuerklären. Denn zweifellos bestehen zwischen der Apostelgeschichte und den paulinischen Briefen tiefgehende Unterschiede, und die Weise, wie wir sie behandeln, entscheidet über den ganzen Gegenstand. Wir haben schon gesehen, daß die typisch lukanische Begrifflichkeit bei Paulus fehlt. Eine eingehende Analyse aller paulinischen Stellen, die sich auf die charismata beziehen, erweist, daß diese besondere Wirkung des Geistes auch Lehre und Leitung (1 Kor 12, 28), Dienstleistung, Hilfe, Wohltätigkeit und Ermahnung (Rm 12, 6-8) umfaßt. Für Lukas ist Reden in unbekannten Sprachen, Zungenreden, die zentrale Gabe. Für Paulus ist sie demgegenüber fast ein wertloses Randphänomen. Für ihn steht Prophetie im Zentrum. Ein zweiter Unterschied liegt darin, daß Paulus nie von diesem Werk des Geistes als von einem zweiten Akt spricht, der nach einer Zwischenzeit eintreten kann; diese dritte Gabe gehört in die Reihe der anderen und bildet mit ihnen eine Einheit.

Diese Unterschiede sind so groß, daß wir fast zu der Annahme neigen möchten, Lukas und Paulus sprächen von verschiedenen Dingen. Diese Folgerung würde jedoch die nicht weniger auffallende Übereinstimmung mißachten. Meine Erklärung des Unterschiedes ist folgende: Lukas spricht als Historiker. Er will beschreiben, wie das Evangelium seinen Weg von Jerusalem und Judäa nach Samaria und bis an die Enden der Erde nahm. Im Zusammenhang mit dieser Absicht berichtet er von einem Durchbruch des Geistes zu vier verschiedenen Zeitpunkten, und er verwendet dafür die Begriffe der Geisterfüllung, des Zungenredens und des Weissagens. Der erste Durchbruch fand am Pfingsttag in Jerusalem statt (Apg 2), der zweite in Samarien (Kap. 8), der dritte unter den »Gottesfürchtigen«, den Proselyten (Kap. 10), der vierte schließlich in der heidnischen Welt von Ephesus (Kap. 19). Die letzten drei können als Wiederholung der Pfingstereignisse betrachtet werden, wie es Petrus im Fall des Kornelius ausdrücklich sagt (10, 47; 11, 15). Lukas' hohe Fähigkeiten zur Komposition und als Historiker griechischen Stils stechen in diesen Geschichten hervor. Wir können sie nicht für eine direkte Anwendung in der systematischen Theologie benützen. Wir können hingegen vermuten, daß Lukas die Dinge nicht in dieser Weise beschrieben haben würde, wenn er nicht gewußt hätte, daß entsprechende Phänomene zum Leben der christlichen Gemeinde gehörten, für die er schrieb.

Sein Lehrer Paulus gibt uns in 1 Kor 12 und 14 ein Bild dieser Erscheinungen. Anders als für Lukas ist sein Ziel nicht, historische Information zu geben, sondern pastorale Weisung. In Korinth fand Paulus die Entwicklung und Entartung einer Tradition, deren Ursprünge uns Lukas angedeutet hat. Enthusiasmus hatte zu lieblosem Hochmut und zu Chaos geführt. In dieser Situation entwirft Paulus, was wir eine Theologie der Geisteserfüllung nennen können. Weil diese maßgebende Konzeption für das kirchliche Leben in ausgebildeten Gemeinden gedacht ist, können nicht alle die historischen Tatbestände der ersten Anfangszeit darin untergebracht werden. Eine neue Quelle beginnt ja immer mit einem heftigen Aufsprudeln des Wassers; danach strömt es stetiger und ruhiger. Manche möchten am liebsten, daß das Aufsprudeln weiterginge. Andere glauben, die Quelle sei versiegt, weil das Aufsprudeln unterbleibt. Paulus denkt auf einer dritten Linie. Und die systematische Theologie muß seinen Überlegungen folgen. Auf der einen Seite weigern wir uns, die Vernachlässigung dieser Gedanken durch die großen Bekenntniskirchen mitzumachen. Auf der anderen Seite müssen wir ebenso die Theologie der Pfingstbewegung ablehnen, die ihren Ausgangspunkt nicht in den Erkenntnissen des Paulus, sondern in der Beschreibung des Lukas nimmt.

Das Wesen der dritten Gabe

Um die Wesensart der dritten Gabe zu verstehen, lassen wir uns von einer Betonung leiten, die Lukas und Paulus gemeinsam ist: sie betonen, was die Erfüllung mit dem Geist bewirkt, nämlich die geistgewirkten Charismata. Immer, wenn Lukas, im Evangelium oder in der Apostelgeschichte, davon spricht, daß jemand mit dem Geist erfüllt wird, legt er das volle Gewicht nicht auf die Gefühle, die dieses Ereignis verursacht, sondern auf die äußeren, sichtbaren Konsequenzen: Menschen beginnen zu weissagen, lobpreisen Gott, werden Zeugen Christi, reden in Zungen, legen Zeugnis ab vor den Feinden, sagen das Wort Gottes mit Freimut und verkündigen Jesus als den Herrn. Alle diese Ausdrücke benützt Lukas, wo es ihm um das Erfülltwerden mit dem Heiligen Geist geht. Dieser wird ausnahmslos als eine Kraft gesehen, die auf Kommunikation mit anderen gerichtet ist. Gleiches gilt für Paulus. Will er den Wert der Charismen beurteilen, mißt er sie daran, ob sie »der Auferbauung *(oikodome)* der Gemeinde« dienen oder nicht. Diesen Maßstab entwickelt er hauptsächlich in 1 Kor 14, doch ist Rm 12, 4-9 eine nicht weniger deutliche Entfaltung dieses Gesichtspunktes. Die Charismen sind Gaben an die Einzelnen, die keineswegs zu privatem Nutzen bestimmt, sondern dazu da sind, dem Leib als Ganzem zugute zu kommen. Auf diese Weise sind sie zugleich ein missionarisches Zeugnis an die Welt, wie wir im Blick auf 1 Kor 14, 23-25 ergänzen müssen. Nur »wenn jedes Glied wirkt, wie es sich gehört«, »macht der ganze Leib . . . Fortschritte im leiblichen Wachstum und baut sich selbst in der Liebe auf« (Eph 4, 16). Oder wie es 1 Kor 13 treffend sagt: Ohne Liebe — das ist also die Liebe zu Christus und zu den anderen Gliedern des Leibes — sind die geistlichen Gaben allesamt nutzlos.

Der Geist und der Einzelne

Es ist klar, daß der Einzelne, wenn er vom Geist erfüllt wird, zu einem wirksamen Instrument für den sich fortsetzenden Prozeß des Geistes in Kirche und Welt ausgestaltet wird. Damit ist mehr gemeint als Heiligung, die uns in Liebe und guten Werken zu einem Zeugnis Christi an unseren Nachbarn macht. Das ist ein allgemein geltendes Gebot, das sich an unsere allgemeine menschliche Natur richtet und nur in einer Beziehung von Person zu Person erfüllt werden kann. Darum gibt es, als Zugabe zu den *Früchten* des Geistes — Glaube, Hoffnung, Liebe —, die *Gaben* des Geistes, die von Glied zu Glied verschieden sind und als Werkzeuge wirken, durch die wir an den weiteren kirchlichen und weltumspannenden Dimensionen im Werk des Geistes teilnehmen. Die Erfüllung mit dem Geist bedeutet also, daß die Gerechtfertigten und Geheiligten nunmehr von innen nach außen umgewandelt werden. In der Apostelgeschichte werden sie primär zur Welt hin gewendet; bei Paulus primär zu dem ganzen Leib Christi; aber das ist nur ein Unterschied der Situation und der Akzentsetzung. Lukas nennt das »Erfülltsein«, und in Eph 4 erwähnt die paulinische Gedankenführung es im Zusammenhang mit Wachstum und männlicher Reife, und das mit Recht. Denn wie wir alle wissen, können wir im natürlichen Leben unsere Erfahrungen nicht angemessen ausdrücken und mitteilen, wenn sie nicht ein integrierender Teil von uns selbst geworden sind. Die Kraft, mit dem, was der Geist uns gewährt hat, an dem weiteren Kontext seines Werkes in der Menschheit teilzunehmen, ist das Zeichen geistlicher Reife. Solche Reife hat mit dem Geheimnis unseres Personseins, unserer Individualität zu tun. Der Geist nimmt in der Rechtfertigung das Zentrum unseres Ichs in Besitz; in der Heiligung den ganzen Umkreis unseres menschlichen Seins; und indem er uns »erfüllt«, ergreift er Besitz von unserer Individualität, von dem besonderen Charakter, den ich und ich allein besitze, von dem unauswechselbaren Beitrag, den ich zum Ganzen des Lebens zu leisten habe. Er beschlagnahmt ihn für das Ganze des Königreichs Gottes.

Dadurch, daß wir die dritte Gabe des Geistes in dieser Weise umschrieben haben, haben wir einige Fragen entschieden, in denen Lukas, der Historiker, und Paulus, der Apostel, zu differieren scheinen. In der Apostelgeschichte sind die Charismen anscheinend rein übernatürlich; bei Paulus stehen sie besonders klar in engster Beziehung zu den natürlichen Gaben, die nun in den Dienst des Herrn genommen werden (vgl. zumal Rm 12). In der Apostelgeschichte erscheinen die Charismen hauptsächlich ekstatisch und unverfügbar; Paulus gibt an, daß die Gläubigen sie beherrschen können: »Die Geister der Propheten sind den Propheten untertan« (1 Kor 14, 32). Für die Apostelgeschichte scheint es offenbar ausgeschlossen, den Empfang der besonderen Charismen zu beeinflussen; Paulus läßt uns wissen, daß wir »ernstlich nach den geistlichen Gaben streben« können und daß wir das nicht nur können, sondern auch sollen (1 Kor 12, 31; 14, 1).

Wie ich am Anfang dieses Abschnittes sagte, hat die offizielle Theologie diesen Aspekt im Werk des Geistes vernachlässigt. Nun muß ich eine bedeutende Ausnahme nennen, nämlich Karl Barth (vgl. seine Kirchliche Dogmatik IV, 3). Nachdem er in Band IV, 1 von der Rechtfertigung und in IV, 2 von der Heiligung gehandelt hat, führt er als dritten Aspekt die »Berufung« ein. Der gerechtfertigte und geheiligte Christ ist jetzt berufen, am Werk des Christus teilzunehmen, das heißt: Zeuge zu sein. In anderem Zusammenhang bin ich schon darauf eingegangen, wie Barth die Berufung über das persönliche Heil stellt. Hier unterstreichen wir die Tatsache, daß Barth eine dritte Dimension in der Pneumatologie wahrnimmt. Obwohl er seine Entdeckung nur beiläufig zu dem biblischen Befund in Beziehung setzt, der uns hier beschäftigt, und auch die theologischen Anliegen der Erweckungs- und Pfingstbewegung kaum würdigt, sehe ich in seinem Gedankengang große Perspektiven für das Thema, dem wir uns hier zuwenden.

Die Vielfalt der Gnadengaben

Nach dem soeben gewonnenen Ergebnis muß die Vielfalt der geistlichen Gaben der Verschiedenartigkeit der Individuen entsprechen. An fünf Stellen gibt Paulus eine Art Aufzählung der Charismen: Rm 12, 6-8; 1 Kor 12, 8-10. 28; 14, 6; Eph 4, 11. Diese Listen zeigen Überschneidungen, sind aber bei weitem nicht identisch. Am meisten überrascht der Unterschied zwischen den mehr gewöhnlichen Gaben von Rm 12, 6-8 und den mehr außergewöhnlichen von 1 Kor 12, 8-10. Paulus mußte sich in Korinth einer Tendenz widersetzen, die zugunsten etlicher sensationeller Charismen andere zu verdrängen drohte. Mit seiner vollen apostolischen Autorität verteidigt er die Vielfalt, in der also auch Raum für weniger spektakuläre Gaben ist. Er geht sogar von der Verteidigung zum Angriff über. Was als die höchste Gabe angesehen wurde — Reden in unbekannten Sprachen —, stuft Paulus am niedrigsten ein, weil es für die Auferbauung des Leibes nicht von Nutzen ist. Die sogenannte Glossolalie war in der alten Welt eine weitverbreitete religiöse Erscheinung. Wahrscheinlich spielt Paulus auf sie an, wenn er sagt: »Als ihr noch heidnisch wart, wurdet ihr zu diesen stummen heidnischen Götzen hingerissen« (1 Kor 12, 2!), und er erinnert die Korinther an die Tatsache, daß Ekstase als solche kein Zeichen des Geistes ist, da man in derartiger Ekstase sogar sagen kann: »Verflucht sei Jesus!« Paulus besitzt selbst die Gabe der Glossolalie (14, 8); aber er scheut sich, in der Gemeinde Zeichen von Ekstase zuzulassen, in der, wie er dartut, Geist und Denkvermögen nicht länger Hand in Hand gehen (14, 12 ff). Glossolalie bedarf der Interpretation, anders dient sie nicht der Auferbauung des Leibes. Als ein Charisma bleibt sie weit hinter Hilfeleistung, Gemeindeleitung, Lehre und Diensterweisung zurück. Bestenfalls kann Paulus sagen: »Verbietet das Zungenreden nicht« (14, 39).

Im gleichen Vers verlangt er, man solle mit Ernst danach streben, zu weissagen. Die Prophetie gilt Paulus als die höchste aller Gaben. Wir brauchen dringend eine Untersuchung über den Inhalt und die theologische Bedeutung der neutestamentlichen Prophetie. An dieser Stelle kann ich nur sagen, daß Prophetie nach meiner Auffassung die Gabe meint, zu verstehen und zur Sprache zu bringen, was der Wille Gottes für eine konkrete gegenwärtige Situation ist.[15] Wie sehnlich verlangen wir in unseren Tagen mit all ihren Herausforderungen und unruhevollen Verwirrungen nach diesem Charisma! Aber sind wir überhaupt sicher, daß der Kirche von heute diese Gabe fehlt? Wahrscheinlich haben wir Propheten in unserer Mitte, auf den engeren und weiteren Ebenen unseres kirchlichen Lebens. Es ist möglich, daß wir sie nicht als solche erkennen, sondern daß wir ihre Einsichten und Warnungen nur als eine private Meinung unter vielen behandeln. Die Urkirche stand in der entgegengesetzten Gefahr. Sie achtete die Prophetie so hoch, daß sie nicht genügend zwischen wahrer und falscher Prophetie unterschied. Daher bezeichnet Paulus auch »die Fähigkeit, zwischen den Geistern zu unterscheiden«,

---

[15] Siehe Apg 11, 28; 13, 1 ff; 15, 32; 1. Tim 1, 18; 4, 14. Ebenso Apg 21, 14; 1. Thess 5, 20.

als ein Charisma (12,18). Der Mißbrauch, wie er sich vor allem in der montanistischen Bewegung fand, verursachte ein Schwinden dieser Gabe. Aber, wie die Römer richtig wissen, *abusus non tollit usum*, Mißbrauch sagt nichts gegen den rechten Gebrauch. Der Fehler, welcher der alten und der gegenwärtigen Kirche gemeinsam ist, liegt darin, daß beide geneigt sind, Prophetie als eine individualistische, dem Einzelnen vorbehaltene Gabe zu behandeln. Aber sie ist dazu da, von der Kirche als ganzer gebraucht und geprüft zu werden.

Hier muß ich mir versagen, allen von Paulus aufgezählten Charismen nachzugehen. Bei einigen bleibt ihre Bedeutung überhaupt dunkel. Es ist für unseren Zusammenhang auch nicht nötig, sie gesondert zu untersuchen, weil es gerade zu ihrem Wesen gehört, jeweils und in verschiedener Weise den Fähigkeiten des Einzelnen, den historischen und örtlichen Gegebenheiten und den Erfordernissen des Leibes Christi wie der Welt zu entsprechen.

Wahrheit und Unwahrheit in den Kirchen und den Sekten

Abschließend müssen wir uns nun über die Konsequenz dieser Erwägungen für den Gegensatz zwischen den Kirchen und der Pfingstbewegung klarwerden. Um mit dem Leichtesten zu beginnen, wäre festzustellen, wo die Pfingstbewegung von der Linie abweicht, die wir als die maßgebende im Neuen Testament erkannt haben. Zuerst interpretiert sie, wie wir sahen, Paulus im Licht des Lukas, statt umgekehrt — ein hermeneutisch nicht zulässiges Vorgehen. Bei Paulus hält sie sich fast ausschließlich an 1 Kor 12, 7-11, welche Stelle fälschlich als eine systematische und vollständige Darstellung der Charismen betrachtet wird. Infolgedessen und im gleichen Maß vernachlässigt sie die weniger sensationellen Gaben, die Paulus an anderen Stellen erwähnt. Noch dazu fällt die höchste Beachtung auf die Rede in unbekannten Sprachen — in den Augen des Paulus nur eine Gabe geringerer Bedeutung. Zum Schluß erwächst dieses besondere Ansehen aus der Tatsache, daß in diesen Gruppen die Gaben ganz überwiegend als Zeichen der Gnade Gottes gegen den Einzelnen betrachtet werden, statt als Instrumente für den Dienst an denen, die diese Gaben entbehren. Alle diese Gründe verwehren es der Kirche, die Deutung und Darstellung zu akzeptieren, welche die Pfingstbewegung dem Werk des Geistes gibt. Sie ist gerufen, für die Sache derer einzutreten, die weniger sensationelle Gaben empfangen haben, und mit Nachdruck dafür zu sorgen, daß alle Ausübung der Gaben von der Liebe regiert wird und die Auferbauung des Leibes Christi als ein Ganzes zum Ziel hat.

Zur gleichen Zeit müssen die »nicht pfingstbewegten« Kirchen in der Pfingstbewegung Gottes Aufforderung an uns hören, den Geist nicht auszulöschen und ernsthaft nach den geistlichen Gaben zu streben. Was haben wir aus 1 Kor 12-14 gemacht? Wo zeigen wir der Pfingstbewegung und der Welt um uns her, daß unsere Glieder einander in einer Weise dienen, die uns in jeder Weise in die Wirklichkeit Christi hinein wachsen läßt, zu reifem und reichem Erwachsensein? Die Pfingstbewegung ist Gottes Gericht an einer Kirche, die ihr inneres Wachstum und ihr Weitwerden nach außen eingebüßt hat oder, anders gesagt: ihren Charakter, ebenso eine vertikale wie eine horizontale Bewegung zu sein. Wir müssen wiederentdecken, was die Vielfalt der geistlichen Gaben bedeutet und bewirkt. Es ist nicht an uns, die Situation in Korinth zu kopieren, geschweige denn die des Pfingsttages. Im Licht dessen, was uns Paulus lehrt, haben wir die Gaben in die Formen und Erfordernisse des Lebens von heute hinein zu interpretieren. Um das zu erreichen, haben wir einen langen Weg gemeinsamen Denkens und Betens vor uns. Wir sollten uns in der Bereitschaft auf ihn begeben, so viel wie möglich von der Pfingstbewegung zu lernen. In unserem Gemeindeleben müssen wir mit der starken Überzeugung anfangen, daß ein jeder, der Christus liebt, einen besonderen Beitrag zum Wachstum unseres gemeinsamen Lebens zu leisten hat. Gaben des schlichten Dienstes in scheinbaren Kleinigkeiten werden ebenso benötigt wie Gaben der Verwaltung, der sozialen Tätigkeit und der Lehre. An wachem Bewußtsein dafür, daß jedes Glied seinen Beitrag zu leisten hat, haben die europäischen Kirchen viel von den nordamerikanischen zu lernen. Zugleich haben wir gemeinsam verschiedene zu Unrecht vernächlässigte Gaben wiederzuentdecken, allem voran die Gabe der Prophetie. Nur wenn wir mit Ernst die Gaben des Geistes erstreben, wird Gott uns die Lösung mancher Probleme gewähren, mit denen wir heute ringen: die Rolle der Laien, das gemeinsame Zeugnis in sozialen und politischen Fragen, die missionarische Kraft und missionarische Struktur der Gemeinde, die sichtbare Einheit der Kirche.

KAPITEL V

DER GEIST, DIE WELT UND DIE VOLLENDUNG

In diesem Kapitel wenden wir uns den weitesten Perspektiven der Wirksamkeit des Heiligen Geistes zu, die Schöpfung und Neuschöpfung der Welt umfassen. Diese Perspektiven wurden und werden in der theologischen Besinnung oft sehr vernachlässigt. Das gilt weniger von der römisch-katholischen Theologie und am allerwenigsten von der Theologie der Ostkirche. Am meisten und folgenreichsten gilt es von der reformatorischen Theologie. Seit dem Anfang des 17. Jahrhunderts vollzieht sich in ihr eine individualistische Verengung des Blickfeldes. Im 18. Jahrhundert wird diese vom Pietismus fortgesetzt, im 19. Jahrhundert vom Liberalismus, im 20. Jahrhundert von einem theologischen Existentialismus, der den Geist nur als Existenz- und Wortgeschehen verstehen kann. In dieser langen Tradition sind wir für den weiten Horizont, in dem Gottes heiliger und neuschaffender Geist wirkt, blind geworden.

Es könnte den Anschein haben, als ob dieser Horizont auch in unserer Interpretation nur als Nachtrag zu dem bisher Erörterten behandelt werden sollte. So war die Anordnung der Kapitel aber nicht gemeint. Sofern der Geist Gott als den Handelnden bezeichnet, kann nichts weniger als die ganze Schöpfung das Feld seiner Handlungen und Werke sein. Und sofern der Geist den erhöhten Christus in Aktion bezeichnet, verhält es sich ebenso; denn Christus ist der Heiland der Welt und das Haupt des ganzen Menschengeschlechts. Deswegen ging es im wesentlichen schon um das Verhältnis des Geistes zur Welt, als wir im zweiten Kapitel die Sendung als das vornehmste Werk des Geistes behandelten. In diesem Zusammenhang wurde die Welt nur als der Raum betrachtet, in dem der Geist wirkt. Als wir dann von der Kirche und von den Einzelnen sprachen, versuchten wir, die ersten Auswirkungen, die ersten Früchte des göttlichen Geistes in der Welt zu beschreiben. Nunmehr müssen wir zusehen, welche kosmischen Auswirkungen der Geist Christi erzielt. Den Beschluß wird eine Interpretation der eschatologischen Früchte bilden, die der Geist schafft. Zuvor haben wir zu erörtern, welches die gegenwärtigen Früchte sind, die wir dem Geist Christi verdanken. Das wird uns im Mittelteil dieses Kapitels beschäftigen. Doch gelangen wir dahin erst, wenn wir uns über die Weise und die Auswirkungen klargeworden sind, in denen der Geist vor Christus und abgesehen von dem erhöhten Christus in der Welt und in der Geschichte Israels am Werk war. In diesem weitesten Umkreis gehören die genannten drei Themen, die die traditionelle Theologie meist vernachlässigt hat, zusammen.

Der Geist in Schöpfung und Erhaltung

Unter dem Blickwinkel der logischen Ordnung erscheint es als sinnwidrig, die Schöpfung und die Welt im zweiten Schritt nach Christus und der Kirche zu behandeln. Doch entspricht dies der Ordnung des biblischen Denkens. Gottes Beziehung zur Schöpfung ist nicht der Ausgangspunkt, sondern die äußerste Perspektive für Israels Glauben. Die biblischen Zeugen sind sich im klaren darüber, daß wir zu Gottes Werk in der Schöpfung keinen direkten Zugang haben. Die Welt, wie wir sie kennen, ist zweideutig; sie verbirgt Gott ebensosehr, wie sie ihn offenbart. Wir finden ihn in der Schöpfung nicht, wenn er sich nicht zuvor in seiner aktiven Gegenwart in der Geschichte, in der hier und jetzt durch sein Wort und seinen Geist gewährten Erfahrung zu erkennen gibt. Eins der wichtigen Ergebnisse kritischer Forschung hat uns zu dem Wissen verholfen, daß Israels Bekenntnis zu Jahwe als dem Schöpfer der ganzen Erde erst nach und auf Grund der Begegnung erfolgte, die dem Volk durch sein befreiendes Handeln vom Auszug aus Ägypten bis zur Einnahme des verheißenen Landes zuteil wurde; wir wissen auch, daß dieses Bekenntnis dann im Exil von Deuterojesaja und dem Verfasser der Priesterschrift in ihrem Zusammenstoß mit den babylonischen Schöpfungsmythen ausdrücklich zum Thema gemacht wurde. Nun, nachdem wir Gott durch seine Machttaten in der Geschichte erkannt haben, können wir sein Handeln auch in seinem Schöpfung und Erhaltung umschließenden Werk erkennen. Wir verstehen: derselbe Gott, der da handelt, dieselbe *ruach,* die da in Heilstaten am Werk ist, ist das Geheimnis der ganzen geschaffenen Welt. Das Alte Testament weiß mehr als das Neue Testament vom Werk des Geistes in der Schöpfung.

Es liegt nahe, gleich mit 1 Mose 1, 2 zu beginnen: ». . . der Geist Gottes brütete über den Wassern«; aber diese Übersetzung ist zu ungewiß, um Folgerungen für unser Thema zu erlauben.[1] Die wichtigen Aussagen finden wir bei Hiob und in den Psalmen. Daß man häufig geneigt ist, *ruach* in diesen Texten als »Atem« zu übersetzen, mindert ihren pneumatologischen Wert nicht, wie sich in Kapitel I gezeigt hat. Für den gläubigen Israeliten war klar: »Durch das Wort des Herrn sind die Himmel gemacht, durch den Hauch seines Mundes ihr ganzes Heer« (Ps 33, 6). Beide, Wort und Geist, beschreiben Gott in Aktion. Gottes Geist schafft und erhält das Leben der *Natur:* »Sendest du deinen Odem aus, so werden sie geschaffen, und du erneuerst das Antlitz der Erde«;[2] und insbesondere das Leben des *Menschen:* »Der Geist Gottes hat mich geschaffen, und der Odem des Allmächtigen gibt mir Leben«.[3] So nahe ist der Geist dem Leben des Menschen, daß wir uns manchmal fast am Rand des Pantheismus fühlen. Hiob sagt, er habe den Geist-Hauch Gottes in seiner Nase.[4] Nichtsdestoweniger bleibt der Geist in seinem immanenten Wirken ganz souverän und transzendent. Wir können über den Geist in uns nicht verfügen. Gott gibt seinen Geist; und wo er ihn fortnimmt, gehen Mensch und Natur dahin. »Wenn er zurücknähme seinen Geist und seinen Odem an sich zöge — verscheiden müßte alles Fleisch zumal, und zum Staube kehrte der Mensch zurück.«[5] Der Geist Gottes inspiriert aber auch des Menschen *Kultur*. Das Alte Testament bringt ihn in Verbindung mit Ackerbau, Architektur, Rechtsprechung

---

[1] Eine andere mögliche Übersetzung wäre: »Ein Gottessturm (d. h. ein schwerer Sturm) fuhr über die Wasser hin« bzw. in der Fassung von Martin Buber *(Die fünf Bücher der Weisung,* Neubearbeitung Köln-Olten 1954): »Braus Gottes schwingend über dem Antlitz der Wasser«. Dann wären diese Worte eine Bestätigung der vorhergehenden Sätze, die die chaotische Situation der Welt beschreiben. Als dritte Möglichkeit sagt mir zu: »Aber der Wind Gottes wehte über die Wasser«; damit wäre gemeint, daß Gott das Chaos durch einen Wind trockenlegt; vgl. 2 Mose 14, 21 f; Ps 18, 12-15; 104, 7 usf. – in Analogie zu dem, was Gott bei der Befreiung Israels aus Ägypten tat. Siehe J. H. Scheepers: *Die Gees van God en die Gees van die Mens in die O. T.* (Kampen 1960) S. 246-263.

[2] Ps 104, 30; vgl. Pred 3, 19-21.

[3] Hiob 33, 4; vgl. 32, 8; 1. Mos 2, 7; 6, 3; Jes 42, 5.

[4] Hiob 27, 3.

[5] Hiob 34, 14 f; vgl. 4, 9; Ps 139, 7; Pred 3, 19-21; Jes 31, 3; 30, 7.

und Politik (Kyros als ein Gesalbter Gottes!). Überhaupt ist alle menschliche Weisheit Gabe des Geistes Gottes.[6]

Diese Beziehung zwischen dem Geist und der Schöpfung ist im christlichen Denken kaum beachtet worden. Calvin und im Anschluß an ihn Abraham Kuyper sind die einzigen mir bekannten Theologen, die diesem kosmischen Aspekt der Pneumatologie gerecht zu werden versuchten.[7] Solche Vernachlässigung ist aus zwei Gründen zu beklagen. Einmal, weil das besondere Handeln des Geistes im Neuen Testament als die Erneuerung und Erfüllung seines Werkes in der Schöpfung dargestellt und daher in Begriffen beschrieben wird, die seinem Schöpfungswerk entlehnt sind, wie »Lebendigmachen«, »Geburt«, »Erneuerung«, »Wiedergeburt«, »neue Schöpfung«. Die Ausgießung des Heiligen Geistes ist keine zufällige, zusammenhanglose Begebenheit; ebenso wie vom Sohn gilt auch vom Geist, daß er »in sein Eigentum« kam. Deshalb werden wir ermächtigt, seine Spuren allenthalben in der geschaffenen Welt mit Freude und Dank zu entdecken. Wir müssen sogar sagen, daß nur derjenige Gottes Geist in der Neuschöpfung erkennt, der seine Zeichen in der Schöpfung recht zu unterscheiden vermag.[8]

Ein zweiter Grund, diesen Gesichtspunkt zu betonen, ist darin gegeben, daß er das Werk des Geistes vielen, denen der Begriff »Geist« wenig sagt, bedeutungsvoller machen kann. Wir alle werden in jedem Augenblick durch den Geist erhalten. Er ist uns so nah wie unser Leben, unser Atem, unsere Vitalität, unser Verstand und unsere schöpferischen Gaben. Der berühmte mittelalterliche Hymnus *Veni Creator Spiritus* ist ein unvergleichlicher Ausdruck für die Einheit des Werkes des Geistes in Schöpfung und Erlösung:

Imple superna gratia
Quae tu creasti pectora

---

[6] Landbau: Jes 28, 26; Architektur: 2 Mose 31, 3; 35, 31; Rechtsprechung: 4 Mose 11, 17; Politik: Jes 45, 1-5; Weisheit: Hiob 32, 8; Dan 1, 17; 5, 11.

[7] Zu Calvin siehe S. van der Linde a. a. O. S. 34-57; Kuypers entsprechende Darlegungen finden sich in *Het werk van den Heiligen Geest* (Amsterdam 1888) Teil I, Kap. 2.

[8] Vgl. Gösta Lindeskog: *Studien zum neutestamentlichen Schöpfungsgedanken* I (Uppsala-Wiesbaden 1952) und K. Barth: *Kirchliche Dogmatik* Band III, 1; S. 60-63.

Und:

Infirma nostri corporis
virtute firmans perpeti.[9]

Geist Gottes und menschlicher Geist

Der Heilige Geist ist uns »ebenso nahe wie unser eigener Geist«, sagten wir soeben. Dieser Aspekt seiner Gegenwart in der geschaffenen Welt hat seit dem Aufkommen des deutschen Idealismus die besondere Beachtung vieler Theologen auf sich gezogen. Dieses wurde zum Teil dadurch verursacht, daß der Heilige Geist und der menschliche Geist in vielen Sprachen mit demselben Wort bezeichnet werden *(»spirit«, »esprit«, »Geist«, »geest«)*. Das erweckt den Eindruck, beide seien in gegenseitiger Analogie zu definieren, wobei der menschliche Geist in seinem spezifischen Sinn die Eingangspforte und die Wohnstätte des göttlichen Geistes sei. Doch sollte uns dieser sprachliche Sachverhalt nicht irreführen. Die englische Sprache hat anderen Sprachen gegenüber den Vorteil, Wörter zu besitzen, die zwischen beiden Größen unterscheiden. Ich denke da nicht an die unglückliche Wendung *»Holy Ghost«*, die genau in die falsche Richtung weist und aus der kirchlichen Sprache so rasch wie möglich verschwinden sollte; sondern ich denke an das englische Wort *»mind«*, welches als Parallele zu *»spirit«* zugleich nur für den Menschen verwendet wird und damit deutlich macht, daß Gottes Geist und unser Geist verschiedenen Wirklichkeiten zugehören. Das stimmt mit dem neutestamentlichen Gebrauch überein, wo *pneuma* gewöhnlich den Heiligen Geist und seine Wirkungen im menschlichen Leben meint, wohingegen der menschliche Geist, abgesehen von den wenigen Fällen, in denen *pneuma* steht, in der Regel *nous* genannt wird.[10]

Diese Überlegungen mahnen uns, das vieldiskutierte Problem der Be-

---

[9] Unter den kirchlichen Pfingstliedern finden sich Umdichtungen; so sehr frei von Martin Luther (»Komm, heiliger Geist, Herre Gott«); die zitierten Verse sind in Str. 1 und 3 enthalten. Wörtlich übersetzt lauten sie: »Erfülle mit himmlischer Gnade die Gemüter derer, die du geschaffen hast« und: »Stärke unablässig mit deiner Kraft die Schwachheiten unseres Leibes«.

[10] Sogar in den bekannten Worten »der Geist ist willig, aber das Fleisch ist schwach« (Mark 14, 38) haben wir m. E. an den göttlichen Geist zu denken, da es sich um eine Anspielung auf Ps 51, 14 handelt (siehe ThWBNT Bd. VI, S. 394). Beachtenswert ist die paulinische Unterscheidung zwischen *pneuma* und *nous* in 1 Kor 14, 14-19. *Pneuma* ist hier die unmittelbare Auswirkung des

ziehungen zwischen dem göttlichen und dem menschlichen Geist nicht zu übertreiben. Der Geist umfaßt als die Quelle unseres Lebens in seiner Ganzheit nicht nur unser Bewußtsein, sondern ebenso unseren Leib, unsere Lebendigkeit, unsere Gefühle usf. Das Bewußtsein kann die Stelle sein, an der sich unser Aufstand gegen Gott konzentriert, und dann ist es sogar weiter von dem Heiligen Geist entfernt als jeder andere Teil unseres Seins.

Das aber darf nicht unser letztes Wort sein. Die Begriffssphäre »Geist« ist in unseren modernen Sprachen fast nicht weniger verworren als im hellenistischen Griechisch. Neben der Bezeichnung der höheren Fähigkeiten des menschlichen Wesens kann das Wort »Geist« auch eine mehr inklusive Bedeutung haben, so daß es dann unser Ich, den Kern unseres Personseins bezeichnet, das, was in der Bibel oft »Herz« genannt wird. Wenn wir diese Wortbedeutung durchhalten, wird die Frage der Beziehung zwischen Gottes Geist und unserem Geist von neuem relevant. Ist nicht unser Geist in diesem Fall die Kontaktstelle und die Wohnstätte des Heiligen Geistes? In diesem Zusammenhang berufen sich viele auf die Worte des Paulus, daß »das *pneuma* selbst mit unserem *pneuma* bezeugt, daß wir Gottes Kinder sind« (Rm 8, 16). Wir würden diesen Satz jedoch überinterpretieren, wenn wir hier eine Art *analogia entis* feststellen wollten. Das Verb *symmartyrein* besagt, daß Gottes Geist unserem Selbst in solcher Weise Zeugnis gibt, daß dieses Selbst nicht länger passiv bleiben kann, sondern sich gedrungen fühlt, dieses Zeugnis zu unterstützen und weiterzutragen.

Wenn unser Ich ein Geschöpf des Geistes Gottes ist und wir nach Gottes Bild geschaffen sind, müssen wir annehmen, daß es eine gewisse Art von Analogie zwischen dem Wesen und der Funktion uneres Ichs und dem Wesen und der Wirkweise des Geistes Gottes gibt. Dieses Problem ist Teil des weitgreifenden und verwickelten Problems der Beziehung zwischen Gottes Offenbarung in Christus und unserer geschaffenen menschlichen Wirklichkeit. Die angelsächsische Theologie hat stärkeres Interesse daran, diese Beziehung zu erforschen und zu formulieren, als die europäische Theologie. Soweit sich die kontinentale Theologie aber weigert, auf diese fundamentale Beziehung zu ach-

---

göttlichen Geistes im Menschen, während *nous* den bewußten Geist meint, der als Werkzeug für die Wirksamkeit des Geistes dienen muß.

ten, wird sie von Abstraktheit und Sterilität bedroht. Kirche und Theologie müssen bestrebt sein, Gottes Offenbarung so darzustellen, daß ihre Relevanz für unser menschliches Dasein und seine Wirklichkeitsbezüge klar wird. Wir verwerfen Marcions Trennung zwischen Natur und Gnade. Jedes Element der Offenbarung Gottes setzt voraus, daß er »in sein Eigentum« kommt. Die angelsächsische Theologie hält uns diese Tatsache ständig vor Augen, sowohl als Bekenntnis wie als theologisches Programm. Auf der anderen Seite drängt sich europäischen Lesern die Frage auf, ob diese Hinsicht nicht die Darstellung der Offenbarung Gottes in ihrer Souveränität über unsere menschliche Wirklichkeit und in ihrer Spannung zu ihr aufs Spiel setzt. Die Suche nach einer Beziehung zwischen Gottes Geist und unserem Geist kann uns leicht verführen, den Heiligen Geist mit Begriffen des menschlichen Geistes zu interpretieren, und das bedeutet: mit Begriffen der jeweils jüngsten anthropologischen und psychologischen Anschauungen. Dieser Ausgangspunkt hält viele davon ab, konsequent in Rechnung zu setzen, daß das Evangelium »nicht auf Menschenweisheit beruht«, sondern auf dem, was »in keines Menschen Herz gekommen ist«. Es wird oft übersehen, daß die Suche nach Ähnlichkeit fehlleitet, wenn sie uns nicht hilft, ebenso die Unähnlichkeit zwischen den Inhalten unseres Geistes und dem Inhalt des richtenden und rettenden Werkes zu erkennen, das der Geist wirkt. Die Suche nach Ähnlichkeit kann nicht mehr hervorbringen als formale Ergebnisse, indem sie Analogien in Begriffen der Struktur entdeckt, wie Verantwortlichkeit, Gemeinschaft, Beziehung, Personalität usf. Sobald sie darüber hinausgeht, wird sie willkürlich, gerät sie in Gefahr, die Unterscheidung zwischen Gott und Mensch zu verwischen.[11]

[11] Zu welch unterschiedlichen und oft widersprüchlichen Ergebnissen die Suche nach Analogien zwischen Gottes Geist und unserem menschlichen Geist führt, sehen wir, wenn wir beispielsweise drei jüngere Abhandlungen zu diesem Thema vergleichen. Arnold B. Come: *Human Spirit and Holy Spirit* (Philadelphia 1959); Lindsay Dewar: *The Holy Spirit and Modern Thought* (London 1959); George S. Hendry: *The Holy Spirit in Christian Theology* (London 1957), darin Kap. 5: »Der Heilige Geist und der menschliche Geist«. Der erste arbeitet mit den deutenden Begriffen Gemeinschaft, Liebe, Person; der zweite hebt auf die »verborgenen Quellen« von Gemeinschaft und Freiheit ab, wie sie in Okkultismus und Psychiatrie an den Tag kommen; der dritte spricht vorsichtiger von der Freiheit als des Menschen verlorener Beziehung zu Gott.

Wir beschränken uns auf die Aussage, daß der Geist in sein Eigentum kommt und wir darum zwischen seinen Werken in Schöpfung und Neuschöpfung eine Analogie annehmen müssen, daß wir jedoch unfähig sind, diese Beziehung in inhaltlich relevanten Begriffen zu beschreiben. Wir wissen nicht, woher der Geist kommt und wohin er geht.

Der Geist in der Geschichte Israels

Da wir in unserem Entwurf einer Theologie des Heiligen Geistes von Jesus Christus als dem Träger und dem Aussender des Geistes ausgingen, blieb das Wirken des Geistes im alten Israel im wesentlichen unberücksichtigt. Im Zusammenhang unseres Kapitels steht dieses Thema jedoch an. Israel gehört zu den Feldern der besonderen Offenbarung Gottes, hat dabei aber, soweit die Pneumatologie in Betracht kommt, eine Art mittlerer Position zwischen Schöpfung und Christus inne. Gottes tiefste Absicht mit Israel war es, in der gnädigen Bundesbeziehung zu seinem Volk das Sein der geschaffenen und gefallenen Menschheit so zu offenbaren, daß die Notwendigkeit von Menschwerdung und Versöhnungstat Christi offenkundig würde.

Nur wenn wir die Beziehung zwischen Israel und Christus so sehen, können wir die Weise verstehen, in der das Alte Testament vom Werk des Geistes im Zusammenhang mit dem Bund spricht. Wir haben zu Anfang dieses Kapitels gezeigt, daß Hiob und die Psalmen in Begriffen der Schöpfung vom Geist sprechen; in Kapitel I ergab sich, daß die späteren Propheten in Begriffen der Vollendung von ihm sprechen. Hier haben wir zu fragen, ob und wie das Alte Testament in Begriffen der geschichtlichen Gegenwart vom Geist spricht. Die Frage muß bejaht werden; aber das »Wie« unterscheidet sich weit von dem, was im Neuen Testament zu lesen steht. Der Geist wohnt nicht in allen Gläubigen, sondern in einigen Erwählten: während des Exodus und des Einzuges in das Land Kanaan wirkt er in den Anführern, später in den Richtern, den Königen; in Joseph und Daniel; und in höchst besonderer Weise in den Propheten.[12] Das Mitsein des Geistes mit dem Volk als ganzem und mit seinen einzelnen Gliedern bleibt der Zukunft vorbehalten. Oft sieht man

---

[12] Ich folge hier der Aufzählung, die J. H. Scheepers a. a. O. 312-315, in der englischen Zusammenfassung seiner Studie gibt.

Ps 51, 13 als eine Ausnahme an, wenn David da betet: »Nimm deinen Heiligen Geist nicht von mir«; aber selbst hier betet er als ein König, dem bewußt ist, daß er sich gegen seine Salbung mit dem göttlichen Geist versündigt hat. Gottes Geist ist im alten Israel vor allem die Kraft, die die Organe seiner Bundesbeziehung inspiriert und stärkt. Israel selbst nimmt als der Partner in diesem Bunde an dieser Einwohnung Gottes noch nicht teil. Gott und sein Partner stehen einander gegenüber. Das ist ein Wesensmerkmal des Alten Bundes. Hier soll evident werden, daß der Mensch sogar unfähig ist, der gehorsame Partner des gnädigen Gottes zu sein. Hier muß klarwerden, daß die Menschheit einen Gott braucht, der auch die Rolle seines Partners erfüllt und in einem neuen Bund seinen Willen in ihre Herzen hineinschreiben will (Jer 31, 31-34). Aus diesem Grunde wirkt der Geist in den Bundesorganen. Er wirkt ebenso in den treuen Gläubigen des Alten Testaments — als ein Wegweiser zu der großen Zukunft, die verheißen ist; auffallenderweise vermeidet das Alte Testament das Wort Geist in diesem Zusammenhang. Der Haupteindruck ist, daß die allumfassende Wirksamkeit des Geistes im Menschen die Gabe der messianischen Zeit sein wird und daß — bis auf jenen Augenblick — Gott seinen Geist zurückhält, so daß die Notwendigkeit einer neuen und tieferen Herablassung offenkundig wird. Das Alte Testament bestätigt als ganzes die Worte des Johannesevangeliums: »Denn den Geist gab es noch nicht, weil Jesus noch nicht verherrlicht war« (7, 39).

Der Geist im Prozeß der Christianisierung

Nun aber ist Jesus verherrlicht, und sein Geist ist nach den Worten des Propheten Joel ausgegossen auf alles Fleisch. Das ist sogar in einem tieferen und weiteren Sinne wahr, als wir Christen gemeinhin zu glauben geneigt sind. Wir bekennen, daß der Geist in weltweitem Maßstab in den Kirchen und in der missionarischen Bewegung am Werk ist, zugleich aber beschränken wir seine Wirkung auf die gläubigen Kirchenglieder und auf die durch die Mission Bekehrten. Im Gegensatz zu dieser gängigen Meinung glaube ich, daß der Einfluß des Geistes als aktive Gegenwart Jesu Christi in der Welt viel weiter reicht, als wir meinen.

Wie nach dem Wesen des Neuen Testaments nicht anders zu erwarten, finden wir in ihm nur einige Hindeutungen über diese neue Beziehung des Geistes zur Welt. Um klarzumachen, was ich meine, muß ich mehr historisch als biblisch argumentieren. Christus sagt: ». . . und machet zu Jüngern alle Völker . . . und lehret sie alles halten, was ich euch befohlen habe« (Matth 28, 19 f). Bekehrung meint also die Schöpfung eines neuen Verhaltensmusters, eines neuen Lebensstils, der auf die Dauer seine Umgebung beeinflussen und die sozialen und kulturellen Strukturen umgestalten muß. Dieser Prozeß setzt schon in apostolischer Zeit ein. Er spiegelt sich in den Haustafeln an drei Stellen der neutestamentlichen Briefe wider (Eph 5, 21-6, 9; Kol 3, 16-4, 1; 1 Petr 2, 18-3, 7), wo wir von dem Verhalten der Ehemänner und Ehefrauen, der Eltern und Kinder, der Herren und Knechte zueinander lesen. Die Autorität des Herrn übt dadurch einen tiefgehenden Einfluß auf *Ehe, Familie* und *soziales Leben* aus, daß er sie mit der christlichen Liebe erfüllt.

Der nächste Schritt war die Weigerung der Christen, den Kaiser anzubeten; sie führte nach einer langen Zeit der Verfolgung zur Entgötterung des *Staates*. Solange es menschliche Gesellschaften gegeben hatte, beruhten sie auf dem göttlichen Charakter der staatlichen Autorität. Jetzt, da diese Tradition preisgegeben wurde, war der Weg gebahnt für Einfluß des Volkes, unabhängige Rechtsprechung und Demokratie. Als das Römische Weltreich im 4. Jahrhundert nominell christlich wurde, nahm eine gewisse *Christianisierung der Gesellschaft* ihren Anfang. Obwohl die volle Entfaltung dieses Vorgangs erst im Mittelalter eintrat, konnte das Ideal einer einheitlichen christlichen Kultur mehr oder weniger erfüllt werden. Diese Christianisierung schloß die Verpflichtung zur Monogamie ein, die Durchsetzung der Sonntagsheiligung, den Schutz der Kirche und — das war ein deutlicher Bruch mit den römischen Traditionen — die Sorge für die Unterdrückten, die Hilflosen, die Entrechteten. Es ist das Evangelium von Jesus, welches die Aufmerksamkeit der Gesellschaft auf den *Einzelnen* und besonders auf den Benachteiligten richtet. Dasselbe Evangelium verhalf der Welt nach Christus zu einem Sinn für die *Geschichte*. Vorher hatten die Völker das, was wir Geschichte nennen, als einen Kreislauf verstanden, ähnlich dem Prozeß von Wachstum und Vergehen in der Natur, oder jedenfalls als eine endlose Wiederholung ähnlicher Ereignisse. Nunmehr versteht man die Geschichte als sinnvoll, als von Gott regiert und auf ein Ende gerichtet, auf das Königreich Gottes. Das Christentum führte ferner den Begriff einer *wesentlichen Einheit der menschlichen Rasse* ein als eine Konsequenz der universalen Bedeutung der Inkarnation.

Viele Christen und Nichtchristen glauben, dieser Prozeß der Christianisierung habe in den geistesgeschichtlichen Epochen der Renaissance und der Aufklärung haltgemacht und sei allmählich durch einen fundamental andersgearteten Prozeß abgelöst worden — nämlich durch den Vorgang der Säkularisierung. Aber diese Meinung ist falsch. Säkularisierung ist in erster und entscheidender Linie die Fortsetzung der Christianisierung. Der Unterschied liegt darin, daß die Konsequenzen des Evangeliums in der Moderne vor allem von denen gezogen werden, die sich außerhalb der Kirche befinden und sich nicht der Quelle ihrer Inspiration bewußt sind. Die Neuzeit ist durch die Entdeckungen der *Wissenschaft* und die Erfindungen der *Technik* gekennzeichnet. Daß Westeuropa und Nordamerika die Träger dieser ungestümen Entwicklung waren, hatte seinen Grund in der Tatsache, daß die Entmythologisierung der Natur in diesen Bereichen in ihrer radikalsten Form stattgefunden hatte. Die alten Religionen betrachteten die Natur als Wohnstätte der Götter und Dämonen; der Mensch konnte daher nicht in die Naturprozesse eingreifen, ohne den göttlichen Zorn zu riskieren. Im Gegensatz dazu glaubte Israel, Gott stehe gegenüber der Natur auf der Seite des Menschen und habe den Menschen berufen, die Natur in seinem Namen zu beherrschen (1 Mose 1, 26-30; Ps 8). Ohne diese radikale Änderung in der menschlichen Naturanschauung hätten Wissenschaft, Technik, Bekämpfung der Krankheiten usf. niemals in dem tatsächlichen, weltverändernden Ausmaß stattgefunden.

Die Konsequenzen der Säkularisierung *im sozialen und politischen Bereich* haben nicht minder einen christlichen Hintergrund. Das Evangelium hat die Menschen mit einem Gott bekannt gemacht, der nicht ein anderer Name ist für die bestehende soziale Ordnung, sondern ein revolutionierender Gott, dessen »Gerechtigkeit« *(sedek)* nach der Botschaft der Psalmen und der Propheten bedeutet, daß er die Darniederliegenden erhebt und die Unterdrücker erniedrigt. Er ist der Gott, der mit seinen Gesetzen des Sabbat-Jahres und des Jubel-Jahres der Armut entgegenwirkt und die Gleichheit aller seiner Kinder verfolgt. Dieses neue Bild sozialer Normen ist die erste Quelle unserer modernen *Revolutionen,*[12a] in denen immer wieder neue Gruppen unterdrückter Menschen ihre Rechte fordern. Die Französische Revolution hatte mit ihren Idealen von Freiheit, Gleichheit und Brüderlichkeit sehr viel mehr mit Jesus Christus zu tun als jene, die ihr im Namen Christi Widerstand leisteten. Nach der Französischen Revolution konnte man Zeuge der *Emanzipation* der Sklaven, der Frauen, der Arbeiter und der farbigen Rassen sein. Seit dem zweiten Weltkrieg hat sich diese revolutionäre Bewegung in erhöhtem Tempo über die ganze Welt verbreitet. Die befreiende und umwandelnde Kraft des Geistes Jesu Christi ist überall da am Werk, wo Menschen von der Tyrannei der Natur, des Staates, der Hautfarbe, Kaste, Klasse, des Geschlechts, der Armut, der Krankheit und der Unwissenheit befreit werden. Eugen Rosenstock-Huessy spricht in diesem Zusammenhang sogar von einer biologischen Veränderung in der menschlichen Natur. Ich möchte lieber von einem pneumatologischen Wandel sprechen. Die jahrhundertealten statischen Strukturen des menschlichen Lebens mit ihren entmenschlichenden Auswirkungen sind durch die umformenden Kräfte des Geistes ersetzt worden, der im Evangelium, in der Mission und in der Kirche in unsere Welt eingetreten ist und immer neue Konseqenzen der Gottesbotschaft von der Befreiung in dem neuen Menschen Jesus Christus hervorbringt.

Diese kurze Darlegung so weitreichender Gedanken weckt unweigerlich viele Fragen und Einwände. Ich möchte versuchen, einigen von ihnen in wenigen ergänzenden Hinweisen zu begegnen.

Erstens: Unser ganzer Gedankengang bedeutet nicht, daß der Geist Christi die moderne Kultur aus dem Nichts geschaffen habe. Hier wie überall sonst setzt das neuschaffende Werk des Geistes sein Werk in der Schöpfung voraus und benutzt es. Insbesondere die griechischen Philosophen haben viele Einsichten über Natur, Staat, die Einheit des Menschengeschlechts usf. entwickelt, denen wir nicht wenige unserer modernen Entdeckungen verdanken. Freilich hätten diese Einsichten keine Früchte tragen können, wären sie nicht in der christlichen Zeit auf Grund ihrer Verwandtschaft zu den christlichen Konzeptionen bewahrt geblieben.

[12a] Vgl. E. Rosenstock-Huessy: *Die europäischen Revolutionen* 3. A. (Stuttgart 1958); H. Arendt: *Über die Revolution* (München 1966).

Zweitens erhebt sich die Frage: Warum kamen so viele der Früchte des Geistes zu spät, vornehmlich von Nichtchristen gefördert und oft von Christen bekämpft? Die Menschheit lebte für Tausende von Jahren in naturalistischen Lebensformen; kein Wunder, daß es Jahrhunderte dauerte, die höchst radikalen Konsequenzen aus der Herrschaft Christi zu ziehen. Die Kirche selber konnte diese äußersten Konsequenzen schon gefühlsmäßig nicht begrüßen. Sie befürchtete, daß diese Emanzipation des Menschen zur Ablehnung der Autorität überhaupt führen und ihn dahin bringen würde, sich von Christus abzuwenden und sich der Autonomie und dem Nihilismus anheimzugeben.

Drittens: Die Kirche hatte recht, sofern sie die verhängnisvolle Kehrseite der Befreiung voraussah. Sie hatte unrecht, sofern sie versuchte, die Bewegung des Geistes auf halbem Wege aufzuhalten. Das Werk des Geistes hat immer einen zweifachen Effekt. Er »ist gesetzt zum Fall und zum Aufstehen vieler«, »ein Geruch aus Tod zum Tod« ebenso wie »ein Geruch aus Leben zum Leben«. Das gilt nicht nur auf der persönlichen Ebene, sondern ebenso auf der Ebene der Kultur. Die Befreiung durch den Geist kann ebenso zu rücksichtsloser Autonomie führen wie zu der gehorsamen Anerkennnug des Vaters Jesu Christi als des Herrn, dem wir in Freiheit zu dienen haben. Die Kirche hat den Prozeß der Emanzipation zu unterstützen, soweit sie nur kann; zugleich hat sie den Grund und den Sinn dieser revolutionierenden Bewegung zu verkündigen.

Viertens: Das Werk des Geistes in unserer modernen, sogenannten säkularisierten Welt erinnert uns an die Tatsache, daß unser erhöhter Herr nicht nur das Haupt seiner Kirche, sondern vor allem das Haupt der Welt ist. Der Geist ist nicht in die Kirche eingesperrt. Wir wissen, daß sein Werk in der Welt zweideutig ist;[12b] aber sein Werk in der Kirche ist das auch. Nirgendwo auf unserer Erde finden wir ihn in himmlischer Reinheit. In dem Glaubenden weckt er den Konflikt zwischen Geist und Fleisch, in der Welt den Konflikt zwischen der Herrschaft Christi und menschlicher Selbstherrlichkeit.

Fünftens: Trotz der tiefen Schatten ist das Werk des Geistes, die Menschen und ihre sozialen Strukturen zu humanisieren, ein Gleichnis, eine Analogie und sogar ein Teil jener großen Gleichgestaltung, *symmor-*

[12b] Vgl. P. Tillich: *Systematische Theologie* Band III (Stuttgart 1966).

phia, die in Jesus Christus begonnen hat. Sie ist ein Wegweiser auf die Verherrlichung des Universums hin, die Angleichung der Menschheit an ihr Haupt. Wie in dem Einzelnen, so ist auch hier noch nicht mehr als ein schmaler Anfang. Und dieser Anfang ist durch die Tatsache bedroht, daß die Mehrheit derer, die sich seiner erfreuen, die Mitte und den Sinn des Ganzen nicht kennt. Sie haben die Frucht ohne die Wurzel, die horizontale Dimension ohne die vertikale. Die Kirche braucht den Unterricht des Heiligen Geistes in Weltgeschichte, damit sie die kosmischen Konsequenzen ihrer Verkündigung verstehen lernt. Und die Welt braucht die Kirche als Sinngeber und als Bürgen für das Ziel ihrer Entwicklung, damit die Befreiung der Menschheit nicht in Öde und Vergeblichkeit endet.[13]

Der eschatologische Kontext des Geistes

Daß die Beziehung des Geistes zu der großen Zukunft für die Welt fast am Ende dieser Untersuchung erscheint, darf nicht irreführen. Die Folge der Themen ist keine Abfolge von höherem zu geringerem Rang. Aus gleich gutem Grund kann man behaupten, daß dieser Teil der wichtigste ist, weil nach einer Regel der Logik »das, was im Gedanken das erste, in der Durchführung das letzte« ist. Geerhardus Vos sagt in seiner glanzvollen und immer noch aktuellen Studie »Der eschatologische Aspekt der paulinischen Auffassung vom Geist« mit Recht: »Die eigentliche Sphäre des Geistes ist . . . die kommende Welt; von ihr aus projiziert er sich in die Gegenwart und wird zur Verheißung seiner selbst in seinem eschatologischen Werk.« Alan Richardson beginnt sein Kapitel »Der Heilige Geist« mit einem Abschnitt über den eschatologischen Charakter des Geistes. Und Neill Q. Hamilton schreibt über die paulinische Pneumatologie: »Es soll der Versuch unternommen werden, zu zeigen, daß der Geist in erster Linie auf die Zukunft bezogen ist.«[14]

Diese Sicht stimmt mit zwei bereits erwähnten Tatsachen überein. Erstens: Der Heilige Geist wird als die Gabe »am Ende der Tage« gese-

---

[13] Für eine eingehende Erwägung dieser Fragen verweise ich auf mein Buch: *Der Sinn der Geschichte – Christus* (Göttingen 1962), vor allem auf Kap. V und die dort erwähnte Literatur.

[14] Geerhardus Vos in: *Biblical and Theological Studies by the Members of the Faculty of Princeton Theological Seminary* (New York 1912) S. 228; Alan Richardson a. a. O. S. 105-107; Neill Q. Hamilton a. a. O., S. 17.

hen, und diese Tage sind in der Auferstehung Christi und der Herabkunft des Geistes angebrochen. Zweitens: Der Heilige Geist ist der erhöhte Christus, der sich auf das *totum,* das Ganze der Schöpfung hin ausstreckt, indem er weitere und weitere Kreise um den stellvertretenden Einen zieht, bis das letzte Ziel erreicht ist und alle Dinge, *ta panta,* in die große Erneuerung hineingezogen worden sind. Aus diesen Gründen dürfen wir sagen, daß der Geist zusammen mit Christus die Erstlingsfrucht der Zukunft darstellt und daß er sich zugleich vorbereitend ausstreckt auf die Vollendung der Zukunft, die jetzt begonnen hat. Wir werden in vier Hinsichten erklären, was damit gemeint ist.

1. Christus, der Geist und die Vollendung gehören zusammen

Wie wir oben entwickelt haben, ist Christus der *pars,* der auf das *totum* ausgerichtet ist, der Geist aber führt von dem *pars* zum *totum,* vom Teil zum Ganzen. Der Geist ist die Bewegung von Christus zur Vollendung, von den ersten Früchten zur vollen Ernte. Paulus hat dafür in 2 Kor 3, 18 deutliche und eindrückliche Worte gefunden: Wir werden nach dem Ebenbild Christi verwandelt, welches von dem Herrn kommt, der der Geist ist, und welches uns von Herrlichkeit zu Herrlichkeit führt, will sagen: zur vollen Offenbarung der Herrlichkeit Christi in seinem Königreich, zur *symmorphia,* in der die ganze Schöpfung dem neuen Menschen gleichförmig sein wird.

Und weiter: Wenn Christus die erste Frucht der eschatologischen Wirklichkeit ist, gilt dasselbe folgerichtig von allem, was aus seiner Erscheinung, seinem Werk und seiner Auferstehung hervorgeht. Alle diese Wirkungen sind »die Kräfte des kommenden Äons«; sie alle sind in dem Werk des Heiligen Geistes zusammengefaßt.

2. Im Werk des Heiligen Geistes beginnt die Vollendung

Dieser Satz bewahrheitet sich vor allem im Zusammenhang der Rechtfertigungslehre. Durch Glaube und Taufe pflanzt uns der Geist leiblich in Christi Heilswerk ein: Wir sterben und auferstehen mit Christus, und wir sind dazu bestimmt, mit ihm im Himmelreich zusammen zu sein; denn wir sind seine erwählten Miterben und angenommene Söhne Gottes. Noch mehr als die Rechtfertigung gilt die Heiligung im Neuen Testament als der Beginn unserer Verherrlichung, als das Vorspiel der Vollendung. Um diesen Sachverhalt auszudrücken, gebraucht Paulus die Wörter *aparche* und *arrabon*. *Aparche* erinnert uns an die alttestamentlichen Gesetze über die Erstlingsfrüchte von Ernten, Vieh und sogar Menschen, die Gott dargebracht werden sollten als Zeichen und Bekenntnis, daß alles, was wir haben und was wir sind, dem Herrn gehört. Der Gebrauch des Wortes im Neuen Testament weist einen feinen, aber entscheidenden Unterschied auf. Hier sind die Erstlingsfrüchte nicht etwas, was wir Menschen Gott anbieten, sondern das, was er in der Menschheit schafft. Und sie sind auch nicht etwa dazu geschaffen, daß die ganze Menschheit von dieser Hingabe an Gott freigestellt bliebe, vielmehr sind sie eine Verheißung jener kommenden Zeit, in der die ganze Menschheit Gott zugehört. Das Wort *aparche* wird in Beziehung auf drei Wirklichkeiten gebraucht: in Beziehung auf Christus, den Heiligen Geist und die Gemeinde. Christus als neuer Mensch und seine Macht, eine Gemeinschaft in sein Ebenbild zu verwandeln, sind die ersten Früchte der neuen Menschheit. In diesem Zusammenhang ist Rm 8, 23 besonders bedeutsam. Paulus umschreibt dort die Gemeinde als »wir selbst, die wir die Erstlingsgabe des Geistes haben«. Der Genitiv »des Geistes« ist hier zweifellos ein explizierender Genitiv, so daß man sinngemäß übersetzen kann: »Wir, denen der Geist als Erstlingsfrucht der kommenden Ernte gegeben ist.« Der Geist mit allen seinen Gaben, wie Bekehrung, Vergebung, Gemeinschaft mit Gott und Freude an ihm, ist der erste Anteil der kommenden Verherrlichung, der Vorgeschmack des Königreichs.

Noch kräftiger wird der gleiche Gedanke mit dem anderen paulinischen Begriff *arrabon* ausgedrückt. Er entlehnte dieses ungriechische Wort der im Nahen Orient gängigen semitischen Handelssprache (2 Kor 1, 22; 5, 5; Eph. 1, 14). Die revidierte Lutherübersetzung liest dafür »Unterpfand«, die Zürcher Bibel »Angeld«. Ein Käufer, der nicht den ganzen Preis auf einmal erlegen kann (oder will), gibt einen *arrabon* als erste Teilzahlung, als Bürgschaft für seine Bereitschaft, den vollen Betrag zu bezahlen. »Anzahlung« kommt dem Gemeinten wohl am nächsten. Gott gibt seinen Kindern seinen Geist als Zeichen dafür, daß sein Königreich wirklich nahe ist; denn er ist bereit, es zu bringen.

Es entspricht dieser Überzeugung, daß die Beschreibungen der entscheidenden eschatologischen Ereignisse — die Wiederkunft Christi, die Auferstehung von den Toten, das Gericht, das Anschauen Gottes in Christus und das Wandeln in seinem Licht — ebenso auf die entscheidenden pneumatologischen Ereignisse verwendet werden. Im Geist findet Christi Wiederkunft schon statt, in ihm werden wir von den Toten auferweckt, werden wir geprüft und gerichtet, wandeln wir, geleitet vom Licht der Gnade Gottes, durch ihn schauen wir Christus.[15] Das ganze Werk des Geistes — ebenso wie das Werk Christi selber — ist eine Vorwegnahme der Vollendung. Das Neue Testament kennt weder eine futurische noch eine verwirklichte, sondern nur eine in Verwirklichung begriffene Eschatologie.

3. Der Heilige Geist läßt uns sehnsüchtig nach der Vollendung ausschauen

Auf den ersten Blick scheint das ein Widerspruch zur vorhergehenden These zu sein. Jedenfalls möchte man vermuten, daß jede der beiden Aussagen die Bedeutung der andern mindert. Je stärker wir den Beginn der Zukunft erfahren, desto weniger sind wir darauf angewiesen, ihr vollendetes Kommen zu erwarten und umgekehrt. So aber deutet das Neue Testament nicht. Hier entsprechen sich die gegenwärtige Erfahrung der Zukunft und das Verlangen nach der kommenden Zukunft. Denken wir wiederum an Rm 8, 23. In Vers 22 sagt Paulus, die ganze Schöpfung seufze in Geburtswehen. Und dann fährt er steigernd fort, daß die Gemeinde ebenso seufze, das heißt: »Wir . . ., die wir die Erstlingsgabe des Geistes haben.« Der Sinn könnte sein: »*Obwohl* wir den Geist als Erstlingsgabe empfangen haben.« Doch versteht man wohl besser: »*Weil* wir den Geist als Erstlingsfrucht der kommenden vollen Ernte empfangen haben.« Wir können das am besten durch einen Vergleich mit einem Geschehen aus unserem alltäglichen Leben klarmachen. Jemand, der krank ist, kann sich mit dieser Situation abfinden, solange er überzeugt sein muß, daß seine Krankheit unheilbar ist. Sagt ihm aber die ärztliche Autorität, daß er nach kürzerer oder längerer Behandlung wieder gesund wird, bricht eine neue Periode der Unruhe

[15] Siehe z. B. Joh 5, 25; 16, 16-22; 1. Kor 11, 31-32; Eph 1, 18; 2, 5 f; 5, 15.

und sehnsüchtigen Erwartung an. Je mehr Zeichen der Gesundung der Patient entdeckt, desto größer werden Unruhe und Erwartung. Das ist die paradoxe Situation der Kinder Gottes in der Welt. Daß Hoffnung sie beherrscht, hat seinen hauptsächlichen Grund nicht in dem, was ihnen fehlt, sondern in dem, was sie schon empfangen haben. Freude und Frieden, die der Heilige Geist gewährt, machen uns überreich in der Hoffnung (vgl. Rm 15, 13). Wir haben eine Hoffnung, die uns nicht enttäuscht; denn Gottes Liebe ist in unsere Herzen ausgegossen durch den Heiligen Geist, der uns gegeben worden ist (vgl. Rm 5, 5). Glaube und Liebe bringen Hoffnung hervor. Im Licht dessen, was Gott gegeben hat, entdecken wir, wie sehr die gegenwärtige Situation unserer Welt den Gaben widerspricht, die Gott uns in Christus und im Geist gewährt. Darum schauen wir verlangend aus nach einer Welt, die gemäß den Gaben neu geschaffen wird, die uns schon jetzt zuteil geworden sind. Im Glauben und Hoffen erheben wir uns gegen den *status quo*. Die Freude an dem, was uns zuteil geworden ist, bewirkt das Seufzen über das, was wir noch nicht empfangen haben. Die Erfahrungen von Schon-Haben und Noch-Entbehren halten miteinander Schritt. In der Gemeinschaft des Heiligen Geistes gehören sie zueinander wie die Kehrseiten derselben Sache.

4. Der Heilige Geist ist selbst der Inhalt der Vollendung

Diese These ist eine unmittelbare Konsequenz aus den vorhergehenden Einsichten. Wenn der Heilige Geist Vorfrucht und Bürgschaft der Zukunft ist, dann heißt das zweifellos, daß die Zukunft dem entspricht, was wir hier und jetzt im Geist erfahren, ja, daß sie den gleichen Charakter hat. Das Werk des Heiligen Geistes in der Gegenwart bedeutet, daß Gott unser Dasein als einen kleinen Anfang in Anspruch nimmt und daß er unser Leben im gleichen Maß in das Ebenbild Christi verwandelt. Als eine Ausdehnung dieses Geschehens bedeutet die Vollendung, daß Gott alles in allem sein wird und unsere ganze Existenz und unsere ganze Welt darum nach dem Bild Christi verwandelt werden sollen. Wir können die Vollendung als den erfüllenden Abschluß des pneumatischen Prozesses verstehen, als die vollständige Einwohnung des Geistes, als die »Pneumatisierung« der ganzen Schöpfung. Infolgedessen müssen wir sogar mit G. Vos sagen, daß der Geist das Subjekt der Vollendung ist.[16] Wenn Paulus von dem »geistlichen Leib« spricht, den wir im kommenden Äon empfangen sollen (1 Kor 15, 44), so denkt er nicht an einen Leib, der aus unkörperlichem Stoff besteht (was immer das sein mag), sondern an einen Leib als *soma,* eine ganzheitliche menschliche Existenz, Seele und Leib umfassend, die vom Geist Christi geschaffen, durchdrungen und beherrscht ist.

Weil aber Christus in seinem Menschsein verherrlicht worden ist — das heißt, daß er an der Herrlichkeit, der *doxa* Gottes, selber teilhat — und weil in Christus die Menschheit die durch die Schöpfung gesetzten Grenzen zwischen Gott und Mensch überschritten hat, darum will die volle Einwohnung des Heiligen Geistes und unsere Gleichgestaltung mit Christus besagen, daß wir nach den kühnen Worten in 2 Petr 1, 4 »göttlicher Natur teilhaftig« sein werden. In der gegenwärtigen Welt haben wir keine Worte oder Gedankenbilder, um zu beschreiben, was das bedeutet, nicht einmal mit Hilfe der Analogie. Es ist uns genug, zu wissen, daß die Kraft der Auferstehung Christi, welche die Kraft seines gegenwärtig in der Welt wirkenden Geistes ist, unendlich viel mehr vermag als all unser Bitten und Verstehen. »Geliebte, jetzt sind wir Kinder Gottes, und noch ist nicht offenbar geworden, was wir sein werden. Wir wissen, daß wir, wenn es offenbar geworden ist, ihm gleich sein werden; denn wir werden ihn sehen, wie er ist« (1 Joh 3, 2).

[16] Vos a. a. O., S. 225-235. Vos verweist auf Rm 8, 11; Gal 6, 8 und besonders auf die Rolle des Geistes als Subjekt der Auferstehung Christi (Rm 1, 4; 1 Kor 6, 14 u. a.).

KAPITEL VI

DER GEIST UND DER DREIEINIGE GOTT

In vielen Glaubensbekenntnissen und in den meisten Lehrbüchern der Dogmatik wird der in Gottes ewigem, dreieinigem Sein stattfindenden Beziehung des Heiligen Geistes zum Vater und zum Sohn erhebliche Aufmerksamkeit geschenkt. Das ist erklärlich, wenn man an die jahrhundertelangen Kämpfe der Alten Kirche um jene Probleme denkt, die wir als das Trinitätsdogma zu bezeichnen pflegen. Im Mittelalter wurde dieses Ringen abgelöst durch den Konflikt über das *filioque,* mit dem das Nizänische Glaubensbekenntnis hervorhob, daß der Geist vom Vater *und vom Sohn* ausgehe; dieser Konflikt führte zu dem bisher nicht geheilten Bruch zwischen der östlichen und der westlichen Kirche. Alles zusammengenommen, erklärt zur Genüge, warum die Pneumatologie traditionellerweise besonderen Wert auf den trinitarischen Aspekt legt.

Der Geist und das trinitarische Dogma

Trotzdem werden wir darauf verzichten, die Geschichte und alle dazugehörenden Probleme des trinitarischen Dogmas aufzurollen. Der Leser mag die einschlägigen Daten in den Handbüchern der Dogmatik und der Dogmengeschichte finden. Außerdem scheint mir, daß dieser Aspekt der Pneumatologie überbetont worden ist. Wenn wir die Beziehung des Geistes zur Sendung, sein Werk in der Welt und die Funktion der Geistesgaben in der Kirche vor Augen haben — dieses alles sind Themen, die in der systematischen Theologie ganz oder fast ganz übergangen worden sind —, müssen wir wohl oder übel zugeben, daß die Theologie weit mehr an intellektuellen und spekulativen Fragestellungen interessiert war als an solchen, die der Kirche und ihren Gliedern helfen könnten, ihre Rolle in Gottes großem Plan und Weg für die Welt zu erkennen. Die Reformation eröffnete ein neues Feld: die Beziehung des Geistes zum Einzelnen. Das war wirklich ein Fortschritt; aber er konnte die Bevorzugung der überlieferten und überwiegend spekulativen Probleme nicht einschränken. Dabei dürfen wir nicht vergessen, daß wir von der alten Kirche kein »Trinitätsdogma« geerbt haben, sondern nur einige Konzilserklärungen über den göttlichen Charakter Christi und des Geistes. Die Formel »ein Wesen, drei Personen« war von allem Anfang an für verschiedene Interpretationen offen; selbst heute verschleiert sie die Probleme, statt sie zu lösen. Schließlich mag man bezweifeln, ob alle in diesem Feld überkommenen Probleme (und Denkschwierigkeiten) wirkliche Probleme sind, wenn nach der Existenzwahrheit gefragt wird. Ich denke da besonders an den Streit um das *filioque:* ob der Geist vom Vater *und* dem Sohn ausgehe oder, wie die Ostkirche vertrat, vom Vater *durch* den Sohn *(dia tou hyiou)*. In diesem Streit spielten Motive von Prestige und Machtpolitik solch beherrschende Rollen, daß sich heute viele östliche und westliche Theologen höchst unglücklich über das Entweder-Oder fühlen, in das ihre Kirche vor Zeiten hineingedrängt worden ist.[1]

Das alles bedeutet nun nicht, daß das trinitarische Denken der Alten Kirche für eine gesunde, gehaltvolle Lehre vom Heiligen Geist wertlos wäre. Im Gegenteil, das Ergebnis dieses Denkens ist bis heute bedeutungsvoll, sofern nach der Göttlichkeit des Geistes gefragt wird. Für viele Theologen des 2. und 3. Jahrhunderts lag es nahe, über Vater, Sohn und Geist entsprechend der triadischen und emanativen Denkstruktur der hellenistischen Philosophie ihrer Zeit in Begriffen der Subordination nachzudenken. Infolgedessen nahm der Geist — das gilt besonders für die Theologie des Origenes und seiner Schule — die niedrigste Stelle in der göttlichen Hierarchie ein, an der Grenze zu den geistigen Bereichen der geschaffenen Welt. So war der Geist in den Vorstellungen vieler Christen nicht mehr als eine unbestimmte, halbgöttliche, kosmische Kraft, deren Haupteigenschaft es sei, die göttliche Trinität zu vervollständigen. Das 4. Jahrhundert brachte einen radikalen Umschwung. Athanasius bekämpfte jede Auffassung energisch, die dem Sohn ein geringeres Sein zuschrieb als dem Vater. Ebenso deutlich zog er die Konsequenzen seiner Position für die Auffassung vom

[1] Zweifel am westlichen Standpunkt äußert George S. Hendry: *The Holy Spirit in Christian Theology* Kap. II. Eine ausführliche Erörterung der Problematik bietet Serge Boulgakof: *Le Paraclet* (Paris 1946), S. 87-143; Boulgakof spricht von dem »dogmatischen Mißverständnis«. Es ist bezeichnend, daß sich die Studie des Weltkirchenrats: *Orthodoxy, A Faith and Order Dialogue* (Genf 1960) über das Problem ausschweigt.

Geist. In seinen »vier Briefen an Serapion« (358-362) argumentierte er, wegen seines göttlichen Werkes müsse der Geist auch göttlichen Wesens sein. »Wenn der Heilige Geist ein Geschöpf wäre, würden wir in ihm keinerlei Gemeinchaft mit Gott haben; in diesem Falle wären wir mit einem Geschöpf verbunden und wären der göttlichen Natur fremd, so daß wir in keinem Sinn mit ihr Gemeinschaft hätten.«[2] Der andere entschiedene Vertreter der Gottheit des Geistes war in jenem Jahrhundert Basilius der Große mit seinem Werk »Der Heilige Geist« (aus dem Jahre 375) und weiteren Schriften. Er bedient sich im Grund der gleichen Argumentation wie Athanasius. In einem seiner Briefe schreibt er: »Du sagst, der Heilige Geist sei ein Geschöpf. Nun ist jedes Geschöpf Diener des Schöpfers. Denn es heißt: Alle Dinge sind deine Diener (Ps 119, 91). Wenn der Geist ein Diener ist, hat er eine empfangene Heiligkeit. Alle aber, die Heiligkeit durch Empfang haben, sind empfänglich für Neigung zum Bösen. Weil der Heilige Geist jedoch von Natur heilig ist, wird er die Quelle der Heiligkeit genannt; daher kann er kein Geschöpf sein. Wenn er aber kein Geschöpf ist, dann ist er von einer Substanz mit Gott.« (Substanz meint ein Sein, das aus und durch sich selber ist — nicht ableitbar und nicht auflösbar.)[3] Kampf und Sieg dieser theologischen Väter sind von bleibender Bedeutung. Wenn der Geist nicht Gott selber ist, sondern etwas Geringeres, kann er uns weder mit Gott versöhnen noch gemäß dem Bilde des Sohnes neu schaffen. In diesem Fall müßten wir unsere Erlösung im Sinn des Semipelagianismus verstehen: als tiefere Erkenntnis oder als moralische Besserung.

Der Geist: dritte Person in der Trinität?

Sobald die Auffassung, daß der Geist wesenseins mit Gott sei, allgemein akzeptiert war, erhob sich die Frage, durch welche Eigenschaft (die Griechen sagten: *idiotes)* sich Vater, Sohn und Heiliger Geist voneinander unterscheiden. Es ist für Athanasius charakteristisch, daß er für diese Frage kein Interesse hatte und daher über innertrinitarische Unterscheidungen kein Wort verlor. Im Gegensatz dazu stand die westliche Theologie bereits in einer langen terminologischen Tradition. Seit

---

[2] *Epistula I ad Serapionem,* 24 (Migne, Patrologia Graeca 26, 585).
[3] *Epistulae* no 8 (ad Caesarienses, anno 360), Paragr. 10 (Migne, P. G. 32, 884).

Tertullian war die Formel »eine Substanz, drei Personen« *(una substantia, tres personae)* in der lateinisch-sprechenden Kirche durchweg anerkannt. Was bedeutet aber »Person« in diesem Zusammenhang? Ursprünglich bezeichnete es die Maske, die der Schauspieler auf der Bühne trug, um seine Rolle kenntlich zu machen. Die nächste Wortbedeutung war: diese Rolle selbst, was zu einem noch allgemeineren Wortsinn führte: die Rolle oder Funktion, die ein Mensch in seinem sozialen Kontext erfüllt. Schließlich bezeichnete »Person« den Charakter eines Menschen. In der theologischen Fachsprache bezeichnete *persona* jedenfalls mehr als eine äußerliche Maske oder eine bloße Funktion, umfaßte jedoch weniger als den Inhalt unseres Wortes »Person«. Der Begriff blieb vage und wurde viele Jahrhunderte lang zu einer Quelle von Verlegenheit und Verwirrung.

In der griechisch-sprechenden Hälfte der Kirche waren es die sogenannten »Kappadozier«, Basilius der Große, Gregor von Nazianz und Gregor von Nyssa, die die trinitarische Terminologie für künftige Generationen schmiedeten. Die westliche Formel konnten sie nicht übersetzen. *Persona* ist auf Griechisch *prosopon,* das die rein äußerliche Bedeutung »Maske«, »Gesicht« hat und die Nebenbedeutung des lateinischen Äquivalents nicht enthält. Für griechische Ohren hätte eine Verwendung dieser Terminologie wie die Häresie des Sabellius klingen müssen, der die Wesensunterschiede in Gott leugnete. Basilius machte einen Unterschied zwischen zwei Vokabeln, die in der philosophischen Sprache bis dahin synonym gebraucht worden waren, nämlich *ousia* und *hypostasis*. Die Kappadozier sprachen von dem dreieinigen Gott als von drei *hypostaseis* in einer *ousia* (annähernd übersetzt: drei Wesen in einem Sein). Die Lateiner vermochten ihrerseits diese Formel nicht zu übersetzen. Die Übersetzung hätte lauten müssen: *una essentia, tres substantiae* (etwa: ein Wesen, drei Substanzen). Für lateinische Ohren wiederum hätte das wie die häretische Behauptung dreier Gottheiten, wie Tritheismus geklungen. Was die Formel für die Griechen aussagte, ist nicht ganz klar. Hat Lossky recht, wenn er daran denkt, daß *hypostasis* den Sinn unseres modernen Personbegriffs deckt?[4] Oder hat es die-

[4] Vladimir Lossky: *Essai sur la théologie mystique de l'Eglise d'Orient* (Paris 1944); engl.: *The Mystical Theology of the Eastern Church* (London 1957), Kap. III.

selbe Bedeutung wie der antike Begriff der individuellen Seinsweise? Und ist *ousia* als die ontologische Einheit gemeint, die die drei Hypostasen umschließt? Oder wird es wie ein Gattungsbegriff verwendet, der das allgemeine Sein bezeichnet, das den drei Hypostasen gemeinsam ist? Gegen den zuletzt genannten Sinn richteten sich die Befürchtungen der Lateiner, und das nicht ohne Grund. Basilius schrieb: »Der Unterschied zwischen *ousia* und *hypostasis* entspricht dem zwischen Allgemeinem und Individuellem, genauso wie zwischen der Gattung Mensch und einem konkreten Menschen.«[5] Gregor von Nyssa behauptete, der Glaube an die Trinität halte die Mitte zwischen dem heidnischen Irrtum des Polytheismus und dem jüdischen Irrtum eines puren Monotheismus ein.[6] Trotz alledem versuchten die Kappadozier, die Einheit mit dem lateinischen Teil der Kirche zu erhalten. Gregor von Nazianz stellte die Worte *hypostasis* und *prosopon* absichtlich zusammen und erklärte: »Wir werden in keiner Weise über die Namen streiten, solange die Worte auf denselben Begriff hinweisen.«[7] Von westlicher Seite versuchte Hilarius, der Bischof von Poitiers, den lateinisch-sprechenden Theologen die Interpretation der Kappadozier zu verdeutlichen. So führte die Differenz in Vorstellung und Begrifflichkeit nicht zum Bruch. Folge davon war allerdings, daß die Begriffe »Wesen« und »Person«, die bis heute das Gerüst der Trinitätslehre bilden, mehr als eine Auslegung erlauben.

In der westlichen Kirche wuchs die Verwirrung um den Personbegriff während der folgenden Jahrhunderte sogar noch. Augustin hatte schwer mit der Terminologie zu kämpfen. Er sprach lieber von *persona* als von *substantia;* aber auch das befriedigte ihn nicht. Von ihm stammen die berühmten Worte: »Wenn jemand fragt: Was für drei?, so gebricht es der menschlichen Sprache schmerzlich an Kraft. Trotzdem sagen wir: drei Personen; aber nicht, um etwas Bestimmtes damit zu sagen, sondern um nicht schweigen zu müssen.«[8] Der Grund für Augu-

---

[5] Basilius: *Epistulae* no 236 (ad Amphilochium, anno 376), Paragr. 6 (Migne, P. G. 32, 884).

[6] In: *Logos Katechetikos,* Kap. III.

[7] In: *Oratio* 39, 11 (Migne, P. G. 36, 345).

[8] *De Trinitate* V, 9. Zum gleichen Sachverhalt siehe auch VII, 4, wo Augustin (in Paragr. 8) sogar sagt: »Wir benutzen den Ausdruck ›drei Personen‹ nicht, weil die Schrift das tut, sondern weil die Schrift es nicht verbietet.«

stins besondere Verlegenheit lag darin, daß er eine neue Auffassung der Trinität einführte, nach der Vater, Sohn und Heiliger Geist jeden substanziellen Unterschied verloren und statt dessen Beziehungen innerhalb des einen göttlichen Wesens darstellten. Sie beziehen sich aufeinander, wie Gedächtnis, Verstand und Wille innerhalb des menschlichen Geistes zueinander in Beziehung stehen; oder wie in der Liebe sich der Liebhaber, der Gegenstand der Liebe und der Akt der Liebe zueinander verhalten. Dieses letzte Bild liegt Augustin besonders: »Es sind also drei: der Liebende, das Geliebte und die Liebe.«[9] In Augustins Lehre eignet sich der Begriff »Person« genaugenommen besser für den dreieinigen Gott als für die drei Beziehungen innerhalb des göttlichen Wesens. Der Geist ist, noch in stärkerem Maß als Vater und Sohn, eine reine Funktion, insofern er den Akt der Liebe darstellt, das Band, das Vater und Sohn verbindet.

Im folgenden Jahrhundert wurde mit Hilfe der berühmten und einflußreichen Definition, die Boetius für »Person« fand *(rationalis naturae individua substantia)*, ein weniger unbestimmter, man kann sagen: ein »massiverer« Personbegriff eingeführt; dieser Begriff stand der Vorstellung Augustins sogar noch ferner als die frühere klassische Auffassung. Es ist kein Wunder, daß Augustins Anhänger nun noch weniger als ihr Meister mit dem Begriff »Person« anzufangen wußten. Anselm von Canterbury vermied ängstlich, von »drei Personen« im Sinn von »drei Substanzen« zu sprechen; so sprach er denn von »drei ich weiß nicht was«.[10] Und Thomas von Aquin legte dar, »Person« könne überhaupt nichts anderes als »Beziehung« meinen, wenn auch eine Beziehung, »die von eigener Seinsweise« *(ut subsistentem)* sei.[11] Die Reformatoren hatten noch weniger Interesse am terminologischen Erbe der Alten Kirche. Calvin spottete über die, die von der Trinität sprechen, als handle es sich um »drei Menschen«, und er verhöhnte jene, »die sich unter dem Papsttum erdreisteten, drei Männlein *(trois marmousets)* abzubilden — *et voilà la trinité*«.[12] Calvins eigene Definition lautet: »Person nenne ich daher ein selbständiges Sein in Gottes Wesen, welches, obwohl in

[9] Augustin a. a. O. IX, 2 und öfters. Siehe auch VIII, 10 und für die *vestigia trinitatis* überhaupt VIII-XI.

[10] *Monologium*, Kap. 78.

[11] *Summa Theologiae* I, quaestio 29, art. 4; quaestio 30, art. 1.

[12] In: *Congrégation de la divinité de Christ*, Corpus Reformatorum XLVII, 473.

Beziehung zu den anderen, von ihnen durch eine unmittelbare Eigenschaft unterschieden ist.«[13]

Diese Definition steht für viele andere lutherische und reformierte Umschreibungen des Personbegriffs.[14] Die Personen in der Trinität werden als verschiedene Seinsweisen betrachtet, in denen das eine göttliche Wesen existiert, als *modi subsistentiae* oder *modi entis*. Dieses ist noch immer der Standpunkt, der in vielen dogmatischen Handbüchern vertreten wird. Das Wort »Person« wird so zwar beibehalten, jedoch in einem Sinn gebraucht, der weit von dem abweicht, was man heute als seinen Inhalt versteht.

Diese gelehrte Tradition drang allerdings kaum zum einfachen Gemeindeglied durch. Es hörte von der »ersten«, »zweiten« und »dritten« Person der Trinität und verstand dabei »Person« entsprechend der üblichen europäischen Vorstellung von Person, nämlich als ein Zentrum von Selbstbewußtsein und Selbstbestimmung. Daher befand und befindet sich sein Verständnis der Trinität immer noch näher an jenem der Kappadozier als an dem Augustins — mit der Einschränkung, daß man bezweifeln muß, ob es die Trinität auf diese Weise »verstand« oder eben nicht verstand: die meisten Christen nehmen die überlieferte Trinitätslehre hin, indem sie sich, mehr oder weniger eingestanden, von ihrem Verstand dispensieren — wenn sie nicht schlicht an drei Götter glauben.

Die Kluft zwischen dem theologischen und dem zeitgenössischen Gebrauch von »Person« hat die Lehre von der Trinität auf die Dauer nicht unberührt gelassen. Seit dem Ende des 18. Jahrhunderts werden wir Zeugen einer Art Kult der »Person«, die sich nun zur »Persönlichkeit« verdichtet, zu einer autonomen und selbstbewußten Macht, die sich kraft ihres moralischen Vermögens selbst gegen die unpersönlichen Mächte ihrer Umwelt behauptet. Schleiermacher erkannte, daß dieser moderne Begriff nicht auf den Heiligen Geist anwendbar war. Er sah den Heiligen Geist als den *Gemeingeist* an, als den fortwirkenden Einfluß Christi auf die Kirche, der die Gemeinschaft eint und inspi-

[13] Calvin: *Institutio* Buch I, 13, 6; a. a. O. S. 58.

[14] Die lutherischen Theologen betonen gewöhnlich mehr, daß die Trinität jenseits unseres Verständnisses bleibt; die Reformierten wagen sich eher an Versuche, das Geheimnis zu umschreiben. Der Begriff *modus* ist für reformierte Theologie kennzeichnend.

riert.[15] Der Modernismus des 19. Jahrhunderts brach mit dem Personbegriff in der Trinität und betrachtete den Geist, auf der Linie Schleiermachers, als den Ausdruck für den tiefgehenden und fortwährenden Einfluß, den die Lehre und das Vorbild Jesu immer noch in den Herzen und im Leben ungezählter Menschen ausüben. Dieser Einfluß ist von höherer Ordnung, aber nicht wesentlich anderer Art als der Einfluß sonstiger religiöser oder geistesgeschichtlicher Persönlichkeiten und Strömungen.

Die Anhänger der orthodoxen Tradition empfanden, daß dort etwas falsch war, wo man den Geist wie eine unpersönliche Kraft behandelte, als ein »Etwas« zwischen Gott und Christus auf der einen und der Kirche samt dem Einzelnen auf der anderen Seite. Daher brachten orthodoxe Christen das Schlagwort von der »Persönlichkeit des Heiligen Geistes« als Unterscheidungsmerkmal der Rechtgläubigkeit auf. Sie wollten die unmittelbare und persönliche Beziehung zwischen Gott und dem Einzelnen ebenso wie die Souveränität des Heiligen Geistes im Werk der Wiedergeburt festhalten. Ihre Absicht war gut und gesund; aber ihr Schlagwort hieß, den Teufel mit Beelzebub austreiben. Um dem Werk des Geistes die Souveränität und den personhaften Charakter zu erhalten, führten sie den modernen Begriff der »Persönlichkeit« ein, samt allen seinen Nebenbedeutungen im Sinn der Autonomie. Diese Auffassung mußte unweigerlich zu einer Art Tritheismus führen. Der Modernismus tat recht daran, ebendiesen Personbegriff in der Pneumatologie zu verwerfen. Noch weniger als in früheren Zeiten vermochte das Wort »Person« wirklich die Beziehung zwischen dem dreieinigen Gott und dem Geist auszusagen. Trotzdem wird die verworrene und verwirrende Wendung von den »drei Personen der Trinität« immer noch gebraucht. Es ist sinnlos, sie länger beizubehalten, wenn man sich klarmacht, daß diese Formel von allem Anfang an nicht als einende Kraft, sondern als Quelle von Konfusion gewirkt hat.

Die Beziehung zwischen Gott, Christus und dem Geist

Wir haben noch weiteren Grund, der Person-Vorstellung in der Pneumatologie den Abschied zu geben. Kapitel I hat gezeigt, daß das Wort

[15] Siehe seine *Glaubenslehre*, Buch II passim, vor allem Paragr. 121-125.

»Geist« im Grunde als Prädikat zu den Subjekten »Gott« und »Christus« zu nehmen ist. Die moderne biblische Theologie hat deutlich gemacht, daß der Geist im Neuen Testament die Bezeichnung für den erhöhten Christus ist, der in der Welt handelt. Das Bild, das sich nach den biblischen Forschungen abzeichnet, ist ungefähr folgendes: Gott ist ein lebendiger, handelnder Gott. In der Schöpfung überträgt er sein Leben auf eine Welt außerhalb von seinem Sein. Im Schöpfungsakt wird er daher lebendigmachender Geist. Als Geist erhält und entwickelt er seine geschaffene Welt, er erwählt und beschirmt Israel, er beruft und leitet seine Anführer und Propheten. Als die Zeit erfüllt war, wurde Gott selber Mensch. Die Inkarnation ist der höchste Akt seines Geistes. Von nun an hat die Welt das Zentrum des Handelns Gottes in ihrer Mitte. Jesus Christus ist der handelnde Gott, der in unserer Welt präsent ist. Gottes Geist ist von da an Christi Geist, ohne aufzuhören, in einer mehr allgemeinen Weise in der geschaffenen Welt gegenwärtig zu sein. Gottes Handeln in dem erhöhten Christus ist seine sehr spezifische Wirkweise, in deren Licht sein allgemeines Handeln in seiner letztgültigen Bedeutung offenbar wird. Christus als Geist durchdringt und heiligt die geschaffene Welt, bis alle Dinge in ihm als ihrem Haupt zusammengefaßt sind und die Menschheit nach seinem Bild neu geschaffen ist.

Was wir in der biblischen Offenbarung vor uns sehen, ist eine große göttliche Bewegung, die Bewegung Gottes als Geist, die auf den Sohn hinzielt und von dem Sohn ausgeht. Es ist eine Bewegung, die wir nicht anders als in drei Wörtern wiedergeben können: Gott — Christus — Geist, oder (nach dem Beispiel des Buches von H. P. van Dusen) in der Reihenfolge unserer Erfahrung: Geist — Sohn — Vater. Diese drei Namen weisen in ihrer Zusammengehörigkeit auf eine Bewegung des einen Gottes, nicht auf ein statisches Nebeneinander dreier Personen. Sie sind die Beschreibung einer weitergehenden Bewegung der Kondeszendenz, in der sich Gott tiefer und tiefer zum Menschen in seiner Sünde und Bedrängnis ausstreckt, bis er am Ende das Herz des Einzelnen durch seine neuschaffende Kraft im Geiste Christi erreichen kann. Dann führt der Geist den Menschen zu Christus, und in Christus findet der Mensch Gott. Wir haben also eine doppelte Bewegung zu erkennen: Gott streckt seinen Arm und seine Hand zu seiner gefallenen Welt aus, und danach zieht er den Menschen hin zu sich selbst, um den verlorenen Sohn an sein Herz zu drücken und ihm die Erneuerung nach dem Bild Christi zu gewähren.

In alledem ist Gott Person, indem er in personhafter Weise handelt und eine persönliche Begegnung herbeiführt. Der dreieinige Gott umfaßt nicht drei Personen; er selbst ist Person, indem er uns in dem Sohn und in dessen Geist begegnet. Jesus Christus ist nicht eine Person neben der Person Gottes; in ihm bekommt die Person Gottes die Gestalt einer menschlichen Person. Und auch der Geist ist nicht eine Person neben den Personen Gottes und Christi. In der Schöpfung ist er die handelnde Person Gottes, in der Neuschöpfung ist er die handelnde Person Christi, die doch niemand anderes ist als die handelnde Person Gottes. Daher müssen wir jede Vorstellung vom Geist als einer unpersönlichen Kraft zurückweisen. Der Geist ist Person, weil er Gott ist, der als Person handelt. Wir können indes nicht sagen, daß der Geist eine von Gott, dem Vater, unterschiedene Person sei. Person ist er in Beziehung zu uns, nicht in Beziehung zu Gott; denn er ist der persönliche Gott selber in Beziehung zu uns.[16]

Daher haben die drei Namen im Neuen Testament: Gott (Vater) — Christus (Sohn) — Geist nicht den Sinn, eine Art Dreiteilung in Gott auszudrücken, wodurch sich der christliche Glaube vom jüdischen Monotheismus unterschiede (ein altes, zählebiges Mißverständnis). Das Gegenteil ist der Fall. Indem die Apostel diese drei Namen zusammen gebrauchen, möchten sie gerade die Einheit Gottes bezeugen, die Tatsache, daß wir es in der großen Bewegung von Geist, Sohn und Vater nicht mit drei Wesenheiten zu tun haben, sondern mit einem und demselben handelnden und rettenden Gott. Nehmen wir zum Beispiel die Schlußworte des zweiten Korintherbriefes: »Die Gnade des Herrn Jesus Christus und die Liebe Gottes und die Gemeinschaft des Heiligen Gei-

[16] Vgl. Martin Kähler: *Dogmatische Zeitfragen* II, 2. Ausgabe (Leipzig 1908) S. 214. Es kann, sagt Kähler, »dem Christen gar nicht darauf ankommen, zu betonen und zu begreifen, daß und wie etwa der Geist Gottes Gotte selbst gegenüber eine Person sei«. Das würde dem klassischen Trinitätsdogma widersprechen (!) und »würde auch etwas ausdrücken, was ohne Bedeutung für unsren Gottesglauben wäre.« »Dagegen, . . . daß in seinem Geist uns Gott persönlich, mit seinem selbständigen Wollen und mit seiner erbarmenden Liebe begegne, das ist für uns und unser Glaubensleben von entscheidender Bedeutung – daß Gottes Geist *uns gegenüber* (Unterstreichung von Kähler) Person ist, und dergestalt uns in ihm Gott selbst in Person begegnet.«

stes sei mit euch allen!« Es würde der ganzen Denkrichtung des Paulus widersprechen, wollten wir annehmen, Gnade, Liebe und Gemeinschaft (*koinonia,* die Teilhabe an den Gaben des Geistes) seien drei verschiedene Realitäten, dargeboten von verschiedenen Wesen. Gnade, Liebe und Gemeinschaft sind drei Weisen, das eine heilschaffende Werk Gottes zu beschreiben. Entsprechend sind Jesus Christus, Gott und der Heilige Geist drei Weisen, Gottes eine rettende Realität zu beschreiben. Es handelt sich hier um eine Art hebräischen Parallelismus, der dazu dient, die Bewegung und die Vielfalt anzudeuten, die dem Heilswerk innewohnen. Der gleiche Parallelismus findet sich in dem triadischen Satz 1 Kor 12, 4-6.[17]

Gleichwohl können und dürfen wir die Frage nicht unterdrücken, welche die christliche Theologie von ihrem Anfang an beschäftigt hat: Wie können wir diese Pluralität des erschaffenden und neuerschaffenden Handelns Gottes in Übereinstimmung mit dem biblischen Monotheismus interpretieren? Es läßt sich bezweifeln, ob wir diesen Monotheismus in der richtigen Weise begriffen haben. Sogar das Alte Testament verkündigt nicht einen Gott, der numerisch einer ist. Das hebräische Wort für Gott, *elohim,* ist Mehrzahl. In einigen Fällen spricht dieser Gott von sich selbst im Plural (1 Mose 1, 26; 11, 7). Er hält Gericht »inmitten der Götter« (Ps 82, 1). Einerseits ist er über alle Kreaturen unendlich erhaben; andererseits verdoppelt oder vervielfältigt er sich sozusagen im Verkehr mit seinem Volk. Wir denken an seinen Namen, an sein Wort, sein Angesicht, seinen Geist, seinen Boten. Er ist »Jahwe der Heerscharen«, von himmlischen Mächten umringt, die seine Befehle ausführen und in deren Taten er selbst präsent ist und handelt. Gott ist im Alten Testament eine Gemeinschaft in sich selbst, ein Organismus, d. h. das einheitliche Ganze einer Mannigfaltigkeit von Organen, kurz: eine Einheit in Verschiedenheit — so wie es G. A. F. Knight in seiner bemerkenswerten Studie »Ein biblischer Zugang zur Lehre von der Trinität«[18] klar herausarbeitet. Diese Vielzahl und Verschiedenheit Gottes hat mit seinem Handeln und mit seinem Herabkommen in die Welt zu tun. Er ist Gott in Bewegung; er ist eine Bewe-

[17] Siehe Ingo Herrmann a. a. O., bes. S. 136-139.
[18] G. A. F. Knight in: *Scottish Journal of Theology,* Occasional Papers nr. I (Edinburgh, 2. A. 1957).

gung der Liebe. Es ist unmöglich, solche Bewegung mit einem Wort oder einem Namen zu benennen. Gottes Sein in Zuwendung zu uns kann, um diesen Vergleich zu wagen, nicht in einem Foto, sondern nur in einem Film wiedergegeben werden. Auf diesem alttestamentlichen Hintergrund sind die trinitarischen Wendungen im Neuen Testament nichts so Revolutionäres. Wie Jahwe, der ganz transzendente Gott, gleichwohl unter seinem Volk wohnte, nämlich in seinem Namen, seinem Antlitz, seinem Geist, so ist er jetzt in seinem Sohn und in seinem Geist gegenwärtig. Sie sind nicht andere Götter noch auch andere Abteilungen innerhalb einer Gottheit. Sie sind derselbe Gott, der jetzt in einer neuen Weise gegenwärtig und am Werk ist, indem er sich selbst vervielfältigt, ohne sich zu zerteilen, indem er seine Einheit in einer Mehrzahl ausdrückt.

Nun ist es notwendig und nützlich, auf die klassische dogmatische Terminologie zurückzukommen. In der westlichen Theologie fanden wir drei bedeutende Wege, die Unterschiede innerhalb der Trinität auszudrücken: *persona, subsistentia* oder *modus subsistentiae* und *modus entis*. Wir sahen, warum das Wort *persona* wenig hilfreich ist. Der Begriff *»subsistentia«*, wie er von Thomas von Aquin, Calvin und ihren Schülern gebraucht wurde, war abstrakter und weniger »schwergewichtig« als »Substanz«. Er weist auf eine Realität, die eine Beziehung darstellt, aber doch mehr ist als eine Beschaffenheit *(accidens)*; denn sie ist dadurch charakterisiert, daß sie eine ihr eigene Seinsweise besitzt. Für uns ist der Begriff *subsistentia* mit seiner zwischen *persona* und *substantia* liegenden Bedeutung nicht mehr durchsichtig genug. Der einzige Ausdruck, der uns befriedigen kann, ist *modus entis*, »Seinsweise«, den schon einige Theologen in der Zeit der reformierten Scholastik verwendeten.[19] Es ist ein bescheidener Begriff, der keine tritheistischen Mißverständnisse verursachen kann, zugleich aber verdeutlicht, daß Gott nicht nur in einer Weise, sondern in verschiedenen Weisen existiert. Er drückt die Einheit seines Seins in der Verschiedenheit der Seinsweisen aus.

Hier taucht die Frage auf, ob wir es nicht vorziehen sollten, von *modi*

---

[19] Wolleb und Keckermann gebrauchen wörtlich diese Wendung; andere wählen das von den Kappadoziern eingeführte griechische Äquivalent: *tropoi hyparxeos*. Der Begriff *modus* entweder in Verbindung mit *subsistentia* oder ohne Näherbestimmung wird noch häufiger verwendet.

revelationis, Offenbarungsweisen, zu sprechen. Wir wissen, daß Gott sich als Vater, Sohn und Geist offenbart. Aber ist uns erlaubt, aus dieser Tatsache auf das Geheimnis des Wesens Gottes selbst zu schließen? Wäre das nicht eine schlechte Art von Spekulation? Die Antwort muß lauten, daß es im Gegenteil biblischem Denken gemäß spekulativ wäre, zwischen Gott in seiner Offenbarung und Gott in seinem ewigen Sein zu trennen. Wir haben nichts mit einem Wesen Gottes außerhalb seiner Offenbarung zu tun. Wir dürfen glauben, daß er so ist, wie seine Offenbarung ist. Andernfalls wäre seine Offenbarung keine »Offen-barung«, keine »Ent-hüllung«, sondern eine Verhüllung. In der Weise, wie Gott in seinem weitergehenden Herabkommen und Nahkommen zum Menschen handelt, geradeso, gerade da offenbart er sein tiefstes Wesen. Mit Paulus dürfen wir fragen: »Wer hat den Sinn des Herrn erkannt?« Und mit Paulus dürfen wir antworten: »Wir aber haben den Sinn Christi« (1 Kor 2, 16), womit gesagt ist: In dem Sinn Christi, der uns durch den Geist geoffenbart ist, haben wir einen Zugang zu dem unerforschlichen Sinn des Herrn. Das gibt uns das Recht, nicht nur von Offenbarungsweisen, sondern von Seinsweisen zu sprechen.

Dieser Sachverhalt aber hat weitreichende Konsequenzen. Er besagt, daß die Geschichte des Kommens Gottes in die Welt nicht nur eine Geschichte für die Menschen ist, sondern ebenso eine Geschichte in Gott selber. Seine Bewegung ist nicht außerhalb von ihm selbst. Knight wagt den kühnen Satz: »Gott hat durch die Jahrhunderte hindurch etwas gewonnen als Ergebnis dessen, was im Lauf der Zeiten geschehen ist; Gott selbst ist an Erfahrung gewachsen als Erfolg seiner gnädigen Liebe zum Menschen.« Gewiß eine gewagte Weise theologischer Aussage. Zwei Seiten später muß Knight seine These einschränken, indem er sagt: »Gott wächst, und wächst doch nicht.«[20] Dennoch, wir müssen jedenfalls fragen: Können wir umhin zu glauben, daß Gott selber bereichert wird, wenn in der Vollendung, als Ergebnis seiner doppelten Bewegung im Herabkommen und im Zu-sich-Ziehen, sein verlorener Sohn heimgebracht wird, um an der Herrlichkeit des Vaters teilzuhaben?

Ich kenne einen Theologen, der versucht hat, seine Trinitätslehre streng aus dem Blickpunkt dieser doppelten Bewegung zu entwerfen. Er hieß Marcellus und lebte als Bischof von Ancyra im 4. Jahrhundert.

[20] Knight a. a. O. S. 61 und 63.

Zunächst war er ein Freund des Athanasius, der seine seltsame Auffassung von der Trinität verteidigte. Euseb von Caesarea griff ihn heftig an, und nach seinem Tod verdammte man ihn als Häretiker. Entsprechend der Begrifflichkeit seiner Zeit war seine zentrale Kategorie der *logos,* womit er Gott in seinem Handeln meinte. Nach Marcellus ruhte der Logos in Gott, bis er in der Schöpfung als »Tatkraft« (griechisch: *energeia)* erschien. Das war die erste »Austeilung« (griechisch: *oikonomia).* Die zweite war die Inkarnation, in der der Logos sogar von Gott getrennt wurde, wegen seiner Einheit mit dem menschlichen Fleisch. Die dritte Austeilung bestand im Ausgehen des Geistes zu Pfingsten. In allen diesen drei Tätigkeiten wahrt Gott seine Einheit. Was sich ereignet, ist eine schrittweise Ausweitung (griechisch: *platynesthai)* der Aktivität Gottes. Da diese Ausweitung in der Zeit erfolgt, wird sie auch ein Ende haben. Der Logos und der Geist werden in das innere Leben Gottes zurückkehren, so daß der Zustand vor der Schöpfung wiederhergestellt sein wird.[21]

Wir kennen Marcellus nur aus Fragmenten, die von seinen Gegnern zitiert und zugleich angegriffen worden sind. Daher bleibt uns vieles unklar. Wir begreifen, daß er verurteilt wurde, weil er lehrte, 1 Kor 15, 28 sei als ein Hinweis darauf zu sehen, daß die Herrschaft und das Dasein Christi ein Ende nehmen werden. Er konnte sich nicht vorstellen, daß die Heilsgeschichte für Gott ebenso von ewiger Bedeutung sein könnte wie für uns Menschen. Trotzdem war er in jenem entscheidenden Jahrhundert, in dem die Konzeption der Trinität für die kommenden Zeiten ausgearbeitet wurde, der einzige, der diese theologische Aufgabe in ihrem vollen biblischen Umfang erkannte. Mehr als die anderen machte er damit Ernst, biblisch zu denken. Er sah, daß der Logos ebenso wie der Geist Gott selbst in einem besonderen Handeln ist. Er sah auch, daß die Bibel nicht an einem Gott von abstrakter Ewigkeit interessiert ist, sondern an einem Gott, der in Zeit und Geschichte handelt. Diese Einsicht inspirierte ihn zu seinem kühnen Entwurf der trinitarischen Ausbreitung Gottes in der Geschichte. So unternahm er einen

[21] Die Fragmente des Marcellus sind im wesentlichen in Eusebs zwei Schriften gegen ihn enthalten. Sie sind in: *Die griechischen christlichen Schriftsteller der ersten drei Jahrhunderte, Eusebius,* Vierter Band (Leipzig 1906) S. 185-215 zusammengestellt. Siehe vor allem die Fragmente 9, 14, 52, 60, 67, 70, 71, 77, 103, 113-117, 120, 121.

radikalen Versuch, die theologischen Kategorien zu vergeschichtlichen. Seine Tragik liegt darin, daß er nicht radikal genug war. Er begrenzte die trinitarische Ausbreitung auf die gegenwärtige *oikonomia.* Er fühlte sich gezwungen, Gottes Sein im Eschaton wieder ohne Geschichte zu denken. Damit bot er seinen Gegnern, die ihn nicht verstanden, einen bequemen Angriffspunkt.

Vor uns Heutigen liegt noch ein weiter Weg, bis wir zu einer neuen, gemeinsamen Trinitätslehre gelangen, die unseren Gemeindegliedern hilft, statt sie zu verwirren. Diesmal, glaube ich, wird die Erneuerung nicht (wie in den Tagen des Athanasius und des Marcellus) durch die Entdeckung kommen, was der biblische Inhalt des Wortes *logos* ist, sondern durch die Entdeckung und durch die sachgerechte Interpretation des Inhalts und der Funktion, die der biblische Begriff *Geist* bietet.[22] Es ist ein Begriff, der den modernen Menschen anspricht und (was mehr ist) durch seine biblische Bedeutung die Möglichkeit in sich trägt, unsere Vorstellung von Gott von den statischen, abstrakten und inhumanen Elementen zu befreien, die ihr in den Augen so vieler noch immer verfremdend anhaften. Gott ist Geist! Der Herr ist Geist! Das heißt: sie suchen uns, retten uns, erhöhen uns. Gott ist ein Gott in Bewegung, der auch uns in Bewegung bringen will auf unser ewiges Ziel hin. Er sucht uns in dem Sohn; er erreicht uns im Heiligen Geist; er bringt uns durch den Geist zum Sohn und in ihm zum Vater. »Ich glaube an den Heiligen Geist« bedeutet: Ich glaube an einen Gott, der in einer doppelten Bewegung des Heils begriffen ist, in die er seine Gemeinde, die Welt und auch mich hineinzieht.

---

[22] Aufgrund der hier entwickelten Einsichten sehe ich die Ausdrücke *ruach* und *dabar, logos* und *pneuma* als Synonyme an. Die johanneische Lehre von der Präexistenz des Logos deutet auf dieselbe Wirklichkeit wie die lukanische Erzählung von der Empfängnis durch das *pneuma.*

Uwe Gerber

Nachwort

Vorweg möchte ich erklären, warum ich dieses Nachwort für das (zu) lange Zeit vergriffene Buch des geschätzten niederländischen Kollegen Hendrikus Berkhof für die vorliegende Neuauflage verfaßt habe. Der Anlaß war die lapidare Feststellung, daß es neben Lexika-Artikeln (RGG, TRE, EKL, LThK usw.) und einigen thematischen Beiträgen keine für die theologische Aus-, Fort- und Weiterbildung brauchbare monographische »Theologie des Heiligen Geistes« gab und gibt, die in Seminaren behandelt, als Begleitlektüre empfohlen und als Problemanstoß benutzt werden könnte.[1] Ich hatte deswegen mit anderen Kollegen/innen zusammen dem Verlag eine Neuauflage empfohlen; ohne daß ich es wußte, kam ich damit eigenen Überlegungen des Verlags entgegen. Der Übersetzer Hans-Ulrich Kirchhoff, Oberkirchenrat im Kirchenamt der EKD in Hannover, der ein Kenner der niederländischen Kirchen- und Theologieszene ist und meinen theologischen Weg als Diskussionspartner mitprägt, unterstützte dieses Anliegen.

Weitere Gründe sprechen für diese Neuauflage. Der kirchenpolitische Grund liegt in dem Einfluß der niederländischen Reformierten Kirche auf die Abrüstungs- und Friedensdiskussion in der Bundesrepublik Deutschland. Dadurch traten sowohl die reformierte Theologie mit ihrer stark »theokratischen« Orientierung im stärker lutherisch geprägten westdeutschen Kirchenbereich als eigenständige und höchst relevante Weise politischen Theologisierens als auch speziell die niederländischen Varianten gegenüber K. Barths

1 Zu nennen sind hier besonders *O. Dilschneider,* Geist als Vollender des Glaubens (GTB 270), Gütersloh 1978; *ders.* (Hg.), Theologie des Geistes, Gütersloh 1980; *H. Mühlen,* Die epochale Notwendigkeit eines pneumatologischen Ansatzes der Gotteslehre, Wort und Wahrheit 28 (1973) 275–287; *ders.,* Der Heilige Geist als Person, Paderborn 1963; *C. Heitmann/H. Mühlen* (Hg.), Erfahrung und Theologie des Heiligen Geistes, Hamburg/München 1974; *Y. Congar,* Der Heilige Geist, Freiburg 1982 (die franz. Ausgabe umfaßt drei Bände, Paris 1979/80); *Chr. Schütz,* Einführung in die Pneumatologie, Darmstadt 1985 (mit Lit.); *E. Lessing,* Art. Geist, TRE XII, 1984, 218–237 (mit Lit.); Themenheft Concilium 15 (1979); *H. Küng,* Christ sein (dtv 1220), München 1976, 571–583; Evangelischer Erwachsenenkatechismus, Gütersloh 1975, 406ff; Wiederentdeckung des Heiligen Geistes. Der Heilige Geist in der charismatischen Erfahrung und theologischen Reflexion (Ökumenische Perspektiven 6), Frankfurt/M. 1974.

»Christozentrismus« so in Erscheinung, daß auch eine theologische Diskussion zu erwarten war. Letztere steht noch aus, wenn man von einzelnen Debatten etwa zwischen J. Moltmann und H. Berkhof und A. A. van Ruler absieht.

Der ökumenische Aspekt kommt bei H. Berkhof hinzu, sofern er nicht nur seit 1948 im Ökumenischen Rat der Kirchen aktiv und leitend mitarbeitet, von 1954–1975 Mitglied des Zentralkomitees war und von 1974–1983 den Vorsitz des Rates der Kirchen in den Niederlanden innehatte. Er hat Theologie, anders als im deutschsprachigen Raum üblich, stets weltweit im Dialog mit anderen Weltreligionen, aber auch mit allen wichtigen Weltanschauungen und ideologischen Gegenwartsströmungen betrieben und den Heiligen Geist als das universale Lebensband aller Menschen zu verstehen versucht. Wir dürfen missionstheologisch keinen absoluten und exklusiven christozentrischen Absolutheits- und Ausschließlichkeitsanspruch mehr aufrechterhalten, sondern müssen pneumatologisch-dialogisch neu ansetzen.[2]

Weiter ist ein »kairologischer« Grund zu nennen: H. Berkhof will die »mündige Welt« in der gegenwärtigen Umbruchsituation ernst nehmen und auf die Christuswirklichkeit bezogen sehen. So wie stets in Krisenzeiten, so ist auch heute - in unserer Risikogesellschaft - für eine solche Vision der rechte Geist, der Heilige Geist gefragt.[3] Die kritische Sichtung der vielen religiösen Geister, etwa der Pfingstbewegung, der charismatischen Bewegungen oder Neuen Jugendreligionen so gut wie der »civil religion«, des neuen Okkultismus und der säkularen Heilsgeister, etwa der New-Age-Bewegung, der Hexen- und Satanskulte, muß durchgeführt werden.[4] Ebenso muß eine »erfahrene« und »predigbare« Pneumatologie entworfen werden, die den Geist Gottes weder zu einer trinitarischen Person neben zwei anderen ontologisiert noch ihn menschlich funktionalisiert zu einer »frommen Regung im Menschen« noch ihn historisiert zu einem »Dritten Zeitalter des Geistes« nach dem Reich des Vaters und des Sohnes noch ihn mythologisiert in die Gestalt der feministisch rekonstruierten *ruach*-Göttin.[5] In diesen Diskussionen will und kann die 1964

2 Vgl. *H.J. Margull*, Zu einem christlichen Verständnis des Dialogs zwischen Menschen verschiedener religiöser Traditionen, EvTh 39 (1979) 196ff; *U. Gerber*, Kontextuelles Christentum im Neuen China - eine Herausforderung an westliche Kirchen und Theologien, ThZ 42 (1986) 159–173

3 Vgl. *W.-D. Hauschild*, Art. Heiliger Geist, TRE XII, 1984, 196.

4 Vgl. *H. Kleger/A. Müller* (Hg.), Religion des Bürgers. Zivilreligion in Amerika und Europa, München 1986; *J. Moltmann*, Politische Theologie - Politische Ethik, München/Mainz 1984, 34–122.

5 *H. Berkhof*, Moltmann zwischen zwei Niederländern, in: *H. Deuser u.a.* (Hg.), Gottes Zukunft - Zukunft der Welt. Festschrift für J. Moltmann zum 60. Geburtstag, München 1986, 479; *ders.*, Die Pneumatologie in der niederländischen Theologie, in: *Dilschneider* (Hg.), Theologie des Geistes, a.a.O., 30f.

in englisch und 1968 in deutsch erschienene »Theologie des Heiligen Geistes« dogmengeschichtliche und dogmatische Informationen bereitstellen, ein eigenständiges pneumatologisches Denkmodell anbieten und zum Weiterdenken provozieren.

H. Berkhof hat – und dies ist einer der Gründe dafür, warum ein ausführliches Nachwort angefügt ist – eine Entwicklung durchgemacht von seinen als Buch vorliegenden Warfield-Lectures im Princeton Theological Seminary im Jahre 1964 bis zu seiner Dogmatik »Christelijk Geloof« (Christlicher Glaube) von 1973 und den dann folgenden Beiträgen zur Pneumatologie und der literarisch greifbaren schmalen Diskussion mit J. Moltmann. Auch hier gilt: Biographie und Theologie sind ineinander verwoben. Und deswegen möchte ich in den folgenden fünf Abschnitten zunächst die »Autobiographie« von H. Berkhof vorstellen, dann die »Theologie des Heiligen Geistes« kurz darstellen und zu würdigen versuchen, um mich dann H. Berkhofs Weiterentwicklung der 1964 vertretenen »Binität« zur zusammenfassenden Beschreibung des Bundesgeschehens und zur 1973 greifbaren Vorstellung einer »offenen Trinität« zuzuwenden. Schließlich will ich es wagen, das Anliegen von H. Berkhofs Pneumatologie in die bis auf wenige Ausnahmen sehr unterentwickelte pneumatologische »Landschaft« einzuzeichnen und abschließend Fragen zu stellen, Trends zu sichten und Aufgaben zu formulieren.

1. Der Christ und Theologe Hendrikus Berkhof[6]

Hendrikus Berkhof (geb. 1914) hat sich seit seiner Gymnasialzeit in Amsterdam 1925–1931 mit den beiden für ihn konvergierenden Fragen nach der Wahrheit und nach der Kirche beschäftigt. Beide Fragen sind insofern pneumatologisch ausgerichtet, als sie nach der erkenntnis- und kommunikationstheoretischen Kompetenz des Glaubenden und nach der dogmatisch-inhaltlich und ekklesiologisch-kommunikativen Erschließung von Wahrheit fragen. Durch sein Elternhaus – der Vater war im »Roten Norden« Amsterdams bewußt reformiert eingestellter Leiter einer der Schulen der Vereinigung »Die Freie Christliche Schule« – bekam er den Umgang sowohl mit »neocalvinistischen« Reformierten als auch mit den »Sozialisten« vermittelt, weshalb für ihn die Frage nach der Relevanz des christlichen Glaubens für die säkulare Welt (wie bei D. Bonhoeffer) bis heute leitend blieb. Damals vermochten aber

6 Hier benutze ich neben persönlichen Angaben besonders die Autobiographie von H.B.: Om de waarheit en om de kerk. Een theologische autobiografie, in: Festschrift für H.B.: »Bruggen en brugehoofden« (Brücken und Brückenköpfe), Nykerk 1981, 11–21. – Für die Übersetzung danke ich Frau Ilerena, Darmstadt.

weder die reformierten »Triumphalisten« der 20er Jahre noch die »ethischen«, vermittlungstheologischen Prediger den Gymnasiasten zu überzeugen, weil die ersteren die Kirche zu autoritär und uniformistisch verstanden und letztere der Kirche kaum Beachtung schenkten.
Nach dem Propädeutikum an der Städtischen Universität Amsterdam 1932 und dem Theologie-Studium an der Reichsuniversität Leiden bereitete sich H. Berkhof für den Kirchendienst und parallel für ein Doktorexamen vor, das er 1939 mit einer Arbeit über Eusebius von Caesarea abschloß. Damals las er O. Noordmans (1871–1956) Neuerscheinung »Herschepping« (Neuschaffung), die ihn mitriß »mit seinem Nachdruck auf der wehrlosen Fremdheit des Werkes Gottes und mit seinem Frontmachen gegen alles Denken aus dem Faktischen, ob nationalsozialistisch oder neocalvinistisch«.[7] Gleichzeitig wurde er durch den Leidener Systematiker F.W.A. Korff auf K. Barths »Kirchliche Dogmatik« aufmerksam gemacht. Diese Entdeckung blieb wirksam bis heute wie die (kirchen-)politischen Erlebnisse während des kurzen Studienaufenthalts in Berlin und die dort geknüpften Bekanntschaften mit M. Niemöller in Dahlem, mit G. Dehn, W. Niesel und H. Vogel in der Kirchlichen Hochschule und mit H. Lietzmann und anderen an der Universität. Der Amtsantritt als Pfarrer 1938, die Teilnahme an der Ökumenischen Jugendkonferenz in Amsterdam 1939, die sechsmonatige Haft auf Grund einer politisch brisanten Predigt 1940/41 und das Erscheinen der »Geschichte der Kirche« 1942, die in aggressivem Schwarz-Weiß-Stil gegen das »national-sozialistische Heidentum« gerichtet war und deswegen in späteren Jahren revisionsbedürftig und von Prof. O.J. de Jong nach 1967 völlig umgeschrieben wurde, waren die wichtigsten Erlebnisse während der Kriegsjahre. Rein äußerlich trat eine Zäsur ein durch die Übernahme der Leitung des Theologischen Seminars in Driebergen von 1950–1960.
Theologisch setzte sich damals die Erkenntnis immer stärker durch, daß das Evangelium einerseits theokratisch anzuwenden sei, etwa gegen verabsolutierende Strömungen wie den Nationalsozialismus (ganz im Sinne von K. Barth, Barmen und Bekennender Kirche), andererseits aber ein tolerantes Verhalten in sich schließe den anderen mehr oder weniger säkularen Sinngebungsbewegungen gegenüber. Im Anschluß an seine Dissertation legte er darüber einen theologiegeschichtlichen »Rechenschaftsbericht« vor, der 1947 deutsch erschien (»Kirche und Kaiser«). Es wird m. E. deutlich, daß H. Berkhof zusammen mit Koopmans, Eykman und anderen niederländischen Barthianern an dem reformierten theokratischen »offenbarungspositivistischen« Ansatz festhält, zugleich aber über K. Barth hinausgehend gemeinsam mit A.A. van

7 Autobiographie, a.a.O., 13.

Ruler (1908–1970, seit 1947 Professor in Utrecht) und der Niederländischen Reformierten Kirche die Wirklichkeit und Pluralität der neuzeitlichen Welt politisch-hermeneutisch ernst nehmen möchte.[8] Das theokratische Fundament der Demokratie und dessen politische Wirksamkeit für Kirche und Staat – diese bis in den Alltag durchschlagende Vision zerbrach nach dem Kriege, weil sich die »Welt« radikal säkular präsentierte und Toleranz angesagt war. Aber die »Ausweitung« der »streng christozentrischen Systematik« K. Barths auf die Integration der menschlichen Lebenswirklichkeit und die Zurücknahme der »objektivistischen« Homiletik der meisten Barthianer auf die Korrelation von Evangelium und moderner Welt, was im Anliegen mit P. Tillichs Korrelationsmethode vergleichbar war, blieben erhalten. Die verschiedenen Stellungnahmen in der Friedens- und Abrüstungsfrage sind ein beredtes Zeugnis hierfür.

Sein Unbehagen an der barthianischen Orthodoxie thematisierte H. Berkhof an den beiden Themenkreisen Geist und Gesetz: Die Theologie muß in eins mit ihrer Christozentrik pneumatologisch entwickelt und auf das Gesetz sowohl der neuzeitlichen Welt als auch des Evangeliums für diese säkular-mündige Welt politisch-hermeneutisch bezogen werden! »Früher oder später mußten wir ja deutlich machen, wie Gott die Brücke schlägt von Christus, diesem einen Neuen Menschen, zu uns Menschen mit unserer Erfahrungswelt«.[9] Dieses Anliegen verband ihn mit A.A. van Ruler, aber in der Durchführung divergierten beide sehr stark: A.A. van Ruler deutete Jesus Christus lediglich als »Intermezzo« und »Notmaßnahme« (Interim) in der eschatologischen Geschichte Gottes. Im Eschaton wird die Mittlergestalt verschwinden nach 1Kor 15,28, wogegen H. Berkhof Kol 2,3 ins Feld führte, daß in Jesus Christus »alle Schätze der Weisheit und Erkenntnis verborgen liegen« bis in alle Ewigkeit. Er berichtet aus der Retrospektive, daß er damals K. Barths Theologie auszubauen versuchte: »Dabei half mir sehr die Einsicht, daß Christus als der Erhöhte in seinem Wirken auf die Welt hin mit dem Heiligen Geist zusammenfällt. Dadurch lag eine pneumatologische Erweiterung des christologischen Ansatzes auf der Hand, wie ich sie dann in den Princeton-Vorlesungen ›The doctrine of the Holy Spirit‹ (1964; Theologie des Heiligen Geistes, 1968) zu entwickeln versuchte (Kap. I, teilweise auch Kap. VI). Für van Ruler machte diese Kontinuität zwischen Christus und dem Geist das Heilswerk uninteressant. ›Es steckt keine Musik mehr darin‹, sagte er. Mit ›Musik‹ meinte

8 Vgl. *K.M. Miskotte,* Wenn die Götter schweigen, München 1963 zu K. Barths und D. Bonhoeffers Umgang mit der mündig-säkularen Welt; *J.M. de Jong,* Ist Barth überholt?, in: *W. Dantine/K. Lüthi* (Hg.), Theologie zwischen Gestern und Morgen. Interpretationen und Anfragen zum Werk Karl Barths, München 1968, 38–67.

9 Autobiographie, a.a.O., 17.

er Kontrapunktik. Es besteht für van Ruler zwischen Christus und dem Geist ein kontrapunktisches Verhältnis. Christus schiebt den Menschen durch seine Stellvertretung zur Seite. Nachher drängt der Geist Christus wieder zurück, damit wir nun vor Gottes Angesicht wir selbst werden können. Für mich war das ein spekulativer Gedanke ohne Stütze im neutestamentlichen Kerygma. Ich legte gerade dar, daß der Geist uns zu Christus hin führt, um uns unsere wahre Humanität darin finden zu lassen, daß wir seinem Bilde gleichförmig werden. Höflich wiesen wir einander unsere theologischen Entwürfe ab«.[10]
Gemeindepraktisch zeigte sich diese Korrektur an K. Barths Christozentrik in Schriften wie »Christus und die Mächte« (1953), eine Art politischer Theologie, in der die Erfahrungen der nationalsozialistischen Zeit mit der Lehre des Paulus von den »Mächten« erhellt wurden. Diese Schrift wollte Frau von Kirschbaum in den »Theologischen Studien« übersetzt publizieren, »aber Barth fürchtete, daß meine ›mythologisierende‹ Vision von den ›Mächten‹ ihn gesellschaftlich in dem Streit mit Bultmann schwächen könnte. Eine deutsche Übersetzung ist nie entstanden, aber eine englische (sc. in USA in mehreren Auflagen), eine japanische und eine indonesische« (und spanische für Lateinamerika).[11] Auch in anderen Loci zeigte sich diese »Erweiterung«: In »Christus, der Sinn der Geschichte« (1958; deutsch Göttingen 1962) werden die Fragen von Ideologie und Säkularisation, von Heilsgeschichte und der Bedeutung Israels aufgeworfen; »Der Mensch unterwegs« (Die christliche Sicht des Menschen, 1960; deutsch: Neukirchen-Vluyn 1967), »Die Katholizität der Kirche« (1962; deutsch: Zürich 1964), die »Theologie des Heiligen Geistes« (englisch 1964; deutsch 1968) und »Begründete Erwartung« (1967; englisch 1969) zeigen in anthropologischer, ekklesiologischer, pneumatologischer und eschatologischer Dimension diese theologische »Kurskorrektur« an K. Barths »Christomonismus« (wie P. Althaus kritisch formulierte) und »Offenbarungspositivismus« (wie D. Bonhoeffer kritisierte).
Im Herbst 1965 brachte ein einschneidendes Erlebnis in einem Seminar dem seit 1960 (bis 1981) an der Reichsuniversität Leiden dogmatische und biblische Theologie lehrenden Professor eine neue Denkerfahrung: Auf seine Bitte einer Stellungnahme zu Schleiermachers Vorstellung vom »schlechthinnigen Abhängigkeitsgefühl« antwortete ein Student: »Wie weiß er überhaupt, daß wir von einem Absolutum schlechthin abhängig sind?« Der A-Theismus, die Gott-ist-tot-Theologie, Varianten der Theologie der Revolution und verschiedene Befreiungstheologien, die sich darin zeigende empirische Wende und Emanzipationsbestrebung in der westlichen Kultur und Theologie schlu-

10 *Berkhof*, Moltmann zwischen zwei Niederländern, a.a.O., 475.
11 Autobiographie, a.a.O., 17f.

gen sich auch in H. Berkhofs Denkstil und Sprache nieder: »Der Stil war offener und freier, weniger vorschreibend, eher an die Sprache der Erfahrung anknüpfend«. Mitten in den damaligen Studentendiskussionen und Universitätsunruhen ging ihm die Einsicht auf, daß jedes gesellschaftskritische Engagement des Gegengewichts »einer stark inspirierenden und normierenden Überzeugung« bedarf – und er begann 1969 eine »Glaubenslehre« zu verfassen, die gegen die säkularistischen »Horizontalisten« und gegen die offenbarungspositivistischen wie fundamentalistischen »Vertikalisten« das Zueinander von Identität und Engagement, von Glauben und Welterneuerung betonte (erschienen 1973: Christelijk Geloof). In diesem Buch tritt die biblische Vorstellung vom Bund in den Vordergrund und in ihrem Gefolge das Problem der Begegnung, der Intersubjektivität und Interaktion. Beide Aspekte zeigen H. Berkhofs verstärkte Zuwendung zur Geschichte und haben zur oben bereits angedeuteten Korrektur des bislang »binitarischen« Ansatzes: Vater und Sohn senden den Geist als »Anwender« des Heilswerkes, nämlich zum trinitarischen Denken geführt: Vater und Geist in der Bundeseinheit mit dem neuen Menschen Christus.[12] Um nicht in einen barthianischen christozentrischen Offenbarungs-Doketismus zu verfallen, ging H. Berkhof die schwierige Verhältnisbestimmung von neuzeitlicher Aufklärung und christlichem Glauben an, was sich in dem philosophisch-theologischen, deutsch geschriebenen Reisebericht »200 Jahre Theologie« (Neukirchen-Vluyn 1985) niederschlug. (D. Sölle hat die dort vertretene Sicht der Neuzeit politisch-hermeneutisch »zu harmlos« genannt.[13]) H. Berkhof ist und bleibt der Überzeugung, daß die Kirchen der »Ersten Welt« für die Lebenschancen und Sinnfrage der einzelnen Menschen und für den Gang unserer Kultur wichtig sind und daß sie sich deswegen in ihrem Bekenntnis und ihrer Prophetie, ihrer Predigt und Katechese, in ihrem Pastorat und ihrer Diakonie ändern müssen, so z. B. in dem Vortrag auf dem Rheinischen Pfarrertag am 28.9.1987 in Bonn: »Über die Kirche der Zukunft und die Zukunft der Kirche«. Diese Aufgabe ist in der Erleuchtung, Kraft und Gemeinschaft des »Geistes« ständig neu durchzuführen.

So stehen in H. Berkhofs Rückschau, Gegenwartsanalyse und Prospektive die Wahrheits- bzw. Sinnfrage und die Frage nach der Qualität der Kirche für die moderne Welt immer noch vor uns als Fragen nach der Situation des neuzeitlichen Menschen. Anders als K. Barth setzt H. Berkhof beim Menschen ein mit der Absicht, dort anzukommen, wo K. Barth exklusiv eingesetzt hat: bei Gottes Bundespartnerschaft mit uns Menschen. Aber dies ist keine »gleichbleibende Wahrheit, die wir nur weiterzugeben haben. Ich glaube, daß der Heilige

12 Moltmann zwischen zwei Niederländern, a.a.O., 479f; Autobiographie, a.a.O., 19–21.

13 In: Evang. Kommentare 18 (1985) 718.

Geist uns in dieses kritische und befreiende Hin und Her zwischen Situation und Evangelium plaziert. Die Theologie geht einen Weg. Die großen Theologen haben uns gelehrt, daß es nur eine theologia viatorum gibt, eine Theologie auf dem Weg. Aber, ich würde noch schärfer sagen: die Theologie ist selbst jener Weg.«[14]

2. Die »Theologie des Heiligen Geistes« (1964)

H. Berkhof hat seine ständige und dann 1964 monographische Beschäftigung mit der Pneumatologie mit seiner eigenen Lebensgeschichte begründet, die in die Geschichte der niederländischen Kirche und Theologie verwoben ist, die ihrerseits seit der Reformationszeit eine pneumatologische Tradition hat. Bei Calvin als »Theologen des Heiligen Geistes« [15], aber auch im 18. und 19. Jahrhundert in der »weiterführenden Reformation« (als schottisch-niederländischer Parallele zum Pietismus) stand die in calvinistischer Tradition wurzelnde Pneumatologie hoch im Kurs. Der theokratisch-politische, auch ekklesiologisch wirksame, und der soteriologisch-individuelle Aspekt liefen teils mehr, teils weniger verbunden nebeneinander her, wobei die Subjektivierungs- und Interiorisierungstendenz des 19. Jahrhunderts stark nachwirkte bis in Sprache und Denken hinein etwa bei A. A. van Ruler, K. H. Miskotte und auch bei H. Berkhof.[16]

Umgekehrt brachte K. Barths »Objektivismus« einerseits eine Art Befreiung für die subjektivistisch verengte Pneumatologie; andererseits versuchten gerade die Niederländer von Anfang an den strengen Christozentrismus zu erweitern. Gemessen an den pneumatologischen Entwürfen des Remonstranten G. J. Hoenderdaal (1958–1977 Inhaber des arminianischen Lehrstuhls der Leidener Fakultät; Geloven in de heilige Geest, 1968), von A. A. van Ruler (Dogmatiker in Utrecht; bes. sein Vortrag von 1961: Strukturunterschiede zwischen dem christologischen und dem pneumatologischen Gesichtspunkt) und von O. Nordmans, der Zeit seines Lebens Dorfpfarrer blieb (Gestalte en Geest, 1954; Das Evangelium des Geistes, Zürich 1960), wähnt(e) sich H. Berkhof als »Barthianer«.[17] Entgegen K. Barths rein applikativer Pneumato-

14 Autobiographie, a.a.O., 21.

15 *W. Nijenhuis,* Art. Calvin, TRE VII, 1981, bes. 583f zur Pneumatologie Calvins; *S. von der Linde,* De leer van den Heiligen Geest bij Calvijn, Wageningen 1943; *W. Krusche,* Das Wirken des Heiligen Geistes nach Calvin, München 1957; TRE VII, 583f.

16 Hier ziehe ich die noch ungedruckte Dissertation von *H.J. Kägi* an der Universität Basel heran: Der Heilige Geist in charismatischer Erfahrung und theologischer Reflexion. Ein Beitrag zur Pneumatologie, Basel 1987, 123; vgl. Concilium 15 (1979) 545ff.

17 Vgl. den Überblick von *Berkhof,* Die Pneumatologie in der niederländischen Theologie, a.a.O., 25ff.

logie wies er aber dem Heiligen Geist ein eigenständiges Wirkungsfeld und entsprechend dem Menschen als Bündnispartner Gottes eigene Verantwortung und Kreativität zu. Zugleich aber stellte er bei K. Barth eine erfreuliche Weiterentwicklung in der Pneumatologie fest: von der klassisch-applikativen Begründung in KD I/1.2 über die Begründung durch den auferweckten Christus in KD IV/2 (64,4) zur Vorstellung des Geistes als der neuen Präsenz Christi in KD IV/3 (69,4).[18]

Zu dieser »objektivistischen« Linie kamen charismatische und spiritualistische Nebenlinien schwärmerischer, kulturprotestantischer, auch befreiungstheologischer und schließlich pan(en)theistischer Prägungen, mit denen sich H. Berkhof ständig im Gespräch befindet.[19] Der Heilige Geist hat in der Trinität eine eigene Wirkweise, so daß er nicht in der menschlichen Geist-Erfahrung aufgeht, sowenig wie er sich in der bloßen »Applikation« des objektiven Heilswerkes erschöpft. H. Berkhofs pneumatologische Intention liegt zwischen der Scylla einer verengten, die Pneumatologie faktisch aufsaugenden Christozentrik (K. Barths) und der Charybdis eines individualistisch-subjektivistischen, erfahrungszentrischen Spiritualismus (der Schwärmer und vieler Charismatiker). Diese These wird biblisch, dogmengeschichtlich und dogmatisch entfaltet. Der Ansatz der Pneumatologie liegt in einer doppelten Beobachtung: Der Heilige Geist hat, besonders bei den Synoptikern, in der Tradition der Prophetie göttlichen Vorrang gegenüber Jesus, der als sein Empfänger und Träger erscheint (Mt 1,20; Mk 1,9–13: Taufe und Versuchung; Mt 12,28: Dämonenaustreibung in der Kraft des Geistes; Lk 10,21: Jesus jubelt im Heiligen Geist; Apg 1,2: Jesus gibt seinen Jüngern durch den Geist Weisungen; Apg 10,38; Röm 1,4; Joh 3,34 usw.).

Und der zweite Aspekt ist, daß Jesus Christus, besonders nach Paulus und Johannes, seinerseits der »Entsender des Geistes« ist (Röm 8,9; 2Kor 3,17; Gal 4,6; Joh 14,26; 20,22 usw.). »Der Geist ruht auf Jesus, und der Geist geht von Jesus aus. Der, auf dem der Geist bleibt, ist derselbe, der mit dem Heiligen Geist tauft«. Deswegen ist die Christologie »aus einem pneumatologischen Gesichtspunkt zu entwerfen (sc. nicht umgekehrt), das heißt, die Person und das Werk Jesu Christi als die Folge und den Anfangspunkt, als die Mitte der lebenschaffenden Gegenwart Gottes, der Werktätigkeit des Geistes unter den Menschen zu begreifen. Trotzdem sind Versuche, eine solche pneumatologische Christologie zu entwerfen, in der Theologiegeschichte überraschend selten. Ich vermute, daran hat hauptsächlich die Furcht vor Adoptianismus

18 Vgl. *O. Weber*, Grundlagen der Dogmatik, Bd. II, Neukirchen-Vluyn 1962, 272ff.
19 Vgl. *H. Berkhof*, Der Vorschuß des Geistes. Aktuelle Tendenzen in der Pneumatologie, Evang. Kommentare 8 (1975) 658–662.

Schuld. Es ist ja aber doch nicht der beherrschende Begriff des Geistes als solcher, der zur adoptianischen Auffassung führt, sondern die Verkennung und Vernachlässigung der schlechthin einzigartigen Weise, in welcher der Geist mit Christus verbunden ist«.[20] Ein flüchtiger Blick in die Kirchen- und Dogmengeschichte zeigt in der Tat, daß die Ansätze pneumatologischer und sophiologischer (weisheitlicher) Christologien, etwa des Hirten des Hermas, Tatians, der ebionitischen und adoptianischen Richtungen, dann im Westen bei manchen Spiritualisten und mit dem Beginn der Neuzeit bei den meisten Aufklärern, aber auch bei dem »Idealisten« Hegel wie bei dem »Vermittler« Schleiermacher und den Liberalen, immer wieder von den transzendentalistischen Logos-Vorstellungen, von der »hohen« Christologie des Gottessohnes, des Herrn (Kyrios) und Kosmokrators verdrängt und bisweilen zur Häresie abgestempelt und aus Kirche und Theologie ausgeschlossen wurden.[21] Die »hohen« Christologien sind insofern dualistisch geprägt und lassen den Geist nur als ihren eigenen »Anwender« in Erscheinung treten, als sie das Göttliche und das Menschliche von vornherein trennen und dadurch den Geist ganz auf die göttliche Seite stellen als den »Überbrücker« zwischen den beiden sich widerstreitenden Welten; das eigentliche kosmische Gestaltungs- und Erlösungs-»Prinzip« ist allein der göttliche Logos, die zweite Person der Trinität. Hierzu meint H. Berkhof kritisch, »daß das Trinitätsdogma, das ja aus der Logos-Christologie entstanden ist, noch heute die Merkmale jener Vermischung an sich trägt (sc. von biblischer Lehre mit hellenistischer Kosmologie), jedenfalls wenn man an manche spekulative und sogar tritheistische Züge denkt, die dem Dogma in seiner traditionellen Darstellung anhaften. Wir müssen die Frage stellen, ob die konsequente Rückkehr zur pneumatischen Christologie der biblischen Botschaft nicht besser gerecht und auch dem modernen Menschen bedeutsamer zu werden vermöchte als unsere herkömmlichen Denkmodelle. Es ist klar, daß das Trinitätsdogma von solchem Neudurchdenken nicht unberührt bleiben kann. Im weiteren Gang dieses Buches werden wir Gelegenheit haben, auf diese grundlegenden Fragen zurückzukommen«.[22] Hier muß festgehalten werden, daß Jesus Christus auch Empfänger und Träger des Geistes ist, ohne daß hieraus ein Adoptianismus folgen muß.

Der Empfänger und Träger des Geistes ist auch dessen Entsender: Diese mehr funktionale, applikative Deutung des Heiligen Geistes überwiegt, wie

20 *Berkhof,* Theologie des Heiligen Geistes, a.a.O., 21; vgl. *E. Schweizer,* Was ist der Heilige Geist? Eine bibeltheologische Hinführung, Concilium 15 (1979) 494–498.

21 Vgl. *D. Bonhoeffer,* Wer ist und wer war Jesus Christus? (bzw. Christologie), München 1981; *R.R. Ruether,* Sexismus und die Rede von Gott. Schritte zu einer anderen Theologie (GTB 488), Gütersloh 1985, 145ff.

22 *Berkhof,* Theologie des Heiligen Geistes, a.a.O., 23.

wir gesehen haben, eindeutig in der gesamten Tradition, deutlich z. B. bei Calvin: Institutio Christianae Religionis, Buch III,1,1, oder auch bei K. Barth: KD I/2, §§ 16–18. Deswegen muß umgekehrt der Heilige Geist gleichzeitig »als eine selbständige Wirklichkeit mit eigenem Inhalt angesehen werden«[23]. Während die Christozentrik der spiritualistischen (schwärmerischen) oder aktivistischen (befreiungstheologischen) Versubjektivierung des Geistes Gottes und Christi (filioque)[24] in die menschlichen Geist-Erfahrungen und Aktivitäten hinein wehrt, läßt umgekehrt die neu anvisierte Pneumatozentrik keinen exklusiv-christologischen Heilsobjektivismus etwa im Sinne K. Barths mehr zu. »Christus als der auferstandene und erhöhte Herr ist der Geist. Vorher war Geist sozusagen sein persönlicher Besitz, nicht seine Funktion, seine Sendung«.[25] Der Heilige Geist ist »Christus in Aktion« durch seine Auferstehung; was er zu Lebzeiten begann, das wird mit Ostern von ihm im Weltmaßstab fortgesetzt.[26] So wird – um mit H. Kägi zu sprechen[27] – aus dem »Jesus Christus des Geistes« der »Geist Jesu Christi«!

Im 2. Kap. entfaltet H. Berkhof eine pneumato-christologische Missionstheologie, im 3. Kap. eine entsprechende Ekklesiologie, im 4. Kap. die »Anwendung« auf den einzelnen Menschen und im 5. Kap. die eschatologische Kosmologie. Die Kapitel sind im Sinne eines Gefälles angeordnet, so daß die Ekklesiologie zwar keine qualitative, wohl aber eine heilsgeschichtlich bedingte Priorität vor der Heilserfahrung des Individuums hat und die Welt-Dimension den Abschluß bildet. Mit diesem biblisch-heilsgeschichtlichen Ansatz kann H. Berkhof das griechisch-römische Substanzdenken zurückdrängen und Pneuma als »Beziehung« und folglich »Wiedergeburt« als »die neugeschaffene Beziehung zu Gott und zu unserem Nächsten« verstehen. Und zum zweiten kann er mit seinem Relationsdenken jegliche Spiritualisierung, Mystifizierung und direkte Politisierung des Glaubens von der Christus-Beziehung her kritisieren – also so etwas wie eine christologische Theologie pneumatologischer Beziehungen. Diese Bereicherung der Pneumatologie geschieht durch das teilweise panentheistisch anmutende Einrücken des Heiligen Geistes in das Geschehen der Schöpfung, der Erhaltung und der Neuschöpfung der Welt[28], gegen den neuzeitlichen Individualismus, Existentialis-

23 A.a.O., 26.

24 Vgl. *L. Vischer* (Hg.), Geist Gottes – Geist Christi. Ökumenische Überlegungen zur Filioque-Kontroverse. Bericht und Vorträge zweier Tagungen, Beiheft zur Ökumenischen Rundschau Nr. 39, Frankfurt/M. 1981.

25 *Berkhof,* Theologie des Heiligen Geistes, a.a.O., 29.

26 A.a.O., 39.

27 *Kägi,* Der Heilige Geist, a.a.O., 122ff zu H. Berkhof.

28 *Berkhof,* Theologie des Heiligen Geistes, a.a.O., 107ff.

mus und Anthropozentrismus. Ekklesiologisch betrachtet muß man sagen, daß die Kirche den »Unterricht des Heiligen Geistes in Weltgeschichte braucht, damit sie die kosmischen Konsequenzen ihrer Verkündigung verstehen lernt. Und die Welt braucht die Kirche als Sinngeber und als Bürgen für das Ziel ihrer Entwicklung, damit die Befreiung der Menschheit nicht in Öde und Vergeblichkeit endet«.[29] Der Geist dieser Kirche ist zugleich der Geist der Vollendung; die ganze Schöpfung wird »pneumatisiert«, indem wir »pneumatisiert« werden und »pneumatologisch« handeln.[30] Man kann H. Berkhofs Anliegen mit einem Bild des Irenäus verdeutlichen: Gott wirkt mit zwei Händen, nämlich durch Jesus Christus mehr auf den einzelnen Menschen und mit diesem, durch den Geist mehr auf die und mit der Schöpfungswelt. Die Pneumatologie bringt gegenüber der Christologie als ihren eigenständigen Beitrag die »Kosmisierung« ein.
Die angezeigte relative Eigenständigkeit des Geistes bleibt zurückgebunden an seine »Entsender«: den Vater und den Sohn (filioque des Westens) – während einerseits der Osten durch seine Formulierung der Geist-Sendung »vom Vater durch den Sohn« eine wesentlich eigenständigere, reichere Pneumatologie praktizieren und entfalten konnte[31] und andererseits die meisten lutherischen Theologen die Trinität als nicht zu erklärendes Geheimnis mehr oder weniger beiseite lassen.[32] H. Berkhof schlägt nun seinerseits vor, den Person-Begriff aus der Trinitätslehre zu verabschieden und von drei »Namen« für die personhafte Bewegung der einen Person Gottes zum Menschen zu sprechen.[33]: »Wir können nicht sagen, daß der Geist eine von Gott, dem Vater unterschiedene Person sei. Person ist er in Beziehung zu uns, nicht in Beziehung zu Gott; denn er ist der persönliche Gott selber in Beziehung zu uns« (unter Berufung auf M. Kähler)[34]. Die »Dreiheit« läßt sich nach Meinung von H. Berkhof nur durch drei »Seinsweisen« (modi entis) – wie bei K. Barth – formulieren; von modi revelationis (Offenbarungsweisen) zu sprechen hieße, einen Rest an immanenter Trinität (modalistisch) stehenzulassen, wie z. B. J. Moltmann an K. Barths Ansatz beim »Reich Gottes« kritisiert.[35] Aber Gottes Geschichte in ihm selber geschieht als Geschichte der Welt – Gott lebt nicht als Vater »in sich« selbst, dann als Sohn »außer sich« in Jesus von Nazareth und schließlich »an und für sich« durch die Rückkehr des gesandten Gei-

29 A.a.O., 120.
30 A.a.O., 124f.
31 A.a.O., 127.
32 A.a.O., 132.
33 A.a.O., 134f.
34 A.a.O., 135.
35 A.a.O., 138.

stes (wie etwa bei Hegel). Der sachliche wie terminologische Kontext der Trinitätslehre ist nicht mehr der griechisch-römische *»logos«*, sondern der »Geist«, der, biblisch gedacht, mit *ruach, dabar* und *logos* identisch ist.[36]
Was ist nun der Gewinn dieser Pneumatologie, die H. Berkhof weniger als geschlossenes System denn als Denkanstoß und Aufgabe vorgelegt hat und über die er retrospektiv 1975 geurteilt hat, daß dieser Brückenschlag zu den »Spirituellen« damals »wohl zu früh und zu wenig gründlich« gewesen sei?[37]
Positiv zu würdigen sind der Mut, sich in einer Epoche der »Geistvergessenheit« (O. Dilschneider) mit einem systematisch ausgearbeiteten Beitrag zur Pneumatologie zu exponieren; dann die Klarheit, mit der H. Berkhof seine Intentionen, Thesen und Begründungen vorträgt; und schließlich die systematische Kraft, die im Blick auf Jesus Christus doppelgestaltige Pneumatologie in der Bibel zu rekonstruieren, sie in den dogmengeschichtlichen Verschüttungen zu identifizieren und sie dann abschließend trinitätstheologisch in der gezeigten Weise weiterzuführen.
Die Trinitätslehre und damit die Pneumatologie sind auf Intersubjektivität bezogen, wordurch H. Berkhof dem neuzeitlichen Subjektivismus und Individualismus die Spitze nehmen kann. Doch stellt sich hier gleich die Frage, ob der Geist Gottes auch hier mehr als die Wieder-Holung des Gottes Ehre wiederherstellenden und Gott mit dem Menschen versöhnenden Heilswerkes Jesu Christi für den einzelnen Menschen ist? Und wenn H. Berkhof auf der ekklesiologischen Ebene die Gemeinschaft gleichsam normativ über den einzelnen Glaubenden stellt und gar noch das institutionelle Element über das personal-subjektive Moment, zeigt sich dann darin nicht eher die normative Anwendung des »binitarischen« Geschehens zwischen Gott-Vater und Gott-Sohn auf die ekklesiologische und sekundär auf die anthropologische Ebene als umgekehrt der trinitarische Urbildcharakter der drei gleichberechtigten »Seinsweisen« Gottes für die Gestaltung des sozialen Miteinanders geistbewegter Menschen in kirchlicher Gemeinschaft? Von hier aus stellen sich weitere schwierige Fragen. Ich lasse die exegetischen Probleme einschließlich einer pneumatologischen Deutung der Auferweckung – »Wie der Empfänger des Geistes zum Entsendenden wird«? – beiseite und verweise lediglich auf die Beiträge feministischer Theologinnen und Theologen zu Pneuma- und Sophia-Christologien/Jesulogien.[38] Läßt sich H. Berkhof die Alternative von

36 A.a.O., 140.
37 *Berkhof,* Der Vorschuß des Geistes, a.a.O., 661.
38 *E. Moltmann-Wendel,* Das Land, wo Milch und Honig fließt. Perspektiven einer feministischen Theologie (GTB 486), Gütersloh 1985, 97ff.171ff; 202–205: Bibel und Heilige Geistin; *H. Schüngel-Straumann,* Ruah (Geistin), in: *M. Kassel* (Hg.), Feministische Theologie. Perspektiven zur Orientierung, Stuttgart 1988, 59–73; *H. Wöller,* Ein Traum

traditioneller Christozentrik = »Objektivität« und Spiritualismus = »Subjektivismus« nicht als theologisches und zugleich wissenschaftstheoretisches Denkschema derart vorgeben, daß er diesen Subjekt-Objekt-Dualismus der neuzeitlichen Metaphysik gar nicht in einer Art pneumatologischer Synthese überwinden kann?[39] Ich nehme an, daß H. Berkhof genau diese Spannung nach 1968 stark empfunden und dann von sich aus als »Binitarismus« theologisch kritisiert hat als die Vorordnung der Christozentrik und der Gottes-Lehre von Gott-Vater vor die Pneumatologie.
H. Berkhof hat dann zwischen 1973 und 1986 versucht, auf der Ebene der Trinität den Heiligen Geist gegenüber dem Vater und dem Sohn selbständiger zu denken, auf der Ebene der (Soteriologie und) Pneumatologie den Heiligen Geist selbständig heilsgeschichtlich zu denken gegenüber der Schöpfung durch den Vater und der Versöhnung durch den Sohn und auf der Ebene der Anthropologie im Vertrauen auf die heilsgeschichtliche Wirksamkeit des Geistes Gottes beim Menschen, bei seiner Ganzheit und seinen Beziehungen, einzusetzen. Die Pneumatologie wird aus ihrer klassischen Unterordnung unter die Christologie und aus ihrer Einordnung in die Soteriologie und Ekklesiologie (einschließlich der Schrift-, Sakramenten-, Ämter-, Gnadenlehre) und in die Eschatologie (der Geist enthüllt lediglich das ein für allemal geschehene Heilswerk Christi in der Vollendung) herausgeholt und, ähnlich wie in den orthodoxen Kirchen[40], in einer relativen Eigenständigkeit reflektiert. Dieser Kurskorrektur und den dahinterstehenden Intentionen möchte ich im folgenden Abschnitt nachgehen.

3. *Von einer christozentrisch-applikativen zu einer heilsgeschichtlich-kreativen Pneumatologie*

Diesem Abschnitt lege ich hauptsächlich zwei Publikationen von H. Berkhof zugrunde: die revidierte englische Fassung der »Glaubenslehre« (Christian

von Christus, Stuttgart 1987, 212ff; vgl. *U. Gerber,* Feministische Theologie. Selbstverständnis – Tendenzen – Fragen, ThLZ 109 (1984) 561ff.

39 Vgl. zum Problem bei *W. Schulz,* Der Gott der neuzeitlichen Metaphysik, Pfullingen ^{3}1957; *G. Picht u.a.* (Hg.), Theologie – was ist das?, Stuttgart 1977, wobei dieses ganze Buch als Ringen um eine angemessene Geist-Lehre oder Pneumatologie zu verstehen ist, wenn auch eine ausgearbeitete Pneumatologie bzw. Stellungnahme zur Pneumatologie fehlt.

40 Vgl. *P. Evdokimov,* Présence de l'Esprit Saint dans la tradition orthodoxe, Paris 1977; *N.A. Nissiotis,* Pneumatologie orthodoxe, in: Le Saint-Esprit (Editions Labor et fides), Genf 1963, 85–106; vgl. die Beiträge in: Concilium 15 (1979) 499ff; *Bischof G. Wagner,* Der Heilige Geist als offenbarmachende und vollendende Kraft, in: *Heitmann/Brühlen* (Hg.), Erfahrung und Theologie, a.a.O., 214ff.

Faith, zit. Chr.F., 2. Aufl. 1986, §§ 37.38, S. 324–342) und den Beitrag »Moltmann zwischen zwei Niederländern«, nämlich A.A. van Ruler und H. Berkhof, in der Festschrift für J. Moltmann (1986, 469–480, zit. Festschr.).
Für H. Berkhof steht weiterhin fest, daß die Pneumatologie als »conclusion of Christology«, aber in »relativer« Eigenständigkeit zu behandeln ist (Chr.F. 324). War in der »Theologie des Heiligen Geistes« der Geist lediglich der Name für den als Vater und Sohn wirksamen Gott (Festschr. 478), so wird jetzt die Pneumatologie in der Bundes- und Heilsgeschichte zwischen dem Christus-Geschehen als Beginn der »Humanisierung« der Welt und der dereinstigen Vollendung gesehen. Sie enthält eine förderal-theologische Eigenständigkeit in ihrer Rückbindung an den »Erstling« und an ihre Vollendung im Eschaton. Gemessen an Gottes Präsenz in der Natur und Kultur (Schöpfung) ist seine Gegenwart im endzeitlichen Messias einmalig, und deswegen beginnt Pneumatologie - ontisch - mit dem Auftreten und der Auferweckung Jesu Christi (Chr.F. 327). Der Zugang zur Pneumatologie aber geschieht - noëtisch - über unsere gegenwärtigen Geist-Erfahrungen, etwa in der Kirche (römischer Katholizismus) oder in der Einbindung des einzelnen in die Kirche (östlich-orthodoxe Kirchen) oder in der »Bekehrung« des einzelnen (klassischer Protestantismus) oder im Geist des Menschen (liberaler Protestantismus) (Chr.F. 332f).[41] Da diese Geistwirkungen theologisch aber als faktische Aufhebung der Pneumatologie in Ekklesiologie, Soteriologie und Anthropologie diskutiert wurden, fordert H. Berkhof den »Rückgang« zum Geist selbst, auf seinen Ursprung in Jesus Christus. Mit dem »neuen Menschen« hat eine »neue Periode« in der Bundesgeschichte begonnen (Chr.F. 328f). Mit diesem föderal-theologischen Ansatz stellt sich dann die zweifache Aufgabe für die Pneumatologie, zunächst das Verhältnis zwischen Christus und Geist zu bestimmen und dann die Pneumatologie trinitäts-theologisch zu entfalten.
Für die Lösung der ersten Aufgabe rekurriert H. Berkhof auf die in der »Theologie des Heiligen Geistes« bereits entfaltete neutestamentliche Vorstellung von der doppelten Beziehung: Jesus Christus als Empfänger und Träger des Geistes wird mit der Auferweckung zu dessen Entsender (Chr.F. 329f). In diesem »neuen Menschen« fallen erstmals in der Bundesgeschichte zwischen Gott und seiner Schöpfung Geist und Messias (Christus) in eins. Diese Beobachtung wird auch dadurch belegt, daß im Neuen Testament der Geist und Christus zwar einerseits (bundesgeschichtlich) unterschieden werden, so z. B. in Lk 24,49; Joh 14,16; Röm 8,9, andererseits aber identisch gesehen werden, so z. B. in Mt 28,20; Joh 14,18; 1Kor 6,17. In der »Theologie des Heiligen Geistes« hatte H. Berkhof im (unkritischen) Anschluß an die

41 *Berkhof,* Der Vorschuß des Geistes, a.a.O., 658.

Dissertation »Kyrios und Pneuma« von I. Hermann (1961) die (paulinische) Identität beider nahezu exklusiv in den Vordergrund gerückt. Retrospektiv sagt er, daß er diese Identifikation aber nicht konsequent durchgehalten habe – und diese »Inkonsequenz« führt er nach 1973 fort. Den Versuch von A.A. van Ruler, Christus und Geist durch Begriffe wie *assumptio* und *adoptio*, Substitution und Reziprozität usw. zu unterscheiden und einander kontrapunktisch gegenüberzustellen, hielt er für christologischen Doketismus, weil die Menschheit Jesu Christi verlorengehe. Und den Versuch von G. J. Hoenderdaal, eine »interaction of pneumatology and christology which mutally in clude each other« darzustellen, hielt er entgegen, daß dabei nicht mehr von einer »proper function« des Geistes gesprochen werden könne (Chr.F. 331). Der Heilige Geist ist die spezifische Präsenz, Wirksamkeit und geschichtsmächtige Vergegenwärtigung Gottes »zwischen den Zeiten«: »christologically determined power in redemptive history« (Chr.F. 333f). »As the totally faithful convenant partner, Jesus ist the form of the Spirit, calls the Spirit to the earth, and creates room for the Spirit. From now on the activity of the Spirit exists in the mode of the outworking of the absolute convenantal oneness between God and Jesus, and of the new life he has obtained for us in that oneness. Because it concerns here the most intimate union of God and man, what happens here can be approached from two angles: (1) the Spirit creates Jesus *and* Jesus sends the Spirit; and (2) the Spirit is the activity of the exalted Christ *and* a separate activity of God an earth, made possible by Jesus' sonship. Christ and the Spirit are the two poles of the new convenant« (Chr.F. 331f). Das Werk des Geistes ist die facettenreich geschehende »Teilhabe« (participation) zwischen dem Sohn und den verlorenen Söhnen, die Herstellung der Gemeinschaft des »Leibes Christi« und die Erneuerung der eingegliederten Personen (Chr.F. 332). Der Geist rührt uns an, transformiert uns und ermächtigt uns zur Mitarbeit an der Verwandlung der Welt, die mit Jesus Christus begonnen hat und am Ende der Zeiten durch Gott vollendet werden wird. So ist der Heilige Geist weniger eine institutionell oder innerlich wirkende Macht, sondern vielmehr eine geschichtliche Kraft (historical force) (Chr.F. 334).
Wie läßt sich diese »Werk«-Beschreibung des Heiligen Geistes trinitätstheologisch verständlich machen? Zunächst gibt H. Berkhof das traditionelle Bild von der Trinität oder Dreieinigkeit (drei Personen der einen Gottheit) und die daran geknüpften Erörterungen des Seins, der Werke und Attribute Gottes in der Perichorese der drei göttlichen Personen auf zugunsten der Vorstellung von der einen Person Gottes: »The name for God in action toward the world is: Spirit« (Chr.F. 335). »The Father is the divine partner, the Son is the human representative, the Spirit the bond between them and therefore also the bond between the Son and the sons and daughters whom he draws to the Fa-

ther« (Chr.F. 335f). Für den Glaubenden hat jeder der drei Namen Vater, Sohn, Geist eine spezifische Aufgabe in seinem bundesgeschichtlichen Verbundensein mit Gott; aber zusammen machen sie eben nicht »ein Sein in der Ewigkeit« aus (wie etwa im sogen. Athanasianischen Bekenntnis), sondern sie konstituieren eine Geschichte in der Zeit.

Mit diesem förderal-theologischen Ansatz hat H. Berkhof das Theologumenon von der immanenten Trinität des einen ewigen Seins Gottes mit entsprechenden Attributen der drei Personen aufgegeben zugunsten einer förderal-offenbarungstheologischen Vorstellung von der Bundesbegegnung des einen Gottesgeistes mit dem wahren menschlichen Bundespartner. Mit dem Begriff »Trinität« ist auf »a continuing and open event, directed to man« gezielt: »For we are invited to participate in the trinitarian event because the Spirit conformes us into the image of the Son« (Chr.F. 336). H. Berkhof hält am Begriff »Trinität« also nicht (traditionell) deswegen fest, weil dadurch die Partnerschaft innerhalb der Trinität ausgesagt werden kann (consortium trinitatis), sondern: »even the most intimate human relationship with it still presupposes the distance in essence with respect to God and his Spirit, and the distance as to origin with respect to the ›only begotten Son‹« (Chr.F. 336). Das trinitarische Geschehen gründet in Gottes ewiger Vorherbestimmung, ein vergebender, liebender, sich uns zuwendender Gott zu sein (Chr.F. 337).

Ein Blick auf die trinitätstheologische Diskussion der Alten Kirche zeigt, daß mit der Unterscheidung einer immanenten (ontologischen) und ökonomischen (offenbarungsmäßigen) Trinität und den beiden Abgrenzungen – »die Werke der Trinität nach innen sind unterschieden in Schöpfung, Versöhnung und Erlösung« und »die Werke der Trinität nach außen sind ununterscheidbar« – ein solcher Graben zwischen »Gott selbst« und »Gott für uns« gezogen wird, daß beide nichts mehr miteinander zu tun haben (Chr.F. 338). Aus diesem Grunde kritisiert H. Berkhof auch J. Moltmanns »soziale Trinitätslehre«, weil dort noch etwas von »the abstract eternity« zu spüren sei (Chr.F. 339). Die »Ökonomisten« wie Irenäus oder Marcell von Ancyra konnten sich in der Alten Kirche nicht durchsetzen; die Reformatoren verblieben in der Tradition; die unitarischen Antitrinitarier des 16./17. Jahrhunderts fanden wegen ihres Rationalismus keinen durchschlagenden Anklang; Schleiermachers These, daß die Trinitätslehre eine rationale Kombination aus verschiedenen unmittelbaren Aussagen über das christliche Selbstbewußtsein darstelle und einer grundlegenden Umarbeitung bedürfe[42], fand als Konzentration auf die ökonomische Trinität in Hegel einen spekulativ-trinitätstheologischen und in den Ethikern um Ritschl umgekehrt am Selbstbewußtsein ansetzende Nach-

42 *F.D.E. Schleiermacher,* Der christliche Glaube nach den Grundsätzen der evangelischen Kirche im Zusammenhange dargestellt, Berlin ^{2}1831, §§ 170–172.

folger; die angelsächsische Tradition mit ihrer empiristischen Orientierung war zwar der Vorstellung von der Offenbarungstrinität zugetan, dabei aber ständig an der Grenze zum Tritheismus (Chr.F. 340f). Nach Meinung von H. Berkhof brachte die Dialektische Theologie ein neues Interesse an der immanenten Trinität, um nämlich die Gottheit Gottes zu wahren, die bei einer Konzentration auf die ökonomische Trinität angetastet werden könnte. K. Barths Intention war es dann, die beiden Aspekte oder Tiefendimensionen der Trinität zusammenzusehen: In KD I/1, §§ 8-12 hatte er die Trinität klassisch-applikatorisch als Selbst-Offenbarung Gottes als des Herrn bezeichnet; in KD IV/1, § 59 spricht er davon, daß in Gott selbst ein Oben und Unten, ein Früher und Später, ein Übergeordneter und ein Subordinierter seien, wobei der Heilige Geist diese beiden, nämlich den Vater und den auferweckten Christus, vereint (vgl. KD IV/2, 330-348). G.C. Berkouwer u. a. haben K. Barth Tendenzen zu einem unerlaubten »Theopaschitismus in neuem Gewande«, also letztlich (wie J. Moltmann) Modalismus vorgeworfen, weil Gott selbst in Jesus Christus gehorsam sei und leide (Chr.F. 341).[43] In diese spekulative Richtung gehen nach Meinung von H. Berkhof - unter Rückgriff auf Hegels »Göttliche Triade« - auch W. Pannenberg in seinen »Grundzügen der Christologie« (1980)[43a] und E. Jüngel in »Gott als Geheimnis der Welt. Zur Begründung der Theologie des Gekreuzigten im Streit zwischen Theismus und Atheismus« (1978, §§ 22-25). Die Kritik H. Berkhofs lautet: »For all of them the Trinity is the description of a history within and of God himself, with the cross as the center . . . If the doctrine of the Trinity is not viewed as arising out of the convenant association between God and humankind, one can only regard it as a divine INTER NOS« (Chr.F. 341). So wie früher Gott in der statischen ontologischen Trinität der »erste unbewegte Beweger« im Sinne des Aristoteles war, so besteht bei den genannten Theologen durch die Identifizierung von immanenter und ökonomischer Trinität im Gefolge Hegels die Gefahr, daß »the process of humiliation and exaltation takes place in God himself« (Chr.F. 342)[44] - eine theopaschitisch-spekulative Trinitätslehre mit dem Heiligen Geist als bloßem »Anwender«. Ansetzen muß man nach H. Berkhof demgegenüber bei der »förderalen Struktur des christlichen Glaubens«; allein so hat Jesus Christus die Funktion des Bundespartners und ist nicht länger »the anhypostatic second person of the divine being« (Chr.F.

43 *G.C. Berkouwer,* Der Triumph der Gnade in der Theologie Karl Barths, Neukirchen-Vluyn 1957, 279.

43a Jetzt: Systematische Theologie, Bd. 1, Göttingen 1988, Kap. 5-6.

44 Vgl. die Kritik von *H. Berkhof* in seiner Rezension von *J. Moltmann,* Der gekreuzigte Gott. Das Kreuz Christi als Grund und Kritik christlicher Theologie, München 1972, Nederlands Theologisch Tijdschrift 27 (1973) 188-190.

342). Unterstützt wird diese Kritik z. B. an J. Moltmann durch die Beobachtung, daß dieser das durch Jesus Christus eröffnete Novum (Ende) als creatio ex nihilo bezeichnet, was H. Berkhof als »teutonische Angst vor Schwärmerei« und als eschatologischen Doketismus mit einer formalisierten Hoffnung ohne konkrete Inhalte ablehnt.[45] Er stellt dem trinitarischen »Förderalismus«, etwa von J. Moltmann, »den Bundesförderalismus gegenüber, in dem nicht Gott mit Gott, sondern Gott mit seinem menschlichen Geschöpf zusammen ist« (Festschr. 479). Hier werden Gemeinsamkeiten und Unterschiede zu den Entwürfen von J. Moltmann und anderen deutlich, die im folgenden Abschnitt transparent und diskutabel gemacht werden sollen.

4. Die Pneumatologie H. Berkhofs in der Diskussion

Der Hauptdiskussionspartner von H. Berkhof im deutschen Sprachraum ist J. Moltmann. Er hat in »Trinität und Reich Gottes« (1980) kritisch gegen K. Barths »trinitarische Monarchie« und K. Rahners monotheistische »dreifaltige Selbstmitteilung Gottes« die Vorstellung einer offenen, sozialen Trinität entwickelt.[46] Im Blick auf die Pneumatologie bedeutet dies, daß der Geist nicht nur eine Kraft ist, die vom Vater und/oder vom Sohn ausgeht, »sondern ein Subjekt, aus dessen Aktivität der Sohn und der Vater ihre Herrlichkeit durch die ganze Schöpfung und ihre Welt als ihre ewige Heimat empfangen«.[47] Im Wirken des Geistes wird eine zweifache Ordnung der Trinität erkennbar:

(1) »In der *Ausgießung* des Geistes auf die Menschen kommt der Geist *vom Vater durch den Sohn.* Er wird darum *der Geist Gottes* und der *Geist Christi,* der *Geist des Vaters* und der *Geist seines Sohnes* genannt. Der Geist geht vom Vater aus. Der Vater sendet ihn. Der Sohn bittet um die Sendung des Geistes. Er prägt ihn zum Geist der Sohnschaft ...«
(2) »In der *Verherrlichung* durch den Geist finden wir aber eine umgekehrte Ordnung der Trinität. Im Zuge der Verherrlichung kommen der Lobgesang und die Einheit *vom Geist durch den Sohn zum Vater.* Hier geht alle Aktivität vom Geist aus. Er schafft die neue Schöpfung. Er bewirkt die Verherrlichung Gottes durch den Lobgesang und das Zeugnis der neuen Schöpfung ...
Will man diese beiden Ordnungen der Trinität, die sich im biblischen Zeugnis finden, bildlich darstellen, dann kann man sagen: In der *ersten Ordnung* öffnet sich die göttliche Trini-

45 *Berkhof,* Moltmann zwischen zwei Niederländern, a.a.O., 475f; *ders.,* Rezension von *J. Moltmann,* Theologie der Hoffnung, München 1964, Nederlands Theologisch Tijdschrift 18 (1964/65) 498–501.
46 *J. Moltmann,* Trinität und Reich Gottes, München 1981, 154ff.161ff.110f; *ders.,* Die Gemeinschaft des Heiligen Geistes, ThLZ 107 (1982) 711.
47 *Moltmann,* Trinität und Reich Gottes, a.a.O., 141.

tät in der Sendung des Geistes. Sie ist offen für die Welt, offen für die Zeit, offen für die Erneuerung und Vereinigung der ganzen Schöpfung. In der *zweiten Ordnung* kehrt sich die Bewegung herum: In der Verklärung der Welt durch den Geist wenden sich alle Menschen zu Gott und kommen, bewegt vom Geist, durch Christus den Sohn zum Vater. In der Verherrlichung des Geistes werden die Welten und Zeiten, die Menschen und Dinge zum Vater versammelt, um *seine Welt* zu bilden.
Die trinitarische Bewegung der Sendung des Geistes vom Vater durch den Sohn mag noch als ein ›Werk nach außen‹ angesehen werden, obgleich auch ihm schon innere Veränderungen in der göttlichen Dreieinigkeit vorausgehen, aus denen diese Bewegung entsteht. Die trinitarische Bewegung der Sammlung des Geistes durch den Sohn zum Vater aber ist ein ›Werk nach innen‹, eine Bewegung in der Trinität, in die aber kraft jener Öffnung der Trinität in der Sendung des Geistes die ganze Schöpfung hineingenommen wird. Alle Dinge werden unter das Haupt Christus versammelt, und alle Zungen werden ihn als Herrn bekennen – zur Herrlichkeit des Vaters. Alle Menschen und Dinge nehmen dann Teil am ›innertrinitarischen Leben‹ Gottes.«[48]

Kommen hier aber nicht gerade die Anliegen von H. Berkhof zum Ausdruck, daß nämlich Jesus Christus als Empfänger und als Entsender des Heiligen Geistes verstanden wird, daß dem Heiligen Geist eine gesonderte Aufgabe zugewiesen werden kann und daß die immanente Trinität heilsgeschichtlich gesehen wird? Und J. Moltmann kann durch seinen ökumenischen Kompromißvorschlag zur »filioque«-Diskussion die »relative« Selbständigkeit der Pneumatologie gegen monotheistische wie anthropozentrische und ekklesiozentrische Auflösungen betonen: ». . . der Heilige Geist, der vom Vater des Sohnes ausgeht und vom Vater und dem Sohn die Gestalt empfängt«.[49] J. Moltmann würde seinerseits gegen H. Berkhof einwenden, daß dieser (wie K. Barth) die monotheistische Gottesherrschaft vor die Trinität stelle und daß er den eigentlichen Sinn der immanenten und ökonomischen Trinitätslehre in förderal-theologischer Richtung auflöse. H. Berkhof seinerseits kritisiert an J. Moltmanns Entwurf, daß dieser das Leben und die Passion Jesu Christi nur in Gott selbst theopaschitisch zu entdecken vermag und deswegen Jesus trinitätstheologisch-doketisierend nicht mehr der »Mensch der vollkommenen Liebe (sei), ohne den es keinen Bund zwischen Gott und Mensch geben kann«.[50] »Es gibt keine andere Trinität als die heilsökonomische, welche kein himmlisches ›Unter-Uns‹ ist, sondern ein versöhnungsstiftendes irdisches dreifaltiges Geschehen, zu dem wir alle als Teilnehmer eingeladen werden. In dieser Bundesgeschichte gibt es nur einen Gott. Nicht Gott ist eine Personendreiheit, die Bundesgeschichte ist trinitarisch strukturiert. Moltmanns Wasserscheu dem Monotheismus gegenüber verstehe ich nicht«.[51]

48 A.a.O., 142f.
49 A.a.O., 203.
50 *Berkhof,* Moltmann zwischen zwei Niederländern, a.a.O., 479.
51 A.a.O., 479f.

Also: H. Berkhof sieht bei J. Moltmann (und übrigens ebenso bei W. Pannenberg und E. Jüngel) sowohl eine tritheistische Tendenz der drei Personen in ihrer nach »innen« und »außen« offenen Sozialität (der K. Barth durch seinen Einsatz bei der Gottesherrschaft und der Vorstellung von drei »Seinsweisen« entgangen ist) als auch eine theopaschitische Tendenz durch den Einsatz beim leidenden Gottes-Sohn als zweiter Person der Trinität. Die Pneumatologie bleibe deswegen ebenfalls spekulativ-trinitarisch und dann ökonomisch-applikativ: »Die Trinitätslehre ist fast theopaschitisch. Jesus am Kreuz ist rein die zweite Person der Dreieinigkeit und Gott entpersonalisiert zu einem ›Geschehen‹ zwischen drei Personen. Die Geschichtsbezogenheit der Trinität kommt aber nur dann zu ihrem Recht, wenn der Jesus des Kreuzes nicht als Gott, sondern als der gehorsame menschliche Bundespartner gesehen wird«.[52]
Von hier aus wird das Urteil von H. Berkhof zu J. Moltmanns Buch »Trinität und Reich Gottes« verständlich als eines radikalen Versuchs, »den ganzen Glaubensinhalt zu trinitarisieren, wenn auch ökumenisch-dialogisch, mit Verbindungen zum Judentum und vielen Konfessionen hin. Für Moltmann ist diese als ›Tritheismus‹ anmutende Position die einzige Alternative zu dem herkömmlichen Monotheismus, den er als statisch, sexistisch und despotisch betrachtet. Die Trinität gibt den Menschen Anteil an sich selbst (theosis). Das fängt schon in der Schöpfung an. J. Moltmann steht hier dem Panentheismus nahe. Auch hier bildet m. E. die Hegelsche Philosophie den Hintergrund, auf dem die Bundesgeschichte gemalt wird und wodurch sie aeternisierend zu erstarren droht. Ich glaube nicht an diese Alternative«.[53] (D. Ritschl fragte an, ob J. Moltmann nicht vier Reiche [des Vaters, des Sohnes, des Geistes, vollendetes Reich] von »drei göttlichen Subjekten« annehmen müsse, ob er methodisch nicht deduktiv verfahre und dann eine Art Selbsterlösung der drei göttlichen Subjekte folgern müsse.[54]) Aber umgekehrt könnte jetzt J. Moltmann der förderal-theologischen Trinitätslehre und Pneumatologie von H. Berkhof insofern Monotheismus als Modalismus vorwerfen, als sich die »eine Gottheit« in drei »Seinsweisen« (Namen) der Offenbarung für uns Menschen erschließt. Aber H. Berkhof würde seinerseits einwenden, daß diese Kritik zwar für seine »Theologie des Heiligen Geistes« zutreffe, nicht aber für den »Christlichen Glauben«, weil Jesus Christus hier als menschlicher Partner und also nicht als Gott verstanden wird. Damit ist die Trinität streng ökonomisch als Bundesgeschehen auf Erden gefaßt. Ein eventuelles weiteres Argument von J. Moltmann könnte sein, daß allein durch eine »soziale Trinitäts-

52 A.a.O., 476.
53 A.a.O., 476f.
54 *D. Ritschl,* Die vier Reiche der »drei göttlichen Subjekte«. Bemerkungen zu Jürgen Moltmanns Trinitätslehre, EvTh 41 (1981) 463–471.

lehre« das vielschichtige Gemeinschaftsverhältnis zwischen dem dreieinigen Gott und uns Menschen sachgemäß und herrschaftskritisch gewährleistet sein könne.[55] H. Berkhof freilich sieht dies anders: »Unser Heil beruht auf der Einheit zwischen Gott und Christus. Diese Einheit sollen wir nicht göttlich ontologisieren, wie die Orthodoxie es immer getan hat (der Sohn Gottes ist wesentlich Gott der Sohn); noch sollen wir sie menschlich funktionalisieren, wie es der Liberalismus tat und tut (Jesus ist der menschliche Spiegel der Liebe Gottes). Wir sollen diese Einheit als eine einzigartige Kategorie, als Bundeseinheit verstehen. Dann würde das viele Schöne, das Moltmann uns in ›Der gekreuzigte Gott‹ und ›Trinität und Reich Gottes‹ geboten hat, von seiner spekulativen Höhe herabkommen und auf Erden ›predigbar‹ werden«.[56] Kehren wir nochmals zur Diskussion mit K. Barth zurück, weil sich hier ein bestimmter Trend zeigen läßt. H. Berkhof schreibt: »Christus ist ganz und gar das *telos* des erneuerten Menschen. Ist aber nicht zugleich der erneuerte Mensch das *telos* Christi in einer neuen, von ihm her bestimmten Freiheit und Verantwortlichkeit?«[57] Was von H. Berkhof hier auf der anthropologischen Ebene als »relative Selbständigkeit« des Menschen als des durch (den gottgewollten Menschen) Jesus Christus ermächtigten Bundespartners Gottes formuliert wird, bedeutet für ihn christologisch die in reformierter Tradition verständliche Betonung der »relativ selbständigen« Menschheit des Erlösers bei gleichzeitiger Kritik jeglichen Jesuzentrismus und pneumatologisch die ebenfalls in reformierter Tradition verständliche Betonung des »relativ selbständigen« Stellvertreteramtes des Heiligen Geistes in der Bundesgeschichte zwischen dem Erlöser und dem Eschaton.[58] Während nach Meinung von H. Berkhof K. Barth die Pneumatologie in eine »monarchische« Trinitätslehre und J. Moltmann in eine »sozial-eschatologische« Trinitätslehre (und ebenso E. Jüngel, W. Pannenberg u. a.) entrückt haben, dreht er die Pneumatologie gleichsam um die die Menschheit des Erlösers betonende Christologie herum »von oben« herab »nach unten« in die Bundesgeschichte hinein. Mit dieser empirisch-heilsgeschichtlichen Wende stellen sich für die Pneumatologie neue Probleme. (Wie H. Berkhof öfter betont[59], etwa auch in unserem persönlichen Schriftwechsel, ist der Ansatz für seine Weiterführung der binitarischen Trinitätslehre aus der »Theologie des Heiligen Geistes« die Christologie ge-

55 *J. Moltmann,* Gott in der Schöpfung. Eine ökologische Schöpfungslehre, München 1985, 16.106ff.
56 *Berkhof,* Moltmann zwischen zwei Niederländern, a.a.O., 480.
57 *Berkhof,* Der Vorschuß des Geistes, a.a.O., 659.
58 A.a.O., 659; vgl. *U. Gerber,* Christologische Entwürfe, Bd. 1, Zürich 1970, 1ff zu Calvin, 25ff zu Luther.
59 *Berkhof,* Moltmann zwischen zwei Niederländern, a.a.O., 478.

wesen und von dort aus die Pneumatologie, Ekklesiologie, Eschatologie und Trinitätslehre.)

Diese Intention teilt der Reformierte H. Berkhof mit W. Dantines lutherischer Pneumatologie »Der heilige und der unheilige Geist. Über die Erneuerung der Urteilsfähigkeit«, 1973. Gegen die traditionelle Individualisierung der Pneumatologie auf den/die einzelnen Glaubenden, gegen ihre Verjenseitigung und Vergeistigung in die Vorstellung von einem ewigen Gottesgeist und gegen die Reduzierung der Geistwirksamkeit auf die Urkirche stellt W. Dantine die Sozialität, Diesseitigkeit und Gegenwärtigkeit des Geistes Gottes. Diese drei Dimensionen stehen ständig in der umgekehrten Gefahr, zur irrationalen (autoritären) Gruppenerfahrung, zur emotional-subjektivistischen Geisterfahrung und zu präsentischem Eschatologismus und Aktivismus zu verkommen. W. Dantine spricht dann von einer dreifachen Funktion des Geistes: als Wille zum Gespräch im Sinne dialogischer, diskursiver Wahrheitsfindung, als Wille zur Tat im geschichtlichen Exodus aus jeglicher Ungerechtigkeit und als Wille zur Unterscheidung zwischen wahrem und unwahrem Geist (162–168). Geisterfahrung manifestiert sich in der pneumatischen Unterscheidung der Geister; sie ist Phantasie zum Aufbruch aus dem Gewohnten; Geisterfahrung drückt sich aus im spirituell-konkreten Umgang mit anderen Menschen und der Welt/Natur (vgl. ders., Phantasie zum Aufbruch aus dem Gewohnten, s. u. Anm. 73; ders., Die ethische Dimension des »pneuma hagion«, s. u. Anm. 73). Diese inkarnatorische, geschichtliche Intention der Pneumatologie ist auch das Anliegen von H. Berkhof, besonders in seiner wesentlich stärkeren reformierten Betonung des »Menschen Jesus Christus als des Menschen Gottes im Geist«.

Kehren wir zurück zur Diskussion mit H. Berkhof: Wenn die Pneumatologie »senkrecht von oben« entfaltet wird, wie es H. Berkhof in der 2. Auflage des »Römerbriefs« von K. Barth und in dessen 1929 in Elberfeld gehaltenem Vortrag »Der Heilige Geist und das christliche Leben« sieht[60], dann ist nicht nur jeglicher Schwärmerei und auch etwa der New-Age-Bewegtheit gewehrt, sondern es entfällt auch jegliche hermeneutische Reflexion auf dieses »Geschehen«. Hier haben die »Postbarthianer«, besonders in den USA[61], und auch R. Bultmann mit seiner existentialen, präsentisch-eschatologischen Interpretation, die keinerlei Reflexion mehr auf eine Trinitätslehre zuläßt[62], die Frage nach dem »modernen Menschen«, seinem Geist und Zeitgeist gestellt. In diesem Kontext sieht H. Berkhof auch die Exodus-Theologien mit dem Kernpunkt Jesus als dem »Parteigänger der Armen«. Aber, so fragt er an,

60 ZdZ (Zwischen den Zeiten) 1930, Beih. 1.

61 P. van Buren, W. Hamilton, S. Laeuchli u.a.m., vgl. *P. Hessert,* Barthianische Wurzeln der »Radical Theology«, in: *Dantine/Lüthi* (Hg.), Theologie zwischen Gestern und Morgen, a.a.O., 235–246.

62 Vgl. *U. Gerber,* Christologie und Gotteslehre. Überlegungen zur Theologie von R. Bultmann und D. Sölle (Theol. Studien 99), Zürich 1969, bes. 18ff; *ders.*, Der dreieinige Gott, in: *H. Ott u.a.* (Hg.), Die Antwort des Glaubens, Stuttgart [3]1981, 137–141 (mit weiterer Lit.).

wird in diesen politischen Befreiungstheologien die Pneumatologie nicht handlungstheoretisch anthropologisiert und damit pelagianisch konzipiert?[63] Der Heilige Geist werde dort zwar nicht christozentrisch auf die bloße Anwendungsfunktion des Heilswerkes Christi eingeengt, aber umgekehrt werde er in das befreiende Handeln der Menschen aufgelöst und existentiell mit der Sinn-Frage des Menschen identifiziert.[64] »Jesus scheiterte, aber wir als die von ihm Inspirierten setzen sein Befreiungswerk fort, Gottes Werk begrenzt sich auf Sinnenthüllung, auf Aufforderung und Inspiration. Kraft unserer Konfrontation damit können wir nun tun, wovon er will, daß es getan werden soll. Ein eigenes Wirken Gottes jetzt und hier in und durch Menschenherzen und -hände erübrigt sich.«[65] Das Problem ist von H. Berkhof klar gesehen, wenn auch seine Kritik m. E. so nicht zutreffend ist, zumal zwischen dem in der Tat von vielen Befreiungstheologen/innen vertretenen Pelagianismus einerseits und der von keinem(r) Befreiungstheologen/in vertretenen Verneinung eines Geist-Wirkens Gottes unterschieden werden muß. Der Pelagianismus bedeutet christologisch ein radikales »Vermenschlichen« Jesu zum reformerischen Wanderprediger und Inszenator des Reiches Gottes auf Erden[66] und pneumatologisch, »daß Menschen sich selbst diese Kraft (sc. des Leidens, Heilens, Vergebens) holen. Unser traditionsreiches Bild vom nichtigen, sündigen Menschen hat uns vergessen lassen, wie aktiv Menschen dabei waren. Dogmatische Angst vor Pelagianismus (Mitwirken des Menschen am Heil) hindert uns, vom Menschen ausgehende Heilungsprozesse zu sehen. An den Frauengeschichten (sc. im Alten und Neuen Testament, im Urchristentum usw.) wird sichtbar, was für alle Heilungen wichtig ist: die Aktivität des Menschen, sein eigener Schritt zum Heil-Werden. Das heißt allerdings nicht, daß wir unser Heil selbst inszenieren. Doch die Kraft, die wir uns holen, wird heilen, wird unsere eigene Kraft«[67] – eine konsequente jesulogisch-pneumatologische Fortführung des Anliegens von H. Berkhof in seiner Kritik an K. Barth, aber auch an J. Moltmann, W. Pannenberg, E. Jüngel, K. Rahner und anderen?

63 *Berkhof*, Der Vorschuß des Geistes, a.a.O., 659.

64 Vgl. kritisch bei *G. Sauter*, Was heißt: nach Sinn fragen? Eine theologisch-philosophische Orientierung (Kaiser Traktate 53), München 1982; hierzu die Rezension von *U. Gerber* in: ThLZ 108 (1983) 760–764; *G. Sauter*, Geist und Freiheit. Geistvorstellungen und die Erwartung des Geistes, EvTh 41 (1981) 212–223; *ders.*, In der Freiheit des Geistes (Theologische Studien), Göttingen 1988.

65 *Berkhof*, Der Vorschuß des Geistes, a.a.O., 659.

66 Vgl. *U. Gerber*, Müßte Luther nicht »weltlicher« interpretiert werden? Einige Notizen zum vergangenen Lutherjahr 1983, ThZ 40 (1984) 200–210.

67 *Moltmann-Wendel*, Das Land, wo Milch und Honig fließt, a.a.O., 129f.

H. Berkhof sieht in solchen Argumentationen den »Vorschuß des Geistes« zu einer ethischen Kategorie gemacht. Es wäre gut, fährt er dann fort, »das Verhältnis von Spiritualität und Engagement neu zu durchdenken. Für den Versuch, die Praxislinie ins Zentrum zu stellen, findet man bei Paulus keinen Anhaltspunkt. Das mag enttäuschend wirken. Wir können darin aber auch einen Trost finden. Der Vorschuß, die Antizipation des Eschatons, ist nicht etwas, was wir als Kirche oder als einzelne Glaubende selbst zu verwirklichen haben. Es ist keine Aufgabe, sondern reine Gabe. Für unser westliches, faustisches Christentum ist das ein Ärgernis. Vielleicht müssen wir aufs neue anfangen, unseren fieberhaften Aktivismus und kalten Moralismus linker oder rechter Provenienz preiszugeben, um auf den Herrn zu warten und um den unmanipulierbaren Geist zu beten. Ich glaube also nicht, daß wir die spirituelle Orientierung in die ethisch-praktische integrieren können und müssen. Nur das Umgekehrte hat Verheißung. Auch wenn wir die klassische Terminologie nicht wiederholen wollen, sollten wir uns doch klarmachen, daß es keine Heiligung gibt ohne vorangehende Rechtfertigung, keine fruchtbare Anstrengung ohne vorhergehende Entkrampfung, keinen echten Gehorsam, der sich nicht in der Atmosphäre der Geborgenheit vollzieht«[68]. Das Problem besteht m. E. nicht darin, daß das christologische »sola gratia« des Geistes geleugnet würde, sondern daß Glaube und Liebe, Rechtfertigung und Heiligung, Geist als Gabe Gottes und als Lebensausdruck der Menschen nicht mehr in einem unhinterfragbaren hierarchisierenden Gefälle stehen, sondern in Gegenseitigkeit – von mutuality sprechen viele feministische Theologinnen – von Gott und Mensch geschehen. Dieses Problem gilt es pneumatologisch zu diskutieren, auch als Revision der Lehre Luthers vom unfreien Willen.

H. Berkhofs Auseinandersetzung mit Charismatikern und Schwärmern muß heute einerseits auf den Gemeindeaufbau kirchenkritisch zurückbezogen und andererseits auf die Diskussion z. B. mit der New-Age-Bewegung und deren Anspruch auf Geist-Deutung und Sinn-Erfüllung ausgedehnt werden. In beiden Fällen geht es um die auch von W. Dantine geforderte Unterscheidung der heilversprechenden »Geister«. »Bei dem großen erdbebenartigen, unwiderruflichen Umschwung, der auf uns zukommt, handelt es sich weder um ein neues politisches noch um ein religiöses oder philosophisches System. Es handelt sich um einen neuen Geist – eine aufsehenerregende, neue Sicht der Welt nimmt ihren Anfang, die bahnbrechenden Erkenntnisse der Wissenschaft

68 *Berkhof,* Der Vorschuß des Geistes, a.a.O., 661; vgl. *J. Taylor,* Go-Between God. The Holy Spirit and the Christian Mission, London 1978, wo die pneumatologische Diskussion mit Pfingstlern, Säkularisten, Mystikern und anderen Religionen geführt wird unter dem Blickwinkel der »adoration« Gottes.

und Einsichten ältesten menschlichen Gedankengutes umfaßt.«[69] So ist etwa G. Schiwy der Meinung, »daß es zu einer von Sympathie getragenen Zusammenarbeit zwischen Christen und New-Age-Anhängern kommt, ja daß Christen New-Age-Anhänger und New-Age-Anhänger Christen werden, was Kritik aneinander und Selbstkritik nicht ausschließt, sondern erst eigentlich ermöglicht . . . Die Geister unterscheiden, falsche Propheten und Scharlatane entlarven: das ist eine Aufgabe, die sich überall stellt, wo Ideen eine Rolle spielen. Doch nie zuvor in der Menschheitsgeschichte scheint es so notwendig gewesen zu sein wie heute – angesichts der die Existenz der Menschheit bedrohenden Vernichtungsenergien und -techniken –, daß alle Menschen guten Willens zusammenwirken, sich dem Geist des Neuen Zeitalters öffnen . . . Auf Grund der Zusammenhänge und Parallelen, die wir aufgewiesen haben (sc. zwischen Christentum und New-Age-Bewegung), drängt sich der Schluß auf: Der Geist des Neuen Zeitalters ist der Geist Gottes. Das läßt uns hoffen und fordert uns auf, an der ›sanften Verschwörung‹ mitzuwirken.«[70] Auch J. Moltmann stellt sich dieser Diskussion: »Heutige Theologie ist von Capra herausgefordert, eine pneumatologische Schöpfungslehre zu entwickeln, die die Präsenz des Geistes Gottes in jedem Geschöpf und, was noch wichtiger ist, in der Schöpfungsgemeinschaft betont. Eine monotheistisch ausgerichtete Schöpfungslehre hat nur die Distanz Gottes gegenüber seiner Schöpfung betont. Neuere christologische Schöpfungslehren haben die Voraussetzung Christi vor der Schöpfung hervorgehoben. Eine vollentwickelte trinitarische Schöpfungslehre würde die Weltimmanenz des transzendenten Gottes in dem der Welt einwohnenden Geist herausstellen.«[71] Erlaubt also nicht gerade J. Moltmanns eschatologisch-pneumatologische soziale Trinitätslehre gegenüber H. Berkhofs förderaltheologischer Fassung der Trinität und damit der Pneumatologie christologisch die Vorstellung von der radikalen Inkarnation Christi in die Welt und entsprechend pneumatologisch die panentheistische Einwohnung des Geistes in der Schöpfung? J. Moltmann muß in pneumatologischer Perspektive weniger Angst vor Spiritualismus, Schwärmertum und Panentheismus haben als H. Berkhof. Von hier aus ist auch verständlich, daß

69 *M. Ferguson,* Die sanfte Verschwörung. Persönliche und gesellschaftliche Transformation im Zeitalter des Wassermanns, München o. J., 25f; *E. Gruber,* Was ist New Age? (Herderbücherei 1369), Freiburg 1987; kritisch *G. Breidenstein,* Endzeit oder Wendezeit? Zur Auseinandersetzung mit der New-Age-Strömung, Junge Kirche 48 (1987) 482–496.
70 *G. Schiwy,* Der Geist des Neuen Zeitalters. New-Age-Spiritualität und Christentum, München 1987, 108f; vgl. *H.-J. Ruppert,* New Age. Endzeit oder Wendezeit?, Wiesbaden 1985.
71 *J. Moltmann,* Zeit der Wende. Über Bücher von Fritjof Capra, in: *Ruppert,* New Age, a.a.O., 179f.

H. Berkhof den institutionell-ekklesiologischen Ort des Geistwirkens wesentlich stärker betont als J. Moltmann, wobei sich beide wiederum in der pneumatologischen Problematisierung der Volkskirche treffen.
Und jetzt noch zu dem anderen pneumatologischen Brennpunkt: dem Gemeinde- und Kirchenaufbau. Es ist interessant, daß H. Berkhofs Pneumatologie im europäischen Bereich vor allem trinitätstheologisch, in den USA und anderen nicht-westlichen christlichen Kirchen besondes ekklesiologisch aufgenommen wurde. H. Berkhof selbst hatte beides intendiert, was seine ekklesiologischen Beiträge der letzten Jahre zeigen, ganz deutlich in »Über die Kirche der Zukunft und die Zukunft der Kirche«, einem Vortrag auf dem 20. Rheinischen Pfarrertag am 28.9.1987 in Bonn[72] - ein Thema, das auf der Tagesordnung des 23. Deutschen Evangelischen Kirchentags 1989 steht bzw. stand. Ist eine neue Kirchenreform angesagt? Verlangt nicht die föderal-christologische Pneumatologie von H. Berkhof eine stärker soziale, problem- und konfliktorientierte, »unten« erbarmend und lehrend arbeitende Kirche? Muß nicht dieser »Neue Geist« Gestalt gewinnen in geschwisterlicher Kommunikation, in solidarischer Gemeinschaft mit den Ausgestoßenen, im Anprangern von Ungerechtigkeit und Unterdrückung, im Abwenden von Ausbeutung, Hierarchisierung und Funktionalisierung der Menschen und der Natur, im Erproben von neuen Frömmigkeits-, Lebens- und Handlungsformen? Eine heilende Kirche in heilloser Welt - der Weg dorthin ist schwer, offen, risikoreich, aber notwendig und gemeinsam begehbar, indem der Geist Gottes Mut, Risikobereitschaft und Dialogfähigkeit in unserem Dasein-für-einander schenkt und verlangt. Diesen Prozeß, in dem wir derzeit leben, könnten wir als »pneumatologische Wendezeit« oder als Aufbruch in ein neues »pneumatisches Paradigma« bezeichnen, das eine Transformation der herkömmlichen Kirche (im Zuge eines veränderten, als Beziehung erfahrenen Geistes Gottes und Menschen Jesus) einschließt. Der Geist ist dabei Motivation, Weg und Ziel in einem.

An dieser Stelle ist eine ganz kurze Diskussion mit dem katholischen Pneumatologen Y. Congar notwendig (Der Heilige Geist, 1982). Lassen wir die vielfältigen biblischen und dogmengeschichtlichen Ergebnisse einmal beiseite (vgl. E. Schweizer, Heiliger Geist, 1978; ders., Art. *pneuma*, ThWNT VI, 1959, 387–455). Hauptziel ist eine pneumatologische Ökumenik, die vom Mysterium der Trinität ausgeht, um die westlichen und östlichen Kirchen zueinanderzubringen. Der Geist stellt vornehmlich die Gabe Gottes als Selbstschenkung des Vaters als des absoluten Ursprungs der Gottheit dar, was soteriologisch-anthropologisch als »Vergöttlichung« des Menschen und der ganzen Schöpfung geschieht (417ff) - eine Intention, die wir bei H. Berkhof und besonders bei J. Moltmann auch gefunden haben. Des weiteren bestimmt Y. Congar den Heiligen Geist weiblich als die mütterli-

72 In: Deutsches Pfarrerblatt 88 (1988) 47ff.

che Seite Gottes – eine revolutionäre These, etwa im Blick auf das exklusiv männlich definierte Priesteramt der römisch-katholischen Kirche. Den Bezug auf die Christologie sieht Y. Congar wie H. Berkhof darin, daß der Geist im Leben Jesu (Empfängnis, Taufe, Verklärung, Auferweckung, Verherrlichung) der »Akteur« ist und von dort aus Christus als Geist verstanden wird (2Kor 3,17). Das heißt: Der Vater als absoluter Ursprung ist Sender des Geistes (so die Ostkirche), der seinerseits das Sohnsein Jesu Christi mitkonstituiert und deswegen auch durch den Sohn lebt und gesandt wird (»filioque« im Westen) – ein trinitätstheologischer und vornehmlich auf die Pneumatologie und von dort auf die Ekklesiologie abzielender Konsensvorschlag und Einigungsversuch, den J. Moltmann in ähnlicher Weise formuliert hat. Nach der Formulierung von J.-M. Garrigues: »Ich glaube an den Heiligen Geist, den Herrn und Lebendigmacher, der aus dem Vater ausgeht und vom Vater und vom Sohne herkommt« (Congar, a.a.O., 433f; J. Moltmann, Dogmatische Vorschläge zur Lösung des Filioque-Streites, in: Vischer (Hg.), Geist Gottes – Geist Christi, a.a.O., 144ff bzw. ders., Trinität und Reich Gottes, a.a.O., 194ff). Natürlich würde H. Berkhof den Vorwurf des trinitarischen Objektivismus (wie gegen J. Moltmann) erheben (und des pneumatologischen Subordinatianismus und Inferiorismus), da er »eine Theologie der dritten Hypostase« in seiner »Theologie des Heiligen Geistes« explizit abgelehnt hat (Congar, a.a.O., 376). Treffen können sich beide im Verständnis des Geistes als des Gemeinschafts- und Einheitsprinzips der Kirche, wobei Y. Congar einerseits die neuen Aufbruchbewegungen wie Basisgemeinden, Befreiungstheologien usw. höher bewertet als H. Berkhof, andererseits aber – notgedrungen – bei einer ekklesiozentrischen Pneumatologie landet. Die pneumatische »Unipluralität« findet mit ihren Ansätzen zu pneumatischer Offenheit und Integrationsfähigkeit ihre letzten Grenzen im römisch-katholischen Ekklesiozentrismus (und Ekklesiopositivismus). Die »protestantischen« Kirchen sollten in diesem ekklesiologisch-pneumatologischen Diskussionsfeld ihren pneumatologischen Beitrag leisten, wie es exemplarisch H. Berkhof versucht hat (vgl. die katholischen Beiträge in Concilium 15 [1979] 523ff sowie den feministischen Beitrag von R.R. Ruether, Unsere Wunden heilen, unsere Befreiung feiern. Rituale in der Frauenkirche, Stuttgart 1988, bes. Kap. 1–5).

5. *Trends – Fragen – Aufgaben*

Im Wissen darum, daß ich hier nicht das ganze Spektrum der wichtigsten pneumatologischen Beiträge in die Diskussion einbringen kann, möchte ich abschließend einige Hinweise zur derzeitigen pneumatologischen Diskussion geben und Aufgaben formulieren, die sich daraus und speziell aus der Beschäftigung mit den pneumatologischen Überlegungen von H. Berkhof ergeben:

Geist und Geschichte

H. Berkhofs förderaltheologische Fassung der Pneumatologie macht trotz J. Moltmanns eschatologischer und W. Pannenbergs universalgeschichtlicher Intention nochmals auf das Problemfeld der Geschichte aufmerksam. Der traditionelle deutschsprachige Protestantismus stellt sich besonders in seinen lutherischen Varianten, wie z. B. W. Dantine herausgehoben hat[73], eher als eine heilsindividualistische, geschichts- und gemeinschaftslose Glaubensgestalt dar denn als eine geschichtsgestaltende, politisch-emanzipatorische Kraft.[74] Dies hat auch die jüngste bundesrepublikanische Debatte um die »Entsorgung« der nationalsozialistischen Vergangenheit gezeigt, was Kirche(n) und Theologie sprachlos zur Kenntnis genommen haben.[75] Und die universalgeschichtliche Konzeption von W. Pannenberg enthistorisiert und entpolitisiert das Geist-Wirken und die Geist-Erfahrungen insofern, als sie eine pneumatologische Theorie der grundsätzlichen hierarchischen Korrespondenz von Gottes Geist-Wirken und menschlicher Geist-Ekstase impliziert.[76] Andere Theologinnen und Theologen wie H. Schüngel-Straumann, C. Halkes oder H. Mühlen, O. Dilschneider haben auf den Verlust einer eigenen heilsgeschichtlichen Funktion des Geistes aufmerksam gemacht[77], da doch die Geschichte in der Neuzeit einer der markantesten Orte ist, an dem der Heilige Geist uns heute fordert. Deswegen stehen gerade hier die Fragen nach Pelagianismus als geschichtlicher Mit-Wirkung am Heil, nach der Inkarnation Gottes in der Geschichte als »Entäußerung« Gottes in die Welt hinein, nach der Unterscheidung und Identifizierung von emanzipatorischem Handeln und Zusage der Vergebung (des Heils und des Lebens), nach dem Zueinander von verantwortlichem Engagement und Beschenktwerden zur pneumatologischen Diskussion an. Die dänische Theologin A.M. Aagard schreibt bewußt

73 *W. Dantine,* Die ethische Dimension des »pneuma hagion«, in: *Dilschneider* (Hg.), Theologie des Geistes, a.a.O., 45ff; *ders.,* Phantasie zum Ausbruch aus dem Gewohnten. Spiritualität und geschichtliches Handeln, Evang. Kommentare 9 (1976) 591–593.

74 Vgl. *K.-J. Kim,* Offenbarung Gottes und die Geschichte bei W. Pannenberg und J. Moltmann, in: *Deuser u.a.* (Hg.), Gottes Zukunft - Zukunft der Welt, a.a.O., 481ff; *A.M. Aagard,* Gottes Geist und Geschichte, Luth. Monatshefte 14 (1975) 22–24.

75 Vgl. *H.-U. Wehler,* Entsorgung der deutschen Vergangenheit? Ein polemischer Essay zum Historikerstreit, München 1988; *U. Gerber,* Entsorgung, EvErz 40 (1988) 122–124.

76 *W. Pannenberg,* Grundzüge der Christologie, Gütersloh 1964, 114ff.137ff.170ff zur Pneumatologie und Trinitätslehre; *ders.,* Anthropologie in theologischer Perspektive, Göttingen 1983, 507ff: Geist, Person und Gemeinschaft; *ders.,* Ekstatische Selbstüberschreitung als Teilhabe am göttlichen Geist, in: *Heitmann/Mühlen* (Hg.), Erfahrung und Theologie, a.a.O., 176–191, bzw. in: *C.E. Braaten u.a.,* Kirche ohne Konfessionen? Sechs Aspekte ihrer künftigen Gestalt, München 1971, 13–36; *Pannenberg,* Systematische Theologie, Bd. 1, a.a.O., 283ff.

77 *W. Kasper/G. Sauter,* Kirche - Ort des Geistes, Basel/Freiburg/Wien 1976; *Chr.-M. Haufe,* Wo fordert uns heute der Heilige Geist?, in: *H. Seidel/K.H. Bieritz* (Hg.), Das lebendige Wort. Beiträge zur kirchlichen Verkündigung. Festschrift für G. Voigt zum 65. Geburtstag, Berlin (DDR) 1982, 153ff.

provokatorisch: »Die Pneumatologie ist die Voraussetzung der Christologie . . . Die Christologie ist die kritische Norm der Pneumatologie«.[78]
Beispiel:

Ich glaube an den Geist Gottes,
der in den Poren
der Seele keimt,
der in der Menschenmasse sich entfaltet,
der im leichten Wind ist
und der in den Sturmwinden wohnt,
die die Massen mitreißen,
Gerechtigkeit zu fordern . . .
Ich glaube an den Geist,
an sein Flüstern, seine Schreie;
sein Pochen im Wein,
sein Knistern im Feuer,
kristallener Reif,
Pflug, Sohn des Schwertes,
die Freiheit des Menschen.
Es wird das gesamte Volk
ein neuer Christus sein
auf seinem unaufhaltsamen Weg
in eine offene Zukunft, immer zum Sieg,
damit die Morgendämmerung komme,
das unaufhaltsame Volk,
das sein Blut vergoß
für alle seine Brüder.[79]

Geist und Wort

Bisherige Pneumatologie ist nicht nur der Christologie subordiniert, sondern »nach außen« grundsätzlich kerygmatheologisch interpretiert worden. Es geht um die Geist-Wirksamkeit des Wortes und davon abgeleitet der worthaft interpretierten Sakramente, der worthaft interpretierten Mitmenschen usw.[80]

78 *Aagard*, Gottes Geist und Geschichte, a.a.O., 24; *H.-J. Kraus*, Heiliger Geist. Gottes befreiende Gegenwart, München 1986; *Th. Christiansen/J. Thiele* (Hg.), Dorothee Sölle im Gespräch, Stuttgart 1988, 53ff: Um eins zu sein mit dem Großen Geist, müssen wir ihn mit unserer Haut spüren; 179ff: Man muß die Kraft der Wahrheit in sich selbst spüren; vgl. *F.K. Mayr*, Die Einseitigkeit der traditionellen Gotteslehre. Zum Verhältnis von Anthropologie und Christologie, in: *Heitmann/Mühlen* (Hg.), Erfahrung und Theologie, a.a.O., 239–252.

79 Aus: Almanach 10 für Literatur und Theologie: Zärtlichkeit, Wuppertal 1976, 162f.

80 *R. Bohren*, Predigtlehre, München [5]1986, 65ff.

Diese Verengung hat schon P. Tillich zu überwinden versucht durch ein öffnendes Symbol-Denken. Das religiöse Symbol partizipiert an der »Mächtigkeit des Göttlichen, auf das es hindeutet«, so lautet die Grundthese.[81] Von hier aus wird die pneumatologische Frage nach der Präsenz des göttlichen Geistes, und das heißt: Gottes selbst, gestellt. Der Geist Gottes gibt dem menschlichen Leben Zusammenhang und Sinn, indem der Mensch sich in der Ekstase, etwa im Gebet, vom göttlichen Geist ergreifen läßt.[82] Damit wird das Geist-Wirken geöffnet über seine kerygmatheologische Begrenzung und Engführung hinaus in die Vielzahl und Vielgestaltigkeit der göttlichen Selbst-Manifestationen.[83] In anderer Perspektive haben D. Sölle, J.B. Metz und andere diese Entgrenzung vollzogen: »Das situationsfreie, ›reine‹ kerygmatische Wort hat keinen Praxisbezug.« Mit der Verkündigung geschieht gesellschaftliche Vermittlung - oder das Evangelium verfällt einem kerygmatischen Doketismus, den dann auch der Heilige Geist als »Anwender« und Gabe des Wortes Gottes nicht mehr beheben kann[84]. Pneumatologie muß offen sein für die Vielgestaltigkeit von Gottes Geist-Manifestationen und menschlichen Geist-Erfahrungen. Erst dann findet der Geist Gottes auch Gestalt in der Spiritualität und Festlichkeit des Alltags, worauf J. Moltmann, F. Steffensky und verstärkt feministische Theologinnen aufmerksam gemacht haben.[85]

Geist und Mensch

In der herkömmlichen Pneumatologie fungiert der Mensch meist lediglich formal als der Adressat des applikativen Geistes Gottes. H. Berkhofs anthropologischer Intention folgend muß der ganze, konkrete Mensch mit seiner Lebensgeschichte in Erscheinung treten. In gleicher Weise forderte W. Dantine die Ganzheitlichkeit menschlicher Geist-Erfahrung theologisch für die Pneumatologie ein. Für die darauf folgende Konkretisierung und Öffnung der pneumatologischen Perspektive sollen zwei Beispiele angeführt werden: (1) In der an C.G. Jung orientierten tiefenpsychologischen Betrachtung religiöser Phänomene stellen die Archetypen von Kind und Greis das Selbst, also das Zentrum des Menschen dar, das auch als Weltuhr erscheint. In der Weltuhr lassen sich sowohl die männliche Dreiheit als auch die weibliche Vierheit, die ihrerseits in den vier Seelenfunktionen des Denkens, Fühlens, Intuierens und Empfindens widerscheint, erkennen. Für den Menschen kommt es für seine Selbst-Werdung darauf an, die in der christlichen Trinitätslehre projizierte

81 *P. Tillich,* Systematische Theologie, Bd. 1, Stuttgart ^{3}1956, 277.
82 *P. Tillich,* Systematische Theologie, Bd. 3, Stuttgart 1966, 137ff.
83 A.a.O., 335.
84 *D. Sölle,* Politische Theologie, erweit. Neuaufl., Stuttgart 1982, 80ff.
85 *F. Steffensky,* Feier des Lebens. Spiritualität im Alltag, Stuttgart 1987.

Dreiheit und die in der Vision der Weltuhr projizierte Vierheit so auf die eigene Lebensgestaltung zurückzunehmen, daß sich beide »Bilder« im Leben des Menschen spannungsvoll zu einem ganzheitlichen vier-drei-fachen Lebensvollzug vereinen.[86] Eine neuzeitliche Pneumatologie muß diese Dimensionen der Geist-Erfahrung diskutieren, wenn sie nicht doketisch und vorkritisch bleiben will. Der Geist Gottes wirkt in allen menschlichen Lebensvollzügen und Kommunikationen (sofern er geschieht) und nicht nur im »Hören« auf das Kerygma oder im Gewissen oder im bekehrten Herzen. - (2) Ein weiteres Beispiel: Kann man nicht Augustins »vestigia Dei« metaphysikkritisch aufnehmen und die Begegnung Gottes mit dem Menschen durch die Erfahrungsweisen der Liebe des/der Liebenden und der/des Geliebten deuten? Liebe ist eine ganzheitliche Erfahrung von uns Menschen, die uns selbst in Gefühl, Denken, Kommunizieren ganz und heil werden läßt. Hier muß sich christliche Pneumatologie mit den vielfältigen Ganzheitsvisionen verschiedenster Provenienz kritisch und konstruktiv auseinandersetzen. Soll die Funktion des Heiligen Geistes nicht (nur) trinitätstheologisch und christologisch-applikatorisch, sondern förderaltheologisch ausgearbeitet werden, dann gehört der konkrete Adressat (der seinerseits wieder zum konkreten Vermittler wird) in diese Pneumatologie hinein.

Der bereits von W. Dantine monierte neuzeitliche Individualismus und Subjektivismus, der seit Renaissance, Humanismus und Reformation das abendländische Denken geprägt hat[87], wird neuerdings von feministischen Theologinnen durch eine »Theologie der Beziehung« (C. Heyward) aufgefangen[88], die ihrerseits als Entfaltung der Funktionen der »Heiligen Geistin«, der Sophia-Weisheit, der Schekina entfaltet wird.[89] Hier wird die Pneumatologie »sozialisiert« als »Macht in Beziehung«. Diese »dynamische« Interpretation der Pneumatologie führt zu drei grundsätzlichen Fragen: (1) »In welchem Maße sind wir für unsere eigene Erlösung in der Geschichte verantwortlich«[90], ohne in den klassischen Dualismus[91], aber auch ohne in einen schwär-

86 Vgl. *P. Schwarzenau,* Das göttliche Kind. Der Mythos vom Neubeginn, Stuttgart 1984, 175ff; kritisch etwa zu E. Drewermanns Arbeiten *D. Neuhaus,* Theologie der Wende?, Publik-Forum 17 (1988) Nr. 7, 35f.

87 *H.-E. Richter,* Der Gotteskomplex. Die Geburt und die Krise des Glaubens an die Allmacht des Menschen, Reinbek 1979.

88 *C. Heyward,* Und sie rührte sein Kleid an. Eine feministische Theologie der Beziehung. Mit einer Einleitung von D. Sölle, Stuttgart 1986; vgl. *U. Gerber,* Pluralismus und Dogmatismus in der Theologie, Offene Kirche 8/1986, 15-17.

89 *Moltmann-Wendel,* Das Land, wo Milch und Honig fließt, a.a.O., 103ff.

90 *Heyward,* Und sie rührte sein Kleid an, a.a.O., 43.

91 Vgl. *I. Geiss,* Messianismus von links und rechts. Renaissance dualistischen Denkens, Evang. Kommentare 21 (1981) 195ff; *U. Gerber,* Feministische Theologie: eine Heraus-

merischen Monismus zu verfallen, worauf H. Berkhof immer wieder aufmerksam gemacht hat? – (2) Der Geist Gottes wirkt über die/den einzelne/n hinaus, so daß die Frage – etwa von Giordano Bruno und in anderer Weise von Ernst Bloch[92] – nach einem Pan(en)theismus pneumatologisch gestellt ist.[93] (3) Wie läßt sich Macht als *»dynamis Jesu«*, als *»exousia«* pneumatologisch akzeptieren und rechtfertigen?[94] Diese drei Fragen sind zusammen mit der Frage nach einer »neuen spirituellen Gemeinschaft im Geist Gottes« als anthropologische Vision des »neuen Menschen in Beziehungen« zu diskutieren.

Geist und Gemeinschaft
Diese Frage ist im Blick auf den protestantischen Heilsindividualismus und den römisch-katholischen Ekklesiozentrismus öfter diskutiert worden.[95] Hier sind weitergehende Fragen nach der geistgemäßen Struktur der Kirchengemeinschaft, nach dem Aufbau von Gemeinschaft (etwa verwaltungsmäßig »von oben« oder/und demokratisch als Basisgemeinschaften; Gemeinschaft von Frauen und Männern in der Kirche; lesbische und schwule Amtsträger/innen usw.), nach ihren Inhalten und Ausdrucksformen (wie Festlichkeit, Sakramente, Spiritualität), nach dem Wirken des Geistes Gottes außerhalb der Kirche, nach Auftrag und Durchführung von Mission zu diskutieren.[96] Der Geist Gottes ist nicht der Reduktor von Komplexität für den/die einzelne(n) Christen/in, sondern umgekehrt die Fülle, Macht, Kraft des Lebens des einzelnen Menschen in seinen Beziehungen. Der Geist Gottes wirkt nicht als instrumentelle Verwaltungs-, Lehr- und Normeninstanz der Kirche, sondern als Befreiung der Christen/innen zu selbstbestimmtem Leben in partizipatorischer Gemeinschaft, die sicherlich institutioneller Formen und Gestaltungs-

forderung und Bereicherung für Kirche und Theologie?, Offene Kirche 2/1987, 15: Dualistisches oder monistisches Christentum?

92 *Schulz,* Der Gott der neuzeitlichen Metaphysik, a.a.O., 23 u. ö.

93 Vgl. *U. Gerber,* Die feministische Eroberung der Theologie, München 1987, 47ff: Dualistische oder monistische Religion?, Eine nachchristliche Gottheit?, Eine integrative Religion?; *Heyward,* Und sie rührte sein Kleid an, a.a.O., 30ff.41 u. ö.

94 Vgl. *Sölle,* Politische Theologie, a.a.O., 185ff u. ö.

95 *H. Mühlen,* Una mystica persona. Die Kirche als das Mysterium der heilsgeschichtlichen Identität des Heiligen Geistes in Christus und den Christen: Eine Person in vielen Personen, Paderborn ^{3}1968; *H. Schütz,* Einführung in die Pneumatologie, Darmstadt 1985, 134ff zu H. Mühlen, allgemein 20ff und 249ff.

96 *A. Kimme,* Zur Lehre vom Heiligen Geist. Eine pneumatologische Anfrage an die Ökumene, in: *Seidel/Bieritz* (Hg.), Das lebendige Wort, a.a.O., 169ff; *H. Meyer u.a.* (Hg.), Wiederentdeckung des Heiligen Geistes, Frankfurt/M. 1974; Christsein gestalten. Eine Studie zum Weg der Kirche, hg. vom Kirchenamt im Auftrag des Rates der EKD, Gütersloh 1986; *U. Birnstein,* Neuer Geist in alter Kirche? Die charismatische Bewegung in der Offensive, Stuttgart 1987.

weisen bedarf, von diesen aber nicht dominiert werden darf. Aber auf das »Prae« des Geistes Gottes und der ihn partizipatorisch gestaltenden »Geister« der Menschen - wobei »Geist« alttestamentlich »Leben« meint - vor den Institutionenzwängen kommt es an. H. Mühlen spricht von der »institutionellen Sünde gegen den Heiligen Geist«.[97] Basisgemeinden, Personalgemeinden, »Gemeinden von unten« spiegeln die Umkehrung von Leben und Institution wider; charismatische Gemeinden sind ihrerseits an der Partizipationsstruktur nicht nur »kerngemeindlicher«, sondern offener Art zu messen. »Geistliche« Gemeinschaft umfaßt persönliche Umkehr und sozialkritisches Charisma (H. Mühlen), worauf H. Berkhof immer wieder hingewiesen hat und was besonders in den USA als »Charismenlehre« lebhafte Diskussionen ausgelöst hat; im europäischen Bereich bestehen hier (aus verständlichen, aber zu verändernden Gründen) mehr Vorbehalte.[98]

Geist und Lebensgestaltung

Die EKD-Überlegungen zur evangelischen Spiritualität (1979) möchten dem Defizit aufhelfen, daß im Protestantismus »über Frömmigkeit und geistliches Leben« selten nachgedacht worden ist und wird. Diese pneumatologische Aufgabe ist vordringlich. Sie hat verschiedene Stoßrichtungen: individuell die Frage nach ganzheitlicher Selbstverwirklichung; im engeren Lebensbereich die Suche nach authentischer Partnerschaft in verschiedenen Formen (einschließlich der Stellung homosexueller Menschen in der Kirche und in unserer Gesellschaft); politisch das Ringen um Weltfrieden; sozial das Engagement für Ausgebeutete; ökonomisch die Option einer neuen, gerechten Weltwirtschaftsordnung; rechtlich die weltweite Einklagung der Menschenrechte; im Blick auf die Wissenschaften und die Technik eine radikale, demokratische Bestimmung, Kontrolle und Abstinenz; im Umgang mit der Natur eine ökologische Einstellung. Selbst wenn (lutherisch) solche Optionen als pneumatologisch nicht begründbar bezeichnet werden mögen, so sind sie doch Aufgaben, die in der »Antriebskraft des Heiligen Geistes« in Angriff zu nehmen und durchzuführen sind.[99]

Hier haben feministische Theologinnen wie E. Moltmann-Wendel darauf hingewiesen, daß persönliche Lebensgestaltung stets in der Dialektik von

97 *H. Mühlen,* Die Geisterfahrung als Erneuerung der Kirche, in: *Dilschneider* (Hg.), Theologie des Geistes, a.a.O., 69–94, zit. 92; vgl. *J. Comblin,* Der Heilige Geist (Bibliothek Theologie der Befreiung), Düsseldorf 1988.

98 Vgl. *W.J. Hollenweger,* Charismatische und pfingstlerische Bewegungen als Frage an die Kirchen heute, in: *Meyer u.a.* (Hg.), Wiederentdeckung des Heiligen Geistes, a.a.O., 53ff.

99 Vgl. *Dantine,* Die ethische Dimension des »pneuma hagion«, a.a.O., 45ff.

Selbst-Findung (die Luther als incurvatio abgelehnt hat) und Gegenseitigkeit, von Selbstgefühl (»Ich bin gut, ganz, schön«) und fürsorglicher Liebe[100], in Verantwortung und Abhängigkeit füreinander und voneinander geschieht.[101] Wo sich diese »geistliche« Erkenntnis, daß Selbst-Werdung nicht automatisch Egoismus und damit Sünde bedeutet, durchsetzt, dort werden vielfältige alternative Lebensstile und Netzwerke ausprobiert werden in der Gewißheit des Geistes Gottes.

Geist und Menschheit

Nicht nur Säkularisierung, Meinungspluralismus, Privatisierung und andere Kräfte der Moderne, sondern auch die Globalisierung aller menschlichen Handlungen und Erfahrungen zwingen uns dazu, ganz neu über den bislang vertretenen Ausschließlichkeits- und Absolutheitsanspruch des Christentums und über die »Universalisierbarkeit« des Geistes pneumatologisch nachzudenken. Der Heilige Geist ist dort lebendig, wo unser Handeln in der aktiven Erinnerung an Jesus von Nazareth die Humanität aller und aller künftigen Menschen (und entsprechend die ganze Schöpfung) verantwortlich einbezieht. Das Wirken des Geistes Gottes geschieht als dieser sich immer weiter universalisierende Konsens in der Option auf Humanität und deren Verwirklichung. Entsprechend müssen die bisherigen Aktivitäten der Christen und Kirchen von der persuasiven Predigt bis zur »einkaufenden« Mission pneumatologisch neu bedacht und gestaltet werden.[102]

Die Fragen des Friedens, einer gerechten Wirtschaftsordnung, eines menschenwürdigen Lebens und – inzwischen elementar – die Frage des Überlebens sind Aufgaben der gesamten Menschheit geworden, worauf immer wieder Philosophen, Naturwissenschaftler, Technologen u.a. aufmerksam machen. Jegliche ekklesiologische Provinzialität (auch als klassischer Europazentrismus) und jeglicher Ekklesiozentrismus sind pneumatologisch zu kritisieren. Die Kirchen sollen angesichts dieser elementaren, bedrängenden Menschheitsfragen ihre traditionellen »Streitigkeiten« zurückstellen und im »Geist des Friedens« am Bau einer gerechteren, friedvolleren, heileren Welt aktiv mitarbeiten. Wer in der Geist-Beziehung mit Gott, anderen Menschen

100 *Moltmann-Wendel,* Das Land, wo Milch und Honig fließt, a.a.O., bes. 141ff.155ff.

101 *D. Sölle,* Stellvertretung. Ein Kapitel Theologie nach dem »Tode Gottes«, Neuaufl., Stuttgart 1982, wo diese beiden »Strukturen« unseres Menschseins expliziert werden.

102 *K. Blaser,* Kontextuelle Theologie als ökumenisches Problem, ThZ 36 (1980) 220–235.

und der Natur-Welt handelt, lebt und denkt, der kann »Gewohntes« aufgeben (W. Dantine) und bislang Geliebtes loslassen (D. Sölle).[103]

Geist und Trinitätslehre

Zum Schluß soll nochmals auf die spezielle, trinitätstheologische Problematik eingegangen werden, zumal Theologen wie H. Mühlen, W. Pannenberg, J. Moltmann um der »Dreiheit« willen am Person-Begriff festhalten. Daneben stehen konsequente Ablehnungen jeglicher trinitätstheologischer »Spekulationen«, etwa bei R. Bultmann, um das rein aktualistische Verständnis von Gott nicht irgendwie ontologisch oder mythologisch zu verobjektivieren. Oder bei D. Sölle aus dem Grund, daß Gott als Hauch, Wind oder das »Allermitteilsamste« nicht mehr länger spekulativ von der Schöpfungswelt und unserem »politischen Glauben« abgehoben werden kann. Einen ganz anderen Entwurf haben einige feministische Theologinnen vorgelegt, die die Gottheit durch den ursprünglichen matriarchalischen Mythos und Ritus der Göttin in ihren drei (Mond-)Phasen von Mädchen-Frau-Greisin umschreiben.[104]
H. Schütz ist angesichts der divergenten Vorschläge der berechtigten Meinung, daß die Aufgabe einer Pneumatologie »noch mehr vor uns steht als in anderen Fällen«.[105] Ist eine Pneumatologie nur oder umgekehrt gar nicht trinitätstheologisch zu begründen und zu entfalten? Wird sie förderaltheologisch verifiziert, droht dann notwendigerweise ein Modalismus? Und inwiefern wäre dies problematisch? Setzt die Pneumatologie empirisch-induktiv ein, wie gelangt sie dann in ihrer Ausgestaltung zu Kriterien der Unterscheidung der Geister? Und muß sie dann bis zu einer trinitätstheologischen Explikation weitergeführt werden? Welche Bedeutung hat die Christologie oder Jesulogie für die Pneumatologie? Von dieser letzten Frage war H. Berkhof bei seiner Revision der »Theologie des Heiligen Geistes« (1964) ausgegangen. Ist es aber nicht heute an der Zeit, einmal bei der Pneumatologie einzusetzen und pneumatologisch dann auch nach der Christologie und Gottes-Lehre und den anderen Loci zu fragen, wie es M.A. Aagard macht: »Die Pneumatologie ist die Voraussetzung der Christologie . . . Das Materialprinzip der Pneumatologie ist die Jetzt-Geschichte des Gottesreiches als Konsequenz von Kreuz und Auferstehung . . . Die Christologie ist die kritische Norm der Pneumato-

103 *D. Sölle,* Phantasie und Gehorsam. Überlegungen zu einer künftigen christlichen Ethik, Stuttgart/Berlin 1968, bes. 66–71; vgl. *H. Mynarek,* Das alternative Gottesbild der Ökologie, in: *P.M. Pflüger* (Hg.), Wendepunkte Erde Frau Gott. Am Anfang eines neuen Zeitalters, Olten 1987, 174–217.
104 *H. Wöller,* Glaube an den dreieinigen Gott, Anstösse 3/1981, 101–107; vgl. *Gerber,* Die feministische Eroberung der Theologie, 20ff.33ff.71ff.
105 *Schütz,* Einführung in die Pneumatologie, a.a.O., 44.

logie ... Trinitätstheologie ist notwendige Theologie, gerade weil sie nicht sich selbst begründend und selbstevident dasteht, sondern ihren Inhalt von dem Zeugnis des wirklichkeitsverändernden Wandels des Geistes damals mit Jesus und heute mit uns erhält. ›Trinitätslehre ist alles andere als 'Spekulation': Sie ist die operative Analyse unserer Pneuma-Erfahrung‹ (H. Mühlen)«?[106] Oder doch Spekulation, nämlich theistisch-trinitarisches Zwei-Stockwerke-Denken und Ablenkung vom »Leben« – im Sinne des alttestamentlichen Lebensgeistes = *ruach* – als des sozialkritischen Charismas Gottes an seine Geschöpfe?

Ist der Heilige Geist nicht weiblicher Natur *(ruach)*? Graf Zinzendorf hatte von der »Mutter« in der Trinität gesprochen (wie dann der oben zitierte katholische Theologe Y. Congar u. a.). Dann gehören Geist/Geistin und Leben/Gebären zusammen; es wäre eine radikal inkarnatorische Pneumatologie zu entfalten, wie es C. Halkes, E. Moltmann-Wendel und andere feministische Theologinnen versuchen.[107] »Geist« meint »Leben in Beziehung« (C. Heyward); Geist »ist« authentisches Leben in Gemeinschaft.[108]

Abschluß

Im Blick auf alle diese Fragestellungen hat H. Berkhof seinen Beitrag zur Pneumatologie in der niederländischen Theologie mit dem Hinweis abgeschlossen, daß entscheidend bleibt, »welche Antwort man auf die Frage nach dem Verhältnis des Geistes zu Christus gibt. Wie entgeht man der Skylla einer verengten Christozentrik und der Charybdis eines normlosen oder subjektivistischen Spiritualismus? Wie man aus dem Vorherigen ersehen kann, glaube ich, daß nur ein neuer Blick auf die Bedeutsamkeit und das Wirken des erhöhten Herrn uns den rechten Weg weisen kann. Wie entscheidend diese Frage theologisch auch sein mag, grundlegend ist die vortheologische Frage, was der Geist als die Präsenz Gottes und Christi für uns selber bedeutet. Die Kümmerlichkeit der Reflexion über den Heiligen Geist, die Windstille, die so oft in der Pneumatologie vorherrscht, findet wohl ihren Grund in der existentiellen Verlegenheit, in der wir intellektuelle und intellektualistische Theologen uns

106 *Aagard,* Gottes Geist und Geschichte, a.a.O., 23f.
107 *C. Halkes,* Gott hat nicht nur starke Söhne. Grundzüge einer feministischen Theologie (GTB 371), Gütersloh 1980, 42f; *dies.,* Suchen, was verlorenging. Beiträge zur feministischen Theologie (GTB 487), Gütersloh 1985, 159ff; *Moltmann-Wendel,* Das Land, wo Milch und Honig fließt, a.a.O., 103ff.185ff zu Dreifaltigkeiten.
108 *Heyward,* Und sie rührte sein Kleid an, a.a.O., 43ff.

dieser Frage gegenüber befinden.«[109] So mündet unser pneumatologischer Diskurs mit der »Theologie des Heiligen Geistes« wieder in die Biographie des Theologen Hendrikus Berkhof und in die Frage nach der existentiellen Relevanz des Geistes Gottes für jeden/jede von uns ein. Ich habe versucht, die Stärken, Anregungen, Fragen und auch Schwächen dieser Konzeption von 1964 und deren förderaltheologischer Weiterführung nach 1973 (veranlaßt durch eine neue, »vermenschlichende« Fassung der Christologie) aufzuzeigen. So ist deutlich geworden, daß H. Berkhof einen wissenschaftlich qualifizierten, lebensgeschichtlich verorteten und christliche Praxis wie theologische Theoriebildung gleichermaßen fördernden und herausfordernden Entwurf zur Pneumatologie geliefert hat, an dem sich die weiteren pneumatologischen Diskussionen zu orientieren haben.

Corrigendum [H.-U. Kirchhoff]: Auf den Seiten 27, 28, 31, 136 und 144 lies Hermann (statt Herrmann).

109 *Berkhof,* Die Pneumatologien der niederländischen Theologie, a.a.O., 44; vgl. *H. Mühlen,* Soziale Geisterfahrung als Antwort auf eine einseitige Gotteslehre, in: *Heitmann/Mühlen* (Hg.), Erfahrung und Theologie, a.a.O., 253–272; Aspekte des Gemeindeaufbaus in der Volkskirche, Themenheft Theologia Practica 23 (1988) Heft 1 (mit Lit.).

REGISTER

1. Bibelstellen

1. Mose
1, 2 14. 109
1, 26 136
1, 26–30 117
2, 7 14 f. 109
6, 3 109
11, 7 136

2. Mose
14, 21 f 109
31, 3 110
35, 31 110

4. Mose
11, 17 110

1. Samuel
4 60

Hiob
4, 9 109
27, 3 109
32, 8 110
33, 4 109
34, 14 f 109

Psalmen
8 117
18, 12–15 109
33, 6 22. 41. 109
51, 13 115
51, 14 111
82, 1 136
104, 7 109
104, 30 109
119, 91 128
139, 7 109

Prediger
3, 19–21 109

Jesaja
11, 1 f 17
11, 9 44
28, 26 110
30, 7 109
31, 3 109
42, 1 16. 38
42, 5 109
45, 1–5 110
55, 11 41
59, 15 f 20 f
61, 1 f 16

Jeremia
7, 4 60
31, 31–34 115
31, 33 16

Ezechiel
10 60
36, 26 77
36, 26 f 16
37 16
37, 5 16
37, 10 77
37, 14 16

Daniel
1, 17 110
5, 11 110

Joel
2, 28 16
3, 1 115

Matthäus
1, 20 18
4, 1 19
10, 19 f 40
11, 25 42
12, 28 19
16, 17 42
24, 14 39
26, 26 60
26, 28 60
28, 19 f 35. 116
28, 20 27. 60

Markus
8, 31–34 88
14, 38 111
16, 20 35

Lukas
1, 15 97
1, 41 ff 67 97
2, 26 f 97
2, 34 119
4, 1 97
4, 14 19
4, 14 f 97
10, 21 19
24, 25 42
24, 49 19. 35

Johannes
1, 13 77
1, 33 20
3, 3 77
3, 8 15
3, 34 19
4, 17 93
4, 21 17 f
4, 23 17 f
5, 25 123
7, 39 29. 115
14–16 24
14, 12 26
14, 16 31 f
14, 18 27. 31
14, 25 43
14, 26 19. 24
15, 26 19. 24
15, 26 f 40
16, 7 19
16, 7–15 43
16, 8 40
16, 13 10
16, 13 f 24
16, 16–22 123
20, 21 34
20, 21 f 35

20, 22 15. 19
20, 22 f 58
21 35

Apostelgeschichte
1, 2 19
1, 8 35. 97
2 29. 39. 55. 98. 110
2, 2–4 15
2, 4 40. 97
2, 17 97
2, 33 20. 30
2, 38 58. 65
2, 42 64
4, 8 97
4, 31 97
4, 32 65
6, 3 97
6, 5 97
7, 51 79
7, 55 97
8 100
8, 14–17 98
8, 16 f 97
8, 17 58
9, 17 97
10 100
10, 38 19
10, 44–46 97 f
10, 46 40
10, 47 100
11, 15 100
11, 28 104
13, 1 ff 104
13, 9 97
13, 52 97
15, 28 59
15, 32 104
16, 14 42
19 100
19, 6 40. 58. 97 f
20, 28 59
21, 14 104

Römer
1, 4 19. 125
5, 5 124
6 70. 87
6, 1–11 82
6, 4 29
6, 5 87
6, 6 87
6, 11 87
7, 4 70
7, 24 f 88
8, 9 19
8, 9–11 28
8, 11 29. 125
8, 16 112
8, 17 78
8, 22 f 123
8, 23 122
8, 29 31
8, 35–39 89
9, 16 78
12 103
12, 4–9 101
12, 6–8 99. 103
15, 13 124
15, 26 65

1. Korinther
1, 31 80
2, 4 45
2, 9 113
2, 16 138
6, 11 58
6, 14 125
6, 17 28
10 60
10, 17 70
1, 31 f 123
12 100
12–14 63. 98. 106
12, 2 104
12, 3 24
12, 4–6 136
12, 7–11 105
12, 8–10 103
12, 8–11 98
12, 13 58
12, 18 104 f
12, 19 63
12, 22–24 63 f
12, 25 64
12, 28 99. 103
12, 31 63. 103
13 63. 101
14 100 f
14, 1 40. 63. 103
14, 3 40
14, 6 103
14, 8 104
14, 12 ff 104
14, 14–19 111
14, 23–25 101
14, 32 103
14, 39 104
15, 28 139
15, 44 125
15, 45 29
15, 49 31

2. Korinther
1, 8–10 89
1, 22 122
2, 16 119
3 31
3, 3 62
3, 6 77
3, 8 58
3, 17 19. 27 f
3, 18 28. 31. 78. 90. 121
4, 6 77
4, 7–17 89
5, 5 122
5, 17 77
6, 4–10 89
8, 4 65
9, 15 9
11, 23–12, 10 89
13, 5 94
13, 13 32. 64. 135 f

Galater
3, 5 58
4, 6 19
5, 17–26 88
6, 8 125
6, 14 89

Epheser
1, 14 122
1, 18 123
2, 1 77
2, 1–20 78
2, 5 f 123
2, 6 82
2, 10 78
2, 14 62 f
2, 22 62 f
4 69 f
4, 4 62
4, 4 f 58
4, 7 69
4, 8 69
4, 11 69. 103
4, 11 f 59
4, 12 69
4, 16 69. 101
4, 22 87
5, 15 123
5, 21–6, 9 116
5, 26 58
6, 17 41. 58

Philipper
1, 19 19
2, 1 65
3, 10 88
3, 21 31

Kolosser
1, 15 21
2 87
2 f 70
2, 12 58. 87
2, 12 f 82
3, 1 82
3, 9 f 87
3, 14 84
3, 16–4, 1 116

1. Thessalonicher
1, 5 58
5, 20 104

1. Timotheus
1, 18 104
4, 14 104

2. Timotheus
1, 6 58

Titus
3, 5 f 58

1. Petrus
1, 3 77
1, 12 58
1, 23 41
2, 9 44
2, 18–3, 7 116

2. Petrus
1, 4 125
1, 10 93

1. Johannes
2, 3 93
3, 2 125
3, 14 93
3, 24 27. 93

Hebräer
4, 12 41
13, 16 65

Jakobus
1, 18 77

Offenbarung
2, 7 27
19, 10 24
22, 17 32

2. Namen

Anselm von Canterbury 131
Arendt, H. 118
Athanasius 127 f. 139 f
Augustinus 47 f. 70. 78. 130 ff
Basilius 128 ff
Barth, K. 18. 24 f. 33. 37. 45 f. 55. 77. 91. 103. 110
Bavinck, H. 55
Bernhard von Clairvaux 92
Blumhardt, C. 32 f
Blumhardt J. C. 32 f
Boer, H. R. 38
Boetius 131
Boulgakof, S. 127
Brunner, E. 53 ff
Buber, M. 109
Bultmann, R. 92
Calvin, J. 24 f. 29. 32. 52 ff. 79 ff. 85 f. 88. 93. 95. 110. 131 f. 137
Clemens I 22
Cockin, F. A. 65
Come, A. B. 113
Cyrillus von Jerusalem 8
Denzinger, H. 48
Dewar, L. 113
Dillistone, F. W. 15
Dusen, H. P. van 72. 134
Eusebius von Caesarea 139
Erasmus 79
Freytag, W. 37
Gilg, A. 22
Gregor von Nazians 129 f
Gregor von Nyssa 129 f
Hamilton, N. Q. 27. 120
Harnack, A. von 22
Hendry, G. S. 18. 72 f. 113. 127
Henry, A. M. 50
Heppe, H. 86
Herrmann, I. 27 f. 31. 136
Hermas, Hirt des 22
Hilarius 130
Hoekendijk, J. C. 36
Ignatius 22
Kähler, M. 135
Käsemann, E. 27. 30. 72
Keckermann, B. 137
Knight, G. A. F. 136. 138
Kohlbrügge, H. F. 84. 91. 96
Kraemer, H. 37
Krusche, W. 32. 93
Kuyper, A. 55. 77. 110
Labadie, J. de 51
Leo XIII 48 f
Leuba, J. L. 67
Linde, S. van der 93. 110
Lindeskog, G. 110
Lossky, V. 129
Luther, M. 76. 79. 85. 91 f. 111
Mackay, J. 37
Marcellus von Ancyra 138. 139 f
Marcion 113
Moltmann, J. 13
Müller, E. F. K. 96
Niesel, W. 93
Noordmans, O. 59 f
Origenes 127
Owen, J. 55
Pius XII 49 f
Richardson, A. 15. 28. 120
Riesman, D. 52
Robinson, H. Wh. 20
Robinson, J. A. T. 69
Rosenstock-Huessy, E. 118
Sabellius 129
Scheepers, J. H. 109. 114
Schleiermacher, F. D. 76. 132 f
Schweizer, E. 27
Schwenckfeld, K. 51
Stalder, K. 27. 32
Tatianus 22
Tersteegen, G. 51
Tertullian 129
Thomas von Aquin 131. 137
Thornton, L. S. 65
Tillich, P. 119
Vos, G. 120. 125
Warfield 24
Warneck, G. 36
Weber, M. 95
Wesley, J. 84
Wolleb, J. 137